国能神东煤炭企业文化建设系列丛书

# 行动印证

## 案例篇

韩浩波 主编

电子工业出版社

**Publishing House of Electronics Industry**

北京·BEIJING

**图书在版编目（CIP）数据**

践行者.行动印证：案例篇 / 韩浩波主编 .—北京：电子工业出版社，2023.7
（国能神东煤炭企业文化建设系列丛书）

ISBN 978-7-121-46965-7

Ⅰ.①践…　Ⅱ.①韩…　Ⅲ.①煤炭企业—企业集团—企业文化—案例—中国　Ⅳ.① F426.21

中国国家版本馆 CIP 数据核字（2024）第 001640 号

责任编辑：胡　　南　李楚妍
印　　刷：中国电影出版社印刷厂
装　　订：中国电影出版社印刷厂
出版发行：电子工业出版社
　　　　　北京市海淀区万寿路 173 信箱　邮编：100036
开　　本：720×1000　1/16　印张：79　字数：1200 千字
版　　次：2023 年 7 月第 1 版
印　　次：2023 年 7 月第 1 次印刷
定　　价：500.00 元（全 5 册）

凡所购买电子工业出版社图书有缺损问题，请向购买书店调换。若书店售缺，请与本社发行部联系，联系及邮购电话：（010）88254888，88258888。

质量投诉请发邮件至 zlts@phei.com.cn，盗版侵权举报请发邮件至 dbqq@phei.com.cn。

本书咨询联系方式：010-88254210，influence@phei.com.cn，微信号：yingxianglibook。

# 国能神东煤炭企业文化建设系列丛书
# 编辑委员会

# 前言

　　优秀的企业文化是企业持续发展的精神支柱和动力源泉，是企业核心竞争力的重要组成部分。国有企业的高质量发展之路，不仅依靠一流的产品和服务，更需要一流的文化作为支撑。如何培育并形成具有企业独特个性、强大生命力的企业文化，是当前中国企业特别是国有企业突破管理瓶颈、激发创新活力的关键所在。

　　企业初始文化产生且生长。近40年来，国能神东煤炭集团有限责任公司（以下简称"神东"）始终坚持党的领导，加强党的建设，在国家能源集团党组的坚强领导下，勇担保障国家能源安全的使命责任，坚持走新型工业化道路，围绕高起点、高技术、高质量、高效率、高效益的"五高"建设方针，探索形成了生产规模化、技术现代化、队伍专业化、管理信息化的"四化"发展模式，走出了一条煤炭产业中国式现代化的发展之路。在这一不断探索与发展进程中，沉淀了弥足珍贵的管理智慧、工作作风、精神风貌，培育形成了独具神东特色的企业文化。为使软文化成就硬实力，2019年，神东基于文化意识属性和管理属性，在调查研究和诊断分析基础上，从应用角度深入研究，总结提炼出了"宣贯+管理"并行的神东创领文化"双维度"践行模式，为各单位文化践行提供了可借鉴的思路和方法。在"双维度"模式指导下，公司及各个单位结合实际，积极探索文化建设和文化践行的思路和方法，总结经验，分享成果。

　　作为"国能神东煤炭企业文化建设系列丛书"的第二册，《行动印证——案例篇》总结编写了自2019年神东创领文化"双维度"践行模式发布以来，公司及各单位文化与管理深度融合最新、最具有价值的特色文化案例，包括公司在安全管理、生态建设、队伍建设、科技创新、智能化建设、文化服务供给等方面文化实践经验的总结10篇，及各二级单位按照文化宣贯路径与管理路径推进企业文化落地实践过程中，在党建创新、管理改进、特色文化品牌创建、专项文化建设、班组文化建设等方面最具价值的典型经验26篇。

案例包含背景介绍、主要做法、取得成效三部分。背景介绍分析了本单位/部门当前企业文化建设中的关键问题，并概述了解决思路与案例价值；主要做法对实践过程进行了系统化梳理，形成了各具特色的方法论；取得成效多维度挖掘该经验起到的积极作用和示范意义，既有理性的分析，又有数据的支持。每一个案例都有深厚的实践基础，有的案例诠释了最新战略思想下的新作为，有的案例则是原有特色经验的进一步深化，既有传承性，又有创新性。

案例是对实践的总结，也是对实践的升华。企业文化案例篇立足当前，放眼长远，涵盖了公司及各单位管理的各个方面，体现了文化助力战略落地的系统谋划，汇聚了文化促进企业发展的创新实践，导向明确、特色鲜明、方法具体、效果突出，在文化践行与日常管理的深度结合方面，具有很强的指导和示范作用。各单位可学习本案例篇的思路和做法，依照问题导向和目标导向原则，搭建文化建设路径载体，实现文化与管理的深度融合；通过开展特色子文化、专项文化建设，推动企业文化和特色文化的有机结合，形成文化共振，助力神东高质量发展。

编者

2023 年 7 月

# 目录

# "双维度"模式
# 激发文化落地创新活力

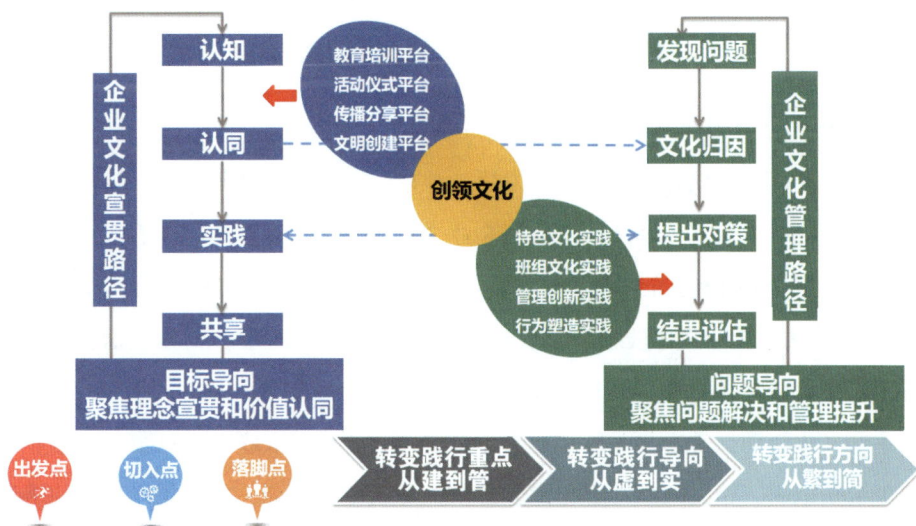

图为神东创领文化"双维度"践行模式

# 一、背景介绍

文化是企业发展的软实力，优秀的企业文化是企业持续发展的精神支柱和动力源泉，是企业核心竞争力的重要组成部分。自2016年创领文化理念体系发布以来，神东鼓励各单位结合业务性质、单位特征、人员特点等，积极探索符合自身实际的文化践行路径，努力探寻能够解决实际问题的文化践行方法，在此基础上初步总结提炼形成"双维度"践行模式，即宣贯路径和管理路径双管齐下推动文化落地。

2021年，国家能源集团正式发布企业文化核心理念。作为国家能源集团的二级单位，神东为更好地与集团文化进行融合对接，发挥文化对企业发展的引领支撑作用，将企业文化建设的重心放到了落地实践创新上来。神东通过调研发现，基层单位重视理念体系创新而忽视实践落地，重视宣贯而与管理融合度不高，对如何处理集团文化与神东文化、各单位特色子文化的关系较为迷茫。神东以问题为导向，对"双维度"模式进行升级完善，围绕宣贯先行、路径指导、机制拉动，走出了一条以"双维度"模式促进母子文化融合对接，推动基层特色践行的文化落地新路径。

# 二、主要做法

## （一）宣贯先行，突出集团核心价值理念的引航力

### 1.全面宣贯集团核心价值理念

自集团企业文化核心价值理念下发后，神东第一时间动员部署各二级单位充分利用各种宣传载体及宣传阵地，对集团企业文化核心价值理念进行全面宣传，对外展示集团形象，对内要求全体员工认真学习，做到入心入脑。开展"专题培训+融入性培训"，将集团企业文化理念作为培训重要内容，纳入大学生入企培训课程，并要求各基层单位将集团企业文化理念培训常态化纳入年度培训计划。开展"线上+线下"主题文化活动，常态化开展企业文化基层行，建立"双联系·双服务"企业文化宣贯帮扶机制。相关人员常态化深入各单位开展专题培训，2021年以来，共培训30场次。开展线上线下主题知识竞赛。2021年以来，公司及各单位共开展集团企业

文化理念线上线下知识竞赛近100场次，以赛促学，以学促行的效果不断增强。

### 2. 自上而下宣贯"双维度"践行模式

文化践行应用过程中，采用的是"双维度"践行模式，即企业文化宣贯路径与企业文化管理路径并行。企业文化宣贯路径以目标为导向，从"认知——认同——实践——共享"的文化认识规律出发，搭建教育培训、仪式活动、传播分享、文明创建四个平台，通过"从感性到理性、再从理性到实践"的两次转化，实现企业文化宣贯的常态化，促进创领文化理念的深植。企业文化管理路径以问题为导向，从"发现问题——文化归因——提出对策——评估反馈"的问题解决策略出发，通过特色文化实践、班组文化实践、管理创新实践、行为塑造实践等措施，推动管理变革与升级，并在这一过程中，进一步转变思想、强化认同、规范行为。企业文化中心同步开展了"双维度"模式主题宣贯，讲理论、讲思路、讲案例，帮助各单位企业文化主管明确文化建设的重点任务和抓手，并通过充分的交流互动，协助解决各单位在企业文化践行中遇到的难题。

### 3. 分层研讨"三个文化"关系

如何处理好集团核心价值理念与神东公司创领文化、各单位特色子文化的关系，是本阶段工作的重点任务。神东过去三十多年经过四次文化体系提升，明确了"创领文化"定位，秉承"一主多元"的文化建设原则，各单位形成了自己的特色子文化。企业文化重在践行，神东企业文化建设接下来的重点是在集团文化引领下，结合企业的发展重点，在文化践行路径上进行拓展和创新。在公司层面，围绕安全、绿色、智能、高效、人本的发展方向，推进文化实践；在单位层面，则以问题更聚焦、优势更突出、管理更精益、氛围更和谐，进行特色践行路径的探索。

## （二）路径指引，发挥"双维度"践行模式的牵引力

### 1. 注重理念传递，实现文化与管理深度融合

要求各单位注重集团核心价值理念的宣贯学习，深入剖析文化理念的核心内涵和外延。坚持问题导向，以文化理念为标尺，以有效融入管理、切实解决问题为目

标，重点结合单位实际，选择"双维度"模式中的宣贯路径与文化管理路径。深入研究企业文化与安全生产、经营管理、党建工作、管理创新、制度建设、队伍建设、班组建设、精神文明创建的深度融合，把文化理念的价值倡导体现在员工的日常生产生活实践和主题活动中，实现各项制度标准与价值准则协调同步发展。增进员工文化认同，实现文化与管理的高度融合。

### 2. 整合有效资源，创新文化践行路径

各单位结合工作实际，整合有效资源，深化特色文化建设，找到文化引领与实际工作的契合点，找寻特色文化建设的方向和目标，找准特色文化践行的路径和方法，搭建特色文化落地的载体和平台。在文化与管理深度融合的基础上，创新性开展一些与中心工作联系紧密、深受员工喜爱、有影响的主题文化实践活动。积极创作一批有温度、有筋骨、有生命力的优秀文化文艺作品，持续扩大文化影响力，不断拓展文化传播路径，让文化传承富有活力，真正体现公司文化价值倡导，满足自身文化发展需求。

### 3. 注重总结提炼，打造特色文化建设品牌

各单位深入挖掘本单位在神东三十多年的发展过程中积累的宝贵精神财富，系统总结取得的显著业绩和辉煌成就，以及涌现出的先进人物和先进事迹。重点提炼有效促进管理提升的关键做法和经验，结合本单位目前形成的特色子文化和专项文化，将分散的思想、理念和观点有效整合，用一条清晰明确的文化建设主线串联起来，明确定位，找准方向，确定措施，有效实施。

### 4. 聚焦社会主义核心价值观，持续强化精神文明建设

各单位以培育和践行社会主义核心价值观为主线，着力建设员工共有的精神家园，找载体、搭平台，使社会主义核心价值观融入员工的生产生活和精神世界。积极开展"身边好人""最美人物"和"大国工匠"的评选活动，组织好"道德讲堂""榜样的力量"系列主题活动，持续开展"学雷锋"志愿服务、公益救助、精准扶贫等系列主题实践活动。通过一系列活动的开展，讲好神东故事、传播神东声音、传递神东形象，充分发挥文化铸魂、塑形、育人、强本、聚力的作用。

### 5. 创新传播载体，营造和谐文化氛围

各单位在文化传播的过程中除运用网站、报纸、宣传栏、电子屏和文化长廊外，还充分发挥新媒体作用，积极创新文化传播载体。例如以主题微电影、微信公众号文章、主题宣传片、短视频等方式，反映新时代新征程上各单位大胆革新、锐意进取的良好精神风貌和员工干事创业的决心和勇气，深入诠释神东员工敢担当、能奉献的敬业精神，助力创领文化传播，营造和谐文化氛围。

## （三）机制拉动，激发基层文化实践的创新力

### 1. 实行"五个一"考核

企业文化"五个一"活动是指组织一次企业文化专题培训，策划一次深受员工欢迎的主题文化实践活动，创研一个有传播价值的文艺精品，培育一个具有单位特色的安全、创新、廉洁、服务、精益的子文化品牌，形成一个企业文化践行案例。神东每半年实行一次企业文化建设专项考评，将宣贯集团文化与落实企业文化"五个一"基础建设工作作为考核重点，由企业文化中心派出考核组到每个基层单位进行考核，通过专题调研、座谈、走访、查阅资料档案等方式，对各单位的文化建设开展情况进行评价。评价结果作为推荐集团企业文化示范基地评选的主要参考。2022年，大柳塔煤矿、哈拉沟煤矿等8家单位被评为国家能源集团"企业文化示范基地"，神东被评为国家能源集团"企业文化建设先进单位"。

### 2. 开展精准化调研

为了解神东各单位特色文化践行情况，2021年7月，企业文化中心引进外部专家组，开展企业文化落地践行专题调研，发现各单位工作亮点，指出在文化践行中的不足。如调研发现哈拉沟煤矿，在文体协会、班组品牌方面投入力度大、效果好，但文化对管理的促进作用还需进一步提升，文化融入中心工作不够、指导实践创新有待提升，传播载体不够创新；补连塔矿存在专项文化呈现多但不精的问题，理念创新较多，践行缺乏方法，与管理的结合度不够；榆家梁煤矿班组文化亮点纷呈、成效显著，但近年来，创新止步不前；寸草塔二矿已形成培训文化品牌，文化宣贯方式创新亮点多，文化氛围好，但"文化寸二"的打造尚不成体系等。

### 3. 导入品牌化思维

把优秀的企业文化赋予品牌，以品牌价值和影响力为核心来建设文化是企业文化建设的新思路。将文化践行品牌作为文化践行的重点，能够提升企业文化建设部门工作的有效性和精准度以及员工对企业文化的认同度。2019年创领文化践行应用项目，重视文化践行品牌的培育。洗选中心秉承"和而不同"的价值理念，构建了"一厂一站一品牌"特色子文化体系；上湾煤矿构建了"安全文化+风险预控"的安全管理实践模式；榆家梁煤矿以班组文化建设作为着力点和落脚点，打造"三自赋能"班组文化建设模式；哈拉沟煤矿创建"大学生采煤班""神东子弟班"与"创领电工班"等品牌班组，设备维修中心优化学习创新实践，让人才汇聚合力。企业文化中心探索"互联网+"智慧文化云服务模式，做精做实文化惠民品牌，创研了一批如原创歌舞情景剧《矿工兄弟》《神东人 神东魂》等代表煤矿工人形象和神东人优秀品质的文化产品，"企业文化基层行""蓝海豚""书香神东""跃动神东""蒲公英"公益培训等文化惠民品牌深受员工喜爱，让"软文化"实现"硬成效"。

近年来，神东坚持文化建设品牌化思路，积极培育多层次、多渠道文化传播方式，让每一次文化服务、每一个文化产品的有效供给都成为一个个流动的文化符号，传递文化价值，满足员工需求，营造健康向上的文化氛围，精准助推文化的践行落地。在文化践行品牌培育上，要求"一企业一特色"，培育一个推出一个，形成特色文化品牌、专项文化品牌、实践方法品牌三级品牌矩阵。

### 4. 应用案例培育法

为培育、筛选优秀的践行经验，企业文化中心采取案例征集、一对一精准指导等方式，借助案例培育提升各单位文化践行的积极性。案例征集采取指定撰写和自愿报名结合的方式，对接指导相关单位撰写，同时要求各单位自发提报案例，进行初评。召开案例"一对一"指导提升会，分析每家单位案例的优缺点，提出优化提升的要求。经过多轮选拔指导，20多家单位的践行案例脱颖而出。接下来，企业文化中心还将通过企业文化建设成果发布会、"一把手讲案例"等形式，学习优秀案例的思路和做法，促进案例参与者之间的互鉴提升，帮助更多的单位找到文化建设的方法。

## 三、取得成效

### （一）实现了"从建到管"的根本性转变

通过近年来强有力的宣贯实践，不断反思巩固，配套考核激励，各级企业文化主责部门的思路发生了根本性的转变。神东公司自上至下形成了以集团核心价值理念为纲的共识。公司企业文化主责部门把工作重心从企业文化建设转移到企业文化管理上来，摒弃"重理念创新不重实践改进"的传统思维，重点解决过去文化和管理"两张皮"的问题。基层单位的践行导向也发生了变化，重点放在践行方式创新上，开展任何一项文化管理活动，都要以是否有利于安全生产，是否有利于管理水平提升，是否有利于员工价值创造衡量。深化文化宣贯路径，拓展文化管理路径，双路径结合，通过文化理念指导实际问题的解决，通过管理实践促进行为转变，相互促进，真正发挥文化理念指导基层实践的实用价值。

### （二）形成了一系列有影响力的文化践行品牌工程

在此过程中，各单位以文化践行品牌打造为重点，围绕原有的文化践行载体进行升级，众多特色突出、员工认可的文化品牌喷涌而出。哈拉沟矿实施"军队的作风、工匠的精神、家庭的亲情、校园的文化"文化品牌工程，走出了一条文化与管理相融互促的道路；矿业服务公司的"强改树创"主题实践活动品牌，加入了"两化"新内涵；榆家梁矿的"班组赋能六法"将班组文化往班组自主方面进行了延伸；寸草塔二矿以打造红色寸二、点赞寸二、工匠寸二、书香寸二为重点，提升了品牌价值；企业文化中心大力推进文化惠民工程，打造了"健康指导""公益培训""主题汇演""声动神东""文化基层行""书香神东""场馆+"等一系列受欢迎的文化惠民品牌。

### （三）激发了神东各单位自主践行的活力

公司及各单位按照一主多元、融入管理、统一规划、自主践行的要求，积极开展企业文化践行工作，宣贯方式因地制宜，各具特色；在特色子文化、专项文化、班组文化、管理提升等文化践行方面形成了典型经验。宣贯实践与文化管理实践均围绕集团核心价值理念与神东企业文化落实落地为重点来开展，极大调动了各单位、各层级员工对神东的自豪感、归属感，同时实践又深植于各单位实际生产和管理中，激发了员工的创新活力和工作积极性，呈现出同心共建、全面开花的良好局面。

撰写人：李亚　赵晓蕊　王玉丽　指导人：韩浩波

# 弘扬企地文化　打造煤海
# "乌兰牧骑"文化品牌

图为神东煤海"乌兰牧骑"文艺小分队走进补连塔煤矿慰问演出

图片来源：国能神东煤炭补连塔煤矿

## 一、背景介绍

文化是民族的精神命脉，文艺是时代前进的号角。习近平总书记在中国文联十一大、中国作协十大开幕式上的重要讲话对文化事业和文艺工作提出了更高更新的要求。党的二十大报告提出要"健全现代公共文化服务体系，创新实施文化惠民工程"，为公共文化服务提升指明了方向。

国家能源集团作为国资委确定的第一批创建世界一流示范企业，开启了建设具有全球竞争力的世界一流能源集团新征程，确定了"一个目标、三型五化、七个一流"企业总体发展战略，创新地提出 RISE 品牌战略，明确要求坚定文化自信、创研精品力作，全面提升国家能源集团品牌知名度和美誉度。

神东作为国家能源集团下属重要煤炭生产企业，在企业主要指标达到国内第一、世界领先水平的基础上，既面临着创建世界一流煤炭生产示范企业的艰巨任务，又面临着"双碳"目标下能源转型和绿色低碳发展的严峻挑战。在这种情况下，神东如何充分发挥文化文艺作用，用文化鼓舞士气，用文艺振奋精神，引导广大职工用辩证和发展的眼光对待煤炭行业面临的机遇与挑战，树立传统煤炭企业的行业自信。神东立足企业实际，按照集团"一主多元"的品牌架构，建立鲜明品牌定位，实施特色品牌路径，贯彻落实习近平总书记对"乌兰牧骑"事业发展重要指示精神，创造性地提出了打造煤海"乌兰牧骑"文化品牌。从文化文艺的视角，全方位展现新时代煤矿工人的精神风貌和煤炭企业的发展成果，在新发展阶段重新树立传统煤炭工人的行业自信，繁荣煤炭企业文化文艺事业，讲好神东故事、讲好集团故事，为神东品牌增值，为集团品牌添彩，为民族品牌助力。

## 二、主要做法

为深入推进文化品牌建设，神东构建"2441"文化品牌建设模式，即坚持"两个聚焦"，聚焦集团发展战略和员工群众对美好生活的向往；践行"四大路径"，即文艺作品创研、文化服务供给、文化传播推广和企业形象展示路径；实现"四个讴歌"，即讴歌中国共产党的领导，讴歌伟大新时代，讴歌煤炭工业创新驱动发展现代化进程，讴歌集团和神东辉煌成就；打造"一个品牌"，即将神东煤海"乌兰牧骑"文化品牌努力打造成集团乃至煤炭行业的优秀文化品牌。

### （一）将创研更多更优秀的文艺作品作为文化品牌打造的"重头戏"

煤海"乌兰牧骑"文化品牌依托晋、陕、蒙三省区深厚的历史文化资源、民族文化资源和革命文化资源，传承"艰苦奋斗、开拓务实、争创一流"的神东精神，把创作生产更多更优秀的文艺作品作为文化品牌打造的"重头戏"，让更多"春天的故事"唱响在塞北高原、煤炭小镇上。要求广大文艺工作者坚持以人民为中心的创作导向，要对在煤炭工业创新驱动发展现代化进程中的突出贡献者给予最热情的赞颂，对神东矿区开发建设不懈奋斗的拼搏者给予最深情的褒扬。

煤海"乌兰牧骑"文化品牌立足文艺作品创研等四大重点任务，逐年深入、有序推进。2021年是文化品牌打造的启动年。这一年，神东隆重组织庆祝中国共产党成立100周年系列活动。成功举办"永远跟党走"群众广场文艺晚会，约5000人现场观看演出，在线收听收看总人数超过140万人次；积极组织员工参演榆林市"奋斗百年路·红歌颂党恩"庆祝建党100周年歌咏比赛和伊金霍洛旗群众性大合唱比赛；举办"永远跟党走·奋进新征程"中国能源化学地质工会庆祝建党100周年百场职工文艺演出——走进神东等6个专场演出，营造了庆祝建党百年的浓厚氛围。在"社会主义是干出来的"伟大号召发出5周年之际，深入开展"社会主义是干出来的"主题原创歌曲征集活动，引发矿区员工家属、社会各界人士及音乐爱好者广泛参与。以建党百年为契机，精心创研出了《神东人 神东魂》《信仰的坚守》等一批有筋骨、有温度、有生命力的原创文艺作品，用文艺作品唱响了神东人、煤炭人、国能人投身中国特色社会主义新时代的生动实践。

### （二）将精准有效的文化服务供给作为文化品牌打造的"助推器"

煤海"乌兰牧骑"文化品牌构建文化服务常态化机制，立足神东活动场馆和人才队伍优势，以"四+"方式充分发挥"乌兰牧骑"流动的文化文艺服务职能。为矿区职工群众提供政策宣传、文艺演出、公益培训、健身指导等"一站式"服务，精准有效提供一系列优质文化服务，不断满足职工精神文化需求。

2021年神东宣讲团深入基层单位解读党的政策、讲述党史故事、宣贯集团文化理念30多场次；统筹开展"点餐+送餐"形式的文艺演出、电影放映、健身指导等集多种文化服务于一体的"企业文化基层行"30多场次，用流动的文化符号，打通思想文化工作和服务职工群众的最后一公里；推出"线上音乐汇""万人悦读季"等满足不同受众群体的线上文化实践；为适应疫情防控要求，推出"与祖国同行、筑神东辉煌"主题线上展览，实现"闭馆不闭展"；推出书法、健身操等系列公益微课，实现"停课不停学"；为庆祝建党百年，推出"五个100"系列活动，活动实现点击关注30000+人次；以"流动+集中"方式将红色电影送到矿井一线和车间班组；结合"我为群众办实事"主题实践活动，推出8个场馆"培训日"文化惠民暖心清单，惠及员工5000+人次；常态化开展的运动达人挑战赛，有效满足了员工多样化的文化需求，受到广大职工群众的热情参与。

### （三）将全面立体的媒体宣传矩阵作为文化品牌打造的"动力源"

神东深入实施集团公司"传播响品"提升工程，聚焦"举旗帜、聚民心、育新人、兴文化、展形象"的使命任务，强化新媒体在文化品牌打造中的推广应用，为宣传推广煤海"乌兰牧骑"文化品牌织密坚强的媒体宣传矩阵。

2021年，神东深化拓展"文化神东"公众号功能，将该公众号打造成文化品牌传播专属新媒体平台，累计推出文化品牌相关信息500多条。同时，借助神东"十微两端""煤亮子"抖音账号以及其他新媒体平台进行广泛的文化传播，联动人民网、新华网、国资小新等媒体平台，不断输出集团理念和神东价值。煤海"乌兰牧骑"宣讲队伍以短小精悍、生动鲜活的企业故事、典型事迹宣讲等员工喜闻乐见的形式传播党的政策和声音，宣传集团和公司的品牌理念，以事感人、以情动人。

### （四）将较高规格的形象展示平台作为文化品牌打造的"活引擎"

神东将煤海"乌兰牧骑"文化品牌建设纳入重要议事日程，积极培育公司文化传播形象大使，加强与行业内部、地方政府、集团及兄弟单位等外部平台的沟通合作，积极推荐创作的经典节目赴国家及地方或行业参演，持续增强神东在同行业同领域的影响力。常态化开展"企业文化基层行"，将经典节目和优秀作品在公司各单位巡回演出，推动文化文艺活动开展与职工群众现实需求"无缝对接"。推选优秀文艺作品和影视作品参评中央企业、行业"五个一工程"活动，推选部分优秀文艺作品参加集团和地方文艺汇演，鼓励经典节目积极参演集团或地方电视台组织的新春团拜会及"七一""十一"等主题晚会，扛起煤炭行业文艺战线大旗。

## 三、取得成效

### （一）创研了一批反映煤矿工人优秀品质的原创文艺作品，彰显了煤矿工人的家国情怀

神东坚持以矿工为中心的创作导向，加强文化文艺作品创研。精心创作的原创歌舞情景剧《矿工兄弟》代表集团走进国资委宣传局、北京卫视联合举办的《放歌新时代》栏目；原创歌舞《神东人 神东魂》在2021年"永远跟党走——榆林市庆祝中国共产党成立100周年"文艺汇演上成功展演并引发热烈反响；原创歌曲《我爱你神东》《让我们为爱加油》荣获"第七届最美企业之声"金、银奖；原创歌曲《平安是福》荣获第八届全国煤矿职工"十佳原创歌曲"，2020年创作的《决不放弃》等7首原创抗疫歌曲全部入围"汉语MV"奖；创研的《绿水青山美》实景MV歌颂神东践行"绿水青山就是金山银山"的生态文明理念；推出的《神东精神代代传》等大型情景舞台剧，极大地鼓舞了员工的士气，激发了员工的斗志。

### （二）丰富了神东精神新的时代内涵，赋予了文艺作品新的时代主题

神东在"煤海乌兰牧骑"文化品牌打造中始终贯彻落实习近平总书记对文化文艺工作的重要指示，坚持文艺作品源于生活、高于生活，将社会主义核心价值观和"艰苦奋斗、开拓务实、争创一流"的神东精神生动活泼地体现在文艺创作之中。文化文艺工作者立足神东、放眼集团，讲好神东故事、讲好集团故事、讲好中国矿工故事，为外界展示一个生动立体的神东。努力用思想深刻、清新质朴、刚健有力的优秀原创作品滋养中国煤矿工人的价值观，使神东职工群众虽地处偏远但精神生活丰富充盈。

## （三）打造了具有特色辨识度的央企文化品牌，共享了企业改革发展成果

神东将优秀企业文化基因与内蒙古草原文化和陕西延安精神、革命精神有效融合，打造独具特色的煤海"乌兰牧骑"文化品牌，既有显著的行业特点又有鲜明的地域特色。依托文化品牌创建，重点实施文化惠民、图书智民、场馆益民、活动乐民工程，为矿区员工群众提供了优质的公共文化服务资源，让广大员工群众共享企业发展成果，彰显了央企的责任与担当。

## （四）构建了以"图说神东"为核心的新媒体宣传矩阵，提升了煤炭行业的品牌形象

2021年，神东将党史学习教育、建党百年庆祝活动和文化品牌创建在对外传播推广上统筹规划、一体推进，全面提升集团和神东的知名度和影响力。这一年，神东在央视主流媒体宣传成绩突出，其中《人民日报》发表1篇报道，新华社（网）发表81篇报道，中央电视台播出新闻11次，其中《新闻联播》6次。《神东文化惠民让员工生活更精彩》相关报道在中国煤炭网、凤凰网、新华网等中央级、省部级主流媒体相继发表。神东不断创新宣传平台建设，构建了以"图说神东"为代表的新媒体矩阵，总粉丝量突破30万，新媒体矩阵粉丝数、活跃度均居煤炭行业前列。新媒体平台的建设进一步展示了集团和神东良好的外部形象，提升了煤炭行业的美誉度和影响力。

撰写人：赵晓蕊　指导人：韩浩波

# 能源安全新战略下的
# 智慧矿山建设实践

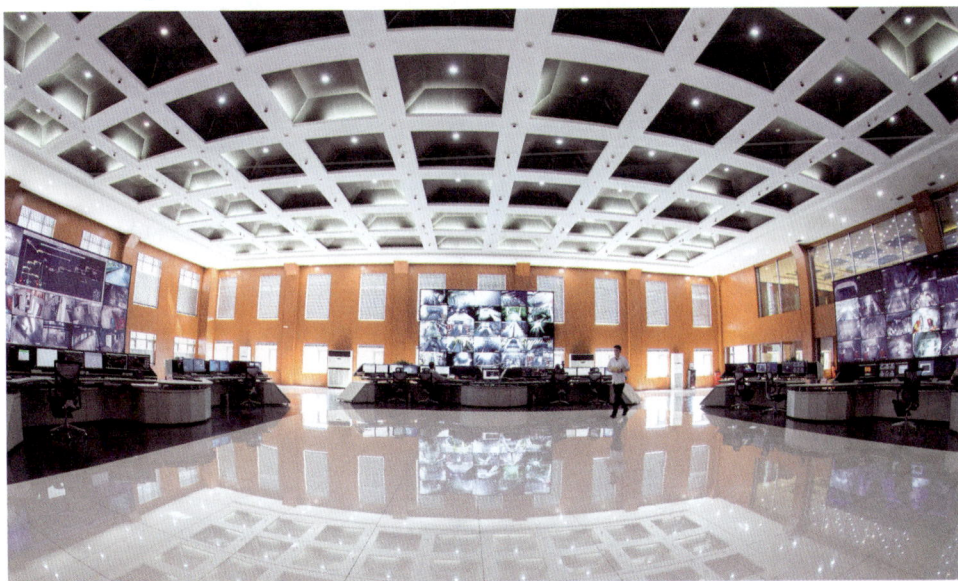

图为大柳塔煤矿区域生产指挥中心

图片来源：国能神东煤炭新闻中心

# 一、背景介绍

2014年6月，习近平总书记提出"四个革命、一个合作"能源安全新战略，提出能源结构转型推动煤炭产业绿色智能化发展，为我国能源行业的转型发展指明了方向。近年来，通过智能化开采技术与装备的创新研发，在薄和较薄煤层智能化综采，大采和超大采高智能化综采以及特厚煤层综放开采智能化技术与装备方面实现技术突破，全部装备实现了国产化。同时，创新智能化生产模式，形成了"集控中心可视化远程控制割煤，工作面无人操作""无人跟机作业，有人安全值守"等创新性开采理念，构建了"以工作面自动控制为主，集控中心远程干预为辅"的工作面智能化生产模式，实现了智能采煤技术的深刻变革，建成一批现代化特大型安全高效煤矿，为全面推进智慧矿山建设和智能化开采发展奠定了基础。

党的二十大报告提出2035年要建成科技强国，实现高水平科技自立自强，进入创新型国家前列。要求以创新为动力，不断提高技术水平、科研水平和信息化水平，为建设网络强国、数字中国提供有力支撑。推动互联网、大数据、人工智能和实体经济深度融合，在创新引领、绿色低碳、智能制造等领域培育新增长点，形成新动能。2020年八部委印发的《关于加快煤矿智能化发展的指导意见》明确指出：要在2035年基本实现各类煤矿智能化，将人工智能、工业物联网、云计算、大数据、机器人、智能装备等与现代煤炭开发利用深度融合，建成全面感知、实时互联、分析决策、自主学习、动态预测、协同控制的智能系统。国家能源集团编制了煤矿智能化"十四五"规划，发布《煤矿智能化建设指南》，构建了3层5类200余项标准体系，为煤矿智能化建设提供了可借鉴、可复制、可推广的国家能源集团方案。确立了五个100%目标，即"采煤工作面100%实现智能化、掘进工作面100%实现智能化、选煤厂100%实现智能化、固定岗位100%实现无人值守、煤矿智能化技术及建设100%覆盖"，深入推进传统产业与信息化技术深度融合，不断加快智能煤矿建设，为高质量发展提供新动能。

"如何来引领，如何来领跑？"打造"创新型"企业是神东创新发展的重要课题。如何通过智能煤矿建设，实施矿山设备智能化升级、定点智能检测、信息集成、智能控制等项目，实现设备智能化、信息高度集成、检测岗位无人值守，促进煤矿"智慧化"，逐步达成绿色、高产、高效煤矿建设的目标。神东人的创新实践一直在路上。

## 二、主要做法

十八大以来，神东深入贯彻新发展理念，认真落实"四个革命、一个合作"能源安全新战略，贯彻落实国家能源集团"一个目标、三型五化、七个一流"发展战略，秉承"奉献清洁煤炭，引领绿色发展"使命，坚持创新发展，积极开展智慧矿山建设实践，持续提升能源领域关键技术攻关和创新能力，推动能源技术革命，推进国产化高端装备制造，首创薄煤层工作面自主智能割煤、特厚硬煤层顶层综采下层放顶煤开采技术，取得了一系列科技创新成果。在神东精神的引领下，神东人通过艰苦奋斗，实践创新，走出了一条别开生面的智慧矿山建设道路。

### （一）顶层设计，科学谋划

开展煤矿智能化建设是贯彻落实"四个革命、一个合作"能源安全新战略的重要举措。做好顶层设计是保证智能矿山建设沿着正确方向发展的首要条件。

#### 1. 搭建四梁八柱、绘制智能矿山路线图

国家"十四五"规划实施以来，神东面对新形势、新任务、新要求，坚持把科技自立自强作为突围转型发展的主阵地，强化战略导向，破解科技难题，从编写方案、项目立项、制定措施、构建体系等方面多方位完善智能矿山建设顶层设计，搭建起智能矿山建设的四梁八柱，明确智能矿山建设的时间表、路线图，争取为行业和国家能源集团智能化建设提供"神东样板"。

#### 2. 实施"一把手"工程，完善创新体制机制

重新梳理制订建设方案和行动计划，将智能矿山建设作为"一把手"工程，成立以董事长和总经理为组长和副组长的智能化建设领导小组，全面负责煤矿智能化建设的总体部署和统筹协调。明确各级人员统筹指导和综合协调的职责，完善创新体制机制，组建协同创新平台，建立健全煤矿智能化考核机制，加大科技人才培养

力度，研究推进一体化发展重大事项。

### 3. 开展示范创建，因地制宜分类分级

为了更加科学、更加实际、更加有效推进智能矿山建设，神东在综合各矿井基础条件、盈利状况、可持续发展基础上，因地制宜制订各矿井实施方案，分级分类建设智能化煤矿，提出构建高级、中级、初级三档智能化矿山。神东计划建成3个智能矿山示范工程项目、18个智能化工作面、10个智能选煤厂，研发并推广11类矿用机器人，自主研发与升级智能矿山应用平台，建设智能矿山标准体系。智能矿山示范工程建设达到世界领先水平，推动并引领行业发展。

## （二）标准引领，保障落实

强化标准规范引领、落实保障措施，提升煤矿智能化基础能力，高效推进煤矿智能化建设。

### 1. 实施煤矿智能化标准提升计划

按照《煤矿智能化建设实施方案》的总体要求和工作部署，开展煤矿智能化标准体系建设专项工作，结合部门职责分工，协同推进煤矿智能化标准的制修订工作，强化基础性、关键技术标准和管理标准的制修订。加快实施煤矿智能化标准提升计划，制定煤矿智能化建设、评价、验收规范与实施细则；推动建立煤矿智能化标准一致性、符合性检测体系和技术平台，形成标准制修订、宣贯应用、咨询服务和执行监督的闭环管理体系。

### 2. 分类修订完善关键技术标准

组织相关技术人员对煤矿智能化建设的关键技术标准和规范进行修订，相继出台《智能化煤矿（井工）分类、分级技术条件与评价》《智能化采煤工作面分类、分级技术条件与评价指标体系》《国家能源集团煤矿智能化建设指南》等一系列标准规范。2019年2月，集团根据神东的《智能综采工作面建设标准》《智能化选煤厂建设标准》，向全集团下发了智能综采工作面、智能化选煤厂建设指导意见。由点到面齐发力，以更高标准、更高质量推动煤矿智能化升级和智能化发展。

### （三）自主研发，首创建功

创新是企业发展的生命线和驱动力。神东积极提升能源领域关键技术攻关和创新能力，持续推动能源技术革命，科技创新工作取得显著成效。

#### 1. 自主研发，推进国产化高端装备制造

早在2000年，神东就开始逐步实施关键设备国产化工作，逐步摆脱进口设备和配件采购价格高、核心技术垄断、配件供应周期长和售后服务滞后等多方面约束，2014年年底停止采购进口装备、配件，全面实现高端装备国产化，带动了国产化设备的"行业效应"。通过制度进行约束，同时在推进国产化工作过程中引入"容错机制"，形成公司、煤矿、厂家联动的国产化研发替代体系，取得了较好的成绩。神东首创薄煤层工作面自主智能割煤、特厚硬煤层顶层综采下层放顶煤开采技术，研发了具有完全自主知识产权、完全国产化的超大采高成套智能综采装备，取得核心技术成果51项，实现了关键领域和核心技术双突破，有效防范了各类企业风险。

#### 2. 建设科技人才队伍，搭建创新平台

为了让"首创"多起来，神东加紧科技攻关，依托科技平台支撑科技研发能力不断提升。依托博士后工作站、国家重点实验室、劳模和工匠人才创新工作室、煤炭行业技能大师工作室等多个国家和行业创新平台，通过参与国家重大课题研究和重点项目实施等方式培养领军人才。让专业技术人员和一线人员敢于创新、安心创新、踊跃创新。借助产学研融合发展之力，仅近两年新增享受国务院政府特殊津贴专家、"百千万人才工程"、孙越崎能源奖、大国工匠等荣誉的科技领军人才53人，创新型人才队伍不断壮大。

### （四）系统集成，矿鸿赋能

当前，云计算、大数据、物联网、移动互联、虚拟现实、无人驾驶、人工智能等新一代信息技术发展日趋成熟，正在向更多领域渗透，不断推动传统行业的智慧化、数字化转型。

### 1. 联合创新，打造矿鸿系统

2021年，彼时成立不久的华为煤矿军团在山西、内蒙古等全国煤炭产业集中区域调研，了解行业的诉求与痛点，思考如何用新技术、新产品更好地服务行业。华为发现，神东的智能化建设很前沿，神东发挥央企的责任担当，率先把新技术引入行业，推动行业高质量发展，这样的胸怀和担当与煤矿军团不谋而合。以功成不必在我、功成必定有我的定力和担当，神东携手华为致力于煤炭行业智能化建设，不断提升煤炭行业数字化水平。随后，国家能源集团与华为公司正式签订战略合作协议，开展联合创新。矿鸿操作系统应运而生。

### 2. 持续完善，推动煤矿万物互联

在双方联合攻关下，携带"安全可信、自主可控、智能互联"三大优势的矿鸿系统搭载设备在神东的煤矿各场景应用。矿鸿系统的核心竞争力为煤矿带来四大转变：一是设备交互方式转变，实现人机交互、机机交互；二是设备连接方式转变，兼容多种连接方式，多通道提升可靠性；三是数据管理方式转变，为设备统一语言，支持设备间的数据互访；四是设备运维方式转变，为每台设备装上智慧大脑。矿鸿系统研发目前还处在初级阶段，要经过不断打磨，逐步完善，走向成熟，把煤矿全面带入万物互联时代，为煤矿智能化建设打造坚实基础。

## （五）落地基层，各显其能

在智能化建设进程中，煤矿对各类科技的应用集成化程度高，应用场景广泛。首个煤矿智能化班组挂牌之后，神东陆续成立了榆家梁煤矿、寸草塔煤矿等多个大学生智能化采煤班，这为大学生们提供了崭新的舞台。神东专门出台的《神东煤炭集团大学生智能化采煤班推广实施方案》，明确了工作思路及目标、组建标准、考核内容，各个矿井闻令而动。

哈拉沟煤矿以高标准严要求的培养方式，努力打造大学生智能化采煤班班组品牌，坚持文化软实力与科技硬实力深度融合，确保班组保持旺盛的生命力。依托火种计划，全力打造人才高地，全力推进智能化建设，全力建设品牌班组，重点从班组管理及文化品牌塑造等方面，让大学生智能化采煤班成为引领新时代神东发展的

名片，成为新时代煤炭产业工人的代表和缩影。

上湾煤矿结合实际一次性组建了3个大学生智能化班组，根据大学生的专业优势，第一时间安排合适的师傅，通过一对一学习、思想政治教育和技术理论培训、"引进来、走出去"活动等多种方式提升大学生的理论水平和实践能力。打造"大学生智能化采煤班创新工作室"，包括智能化成果展示、技术应用分享等内容。

补连塔煤矿依托高学历、高素质、高技术的青年大学生人才储备，成立了1个大学生智能化区队、8个大学生智能化班组，覆盖了综连采所有队伍，是公司成立大学生智能化班组最多的矿井。

## 三、建设成效

### （一）矿井"自动化、智能化"促进"无人则安"

随着神东"十四五"科技创新专项规划的制订与完善，神东通过技术创新、管理创新和体制机制创新，全面提升煤矿智能化开采水平。神东突破并掌握了"3类智能采煤、2类智能掘进、5大类21种煤矿机器人、可视化远程控制和移动巡检"等关键核心技术，提高了矿井自动化、智能化生产水平，形成智能开采技术模式，逐步减少用工人数和人工作业环节，实现减人、提效、保安。目前在用机器人总计21种、153台套，真正把作业人员从艰苦、危险的环境中替换解放出来，逐步实现"无人则安"。2021年8月，神东再次与华为共同开展智能安全管理体系研究项目，为神东煤炭集团及煤炭行业构建一套智能化风险评估保障体系，将物联网、大数据、云计算、人工智能技术与煤矿安全生产体系进行深度融合，通过数据"集成化"、要素展现"可视化"、风险评估"智能化"、操作软件"平台化"，实现智能化条件下的煤矿安全生产状态评估、安全风险评价、设备运维自检、系统智能决策、隐患自主排查与灾害发生后的设备自主联动，保障煤矿正常生产、预警重大灾害，助力神东高质、高效、绿色发展。

### （二）打造一批有特色的智能化示范矿井

智能化建设涵盖了综采、掘进、主运输、辅助运输、供电、供排水、通信与网络、大数据、移动巡检、机器人、智能化选煤厂等11大类，共1210个项目。目前，已建成上湾煤矿、榆家梁煤矿等23个智能综采工作面，实现主运输系统固定岗位工减员77.5%，现场试点22类153台井下机器人。榆家梁煤矿"5+2+X"运行管理模式的应用，不仅降低了矿井用工成本，还提升了矿井系统智能化建设水平，并逐步加快了煤矿自动化和信息化的应用提升。锦界煤矿综采工作面的智能割煤技术有了新的变化，在记忆割煤的基础上，将历史轨迹与实时数据相结合，通过人工智能算法，实现了"自主预测、局部干预、远程控制"的新模式。2021年12月，国家矿山安监局内蒙古局、内蒙古自治区能源局组织7个矿井验收。2021年12月，榆林市能源局组织对陕西区域5矿6井进行了煤矿智能化初验，初验结论均达标。大柳塔煤矿、补连塔煤矿、锦界煤矿均通过了集团智能化初验。2022年7月12日，大柳塔煤矿通过国家首批智能化示范煤矿建设验收。大柳塔煤矿智能化建设效果综合得分85.17，达到Ⅰ类中级智能化示范煤矿；大柳塔选煤厂得分85，达到中级智能化选煤厂。

## （三）建设矿鸿系统，开启智能矿山建设新时代

"矿鸿操作系统"是适合工业领域智能化场景应用需求开发的100%国产自主可控、安全可信、智能互联的工业级操作系统，弥补了国内自主可控的工业级操作系统缺失。"矿鸿"操作系统为煤矿数字化、智能化发展提供了一条定制的快车道，对煤矿智能化建设具有重要里程碑意义。矿鸿操作系统测试版发布后，在各方协同发力下，矿鸿操作系统已在神东12个矿厂成功适配煤矿井下采、掘、机、运、通等各个业务系统设备制造商27家，共52类2239台套设备。矿鸿操作系统在神东各煤矿应用以来，神东在关键技术上的自主能力不断增强、设备操作系统的安全可信程度不断提高、矿井的智能化建设进程不断提速。

撰写人：马健雅　指导人：王军

# 有梦想就有舞台——
# 神东年轻干部培养机制创新

图为神东首个大学生智能化采煤班

图片来源：国能神东煤炭新闻中心

# 一、背景介绍

"青年兴则国家兴，青年强则国家强。"选拔培养优秀年轻干部，保持干部队伍年轻化，是关系党的事业后继有人，关系国家长治久安，关系人民福祉。神东提出，"要高度关注新入企大学生的成长、成才，让每一位神东人都有梦想的舞台、放飞自我的空间。年轻干部不能任其自然生长，必须加大培养锻炼力度和工作计划"。

2021年，作为煤炭行业领跑者的神东，明确走"安全、高效、绿色、智能"高质量发展新路子，全面推进神东创新驱动绿色低碳发展开新局。新的发展战略对人才队伍建设提出了新的要求，企业创新发展必须培养年轻干部作为主力军。经过三十多年的沉淀，神东不缺成熟人才，但年轻干部储备不足、在关键岗位配备不足等问题日益突出。神东从实际出发，以改革创新的勇气、跳起摸高的决心，提出建立行业人才高地发展思路，坚持党管干部、党管人才，以年轻干部培养为突破口，树立实践实干实绩用人导向，努力打造建设一支结构合理、素质优良、数量充足的专业化年轻干部队伍，为神东奋力开启高质量发展新征程提供坚实保障。

# 二、主要做法

## （一）明确导向，把准年轻化内涵

### 1.倡导干部年轻化理念

年轻化不是简单地以年龄划线，而是整体结构的年轻化。神东认为的年轻化，是奉行"尚德重才、创造价值"的人才理念，以实干业绩为导向，政治过硬、业务精湛、对企忠诚，知识结构新，具有创新化思维，能够主动承担改革创新重任的员工。在年龄上，要求部门正职不超过45周岁，副职不超过40周岁，副总工不超过35周岁，班组长不超过30周岁，可适当放宽2岁。

### 2.提出年轻干部培养思路

神东从人才成长规律出发，提出了年轻干部培养的总体思路，明确年轻化干部标准，围绕两级公司发展战略，按照拓宽来源、优化结构、改进方法、提高质量的原则，以大力发现培养为基础，以强化实践锻炼为重点，以确保选准用好为根本，以严格监督为保障，健全优秀年轻干部选育管用全链条机制，着力建设一支能力素质突出、勇于担当作为的专业化年轻干部队伍，为建设世界一流示范企业提供有力的干部储备和人才保证。提出要坚持人才培养从入企开始，树立起感情留人、事业留人、待遇留人的理念，加强组织关怀，在思想上做好引导，在生活上做好关怀、在专业上做好培养。

### 3. 出台年轻干部培养方案

神东相继出台《关于大力发现培养选拔优秀年轻干部的实施意见》《神东煤炭集团创人才一流专项方案》《神东煤炭集团专业技术人才职业发展管理办法》，对年轻干部选拔做出系统化安排，为有针对性实施人才培养提供依据。大力实施"1121"年轻干部培养工程和"双千"人才工程，即重点培养100名科队级以上管理干部，100名班组长，20名"95后"优秀青年人才，10名45岁以下矿处领导作为集团后备人才，促进干部队伍建设质量稳步提升。

### （二）能上能下，推动梯次化配备

坚持"相马"与"赛马"相结合的方式，加快年轻干部培养工作。针对年轻干部储备不足的问题，加大年轻干部选配力度，加快年轻干部培养常态化、规范化、制度化建设，大胆启用年轻人才。以选准用好干部为切入点，统筹班子职数设置、专业结构、任职资格条件、能力以及当前干部退出、优秀年轻干部培养、干部轮岗交流情况，积极探索优化干部队伍的梯次配备，逐步形成老中青梯次配备的干部队伍。

### 1. 加快年轻干部提拔

公司层面组织开展副总工程师竞聘、提拔副处级以上干部，给"80后""90后"创造机会。基层单位则通过基层推荐、公开竞聘的方式选拔业务骨干担任党支部副书记，推动党务干部与经营干部交叉任职。进一步优化后备人才选拔机制，将"金、银、铜牌"技能专家、公司金银铜牌班组长和技能大赛获奖者，采用积分制方式纳入后备人才库，积分排名作为选人用人的重要依据。在"赛马"过程中，除了沿用笔试、专业面试、综合面试，还创新性构建起了以专业、学历、职称、工作经历为维度的干部选拔基本素质和胜任能力评价模型，多层次、多方位、多渠道、近距离考察识别干部，实现精准选人用人，营造公开、公平、公正的选人用人导向。

### 2. 畅通科级干部退出通道

"换血"过程中，能上能下的机制是保障"供血"顺畅的关键。公司修订完善科级干部退出管理办法，优化岗位设置，畅通大龄、大病科级干部退出渠道。对科级干部年度考核排名靠后的管理人员进行约谈并调整岗位，为年轻干部提供更多的岗位历练机会。

## （三）完善链条，铺设成长快车道

加强长远规划，在多岗位历练中培养年轻干部，多渠道识别发现各专业、各类优秀年轻干部，加大人才储备，真正实现"好中选优、优中选强"。

### 1. 打造年轻干部信息库

年轻干部的选拔，采用基层推荐和公司调研相结合。首先是基层摸底，酝酿推介。各单位根据选拔标准进行自下而上推荐，经党委会研究，确定优秀年轻干部推荐人选，择优推荐给公司。二是认真核实，完成初选。成立工作组对推荐人选进行审核，并听取纪检部门的意见，对人员进行筛选。三是调研了解，综合评价。通过谈话、调阅资料、实地走访等方式，了解年轻干部的德才表现、发展潜力、群众口碑，形成评价报告。四是专业研判，确定名单。综合考虑各层级人才数量、结构、阅历、能力等，确定入库名单，报公司党委审定。组织人事部动态跟踪年轻干部的成长情况，根据考核表现、岗位调整、培养锻炼等情况，做到有进有出，及时调整。

### 2. 做好人才培养规划

神东自上至下参照以专业、学历、职称、工作经历为主要维度的干部选拔基本素质评价模型，进一步优化完善干部培养选拔制度，从基层抓起、从基础抓起，帮助年轻干部做好职业发展规划，明确中长期目标和短期培养计划，真正把年轻干部培养作为一项长期工程来抓。

### 3. 推进干部轮岗锻炼

有重点地开展重要岗位锻炼、跨岗交流锻炼、挂职培养锻炼，按照工作实际需要有意识、有计划、分层次地组织优秀年轻干部跨部门、跨专业流动，尤其要到生产一线和艰苦岗位交流轮岗，磨炼意志、增长阅历、开拓思维、开阔眼界，提高处理复杂问题的能力和解决实际问题的能力，实现复合型、高素质人才的养成。

### 4. 开展技术人才摸底

持续开展职称评审工作，有序启动职业技能等级认定工作，提前对各类专业技术职称和操作技能等级进行摸底。通过技术比武、理论实操考试等方式激发年轻员工学技术、强本领的热情，进一步扩大技术人才储备。

## （四）强化素质，推行融合式培训

### 1. 注重党性教育

年轻干部历练少，培养过硬的政治素养，建立起对企业的忠诚、对事业的热忱、对工作的责任，才能走得稳、走得远。神东充分发挥各级党校、行政学院的主渠道、主阵地优势，择优推荐优秀年轻干部参加政治理论学习班，组织优秀年轻干部每2～3年至少参加一次系统理论教育和严格的党建党性教育。通过专家讲座、体验式学习等形式，强化年轻干部的政治意识，提高政治站位。

### 2. 注重专业和素质能力的培训

科学制订年轻员工培训工作规划，分层级、分类别、模块化推进，提升年轻干部的综合能力素质。管理人员按照处级、科队级、班组级和优秀青年人才，四个层级进行培训，每个层级按照内部集中培训和外出培训两种方式进行；技能培训方面，贯彻落实公司"双千"人才工程，按照神东工匠、青年工匠、技能储备人才三个级别进行培训。年轻干部每3年要参加累计不少于2个月或者330学时的培训。要求培训组织单位做好优秀年轻干部参训情况的考核与记录，参训情况作为考核评价、选拔任用的重要依据。并要求各级党组织解决好工学矛盾，为年轻干部学习培训提供便利的条件。

### 3. 搭建学习交流平台

各单位要求年轻干部在参加提升培训、外出学习等活动后，分享培训心得和所学经验，提升年轻干部语言表达能力。同时，利用安全、生产、机电例会和经营分析会等契机，让机关科室和区队负责人上台汇报，并形成常态化机制。通过自学、培训等方法，多途径提高自己业务素质水平，要求40周岁以下年轻干部每月撰写工作总结，结合工作实际每年至少发表1篇论文。通过多样化的交流学习，激发年轻干部提升素质能力的主动性。

## （五）严管厚爱，当好发展"护航员"

### 1. 建立谈话谈心制度

各级党组织经常与年轻干部谈心谈话，教育引导年轻干部正确认识自己、摆正位置，做到个人发展服从公司发展需要。抓好年轻干部警示教育的同时，对年轻干部的苗头性倾向性问题，早提醒、早纠正。

### 2. 加强日常监督管理

严格落实函询、诫勉等制度，发挥纪检监察、巡视巡察、审计、信访等监督作用，始终把年轻干部置于党组织的管理监督之中。对热衷经营人脉、编织关系网、请人打招呼、递条子、走捷径，借挂职交流频繁变动岗位、转身份、升级别，不愿意到生产一线、艰苦岗位工作的年轻干部，及时退出人才库。

### 3. 完善担当作为激励机制

建立年轻干部定期考核制度，各级党组织做好日常考核和年度综合测评，测评结果作为优秀年轻干部发现培养选拔的重要依据。探索容错纠错机制，为履职尽责、主动担当、踏实做事、不谋私利的年轻干部撑腰鼓劲。及时褒奖取得业绩的优秀干部，形成年轻干部竞相干事、竞相创效、竞相成才的良好格局。

## 三、取得成效

### （一）激活了基层干部队伍的活力

创新干部"提、轮、转、退"工作机制，坚持"赛马"与"相马"相结合，构建以专业、学历、职称、工作经历为维度的干部选拔基本素质评价模型，全年退出、调整、提任副总工程师及以上干部270人。加大优秀年轻干部培养选拔力度，大力实施"1121"优秀年轻干部培养工程，提任45岁以下干部93人，占提拔总人数72.7%，其中提拔80后干部74人，占提拔总人数的57.8%，老中青梯次配备初见成效。公开招聘大学生448人、社会熟练工374人、优秀劳务工4430人，聘任专业师1989名、技能师947名。哈拉沟煤矿大学生采煤班被授予"全国工人先锋号"荣誉称号，5人荣获省（区）"五一劳动奖章"、25人被授予省级"技术能手"称号。集聚人才优势，识才爱才敬才用才的环境逐步营造。

### （二）实现了政治和业务素养的双提升

通过开展政治与业务双提升工程，不仅提升了年轻干部的政治素养，还拓宽了视野，提升了综合能力。自2020年开始，神东相继组织年轻干部到延安、红旗渠、西柏坡等红色教育培训基地参加党性修养专题教育培训班，每期50名年轻干部得到了党性提升。

### （三）促进了各类人才的快速成长

各单位在神东人才培养方案指导下，出台了符合自身实际的年轻干部队伍建设实施方案和新入企大学生五年培养规划，鼓励年轻员工在适合自己的发展途径上快速得到提升，成为独当一面的管理、技术和操作人才。神东逐步实现管理、专业技术和技能操作通道体制突破，让学技术、比技能、会管理成为广大员工自觉行动。目前，专业技术人才持职称证书数量达到8838人次，包括工程、政工等12个系列，技能操作人才持技能等级证书数量达到6626人次，包括电工、钳工、井下采煤机司机等51个职业工种。

撰写人：李亚　指导人：张云飞

# "4+4+N"安全文化建设模式　助力神东安全生产

图为神东首届"安全有我　一站到底"安全知识擂台赛

图片来源：国能神东煤炭新闻中心

# 一、背景介绍

文化是企业基业长青之根，精神是企业凝心聚力之魂。神东自开发建设初始，就把文化建设作为铸魂、育人、塑形的战略措施，为企业高质量发展提供了强大的精神动力和丰润的文化滋养。因为煤炭生产的高危性和复杂性，神东着重将安全文化作为最核心的专项子文化纳入公司大文化建设格局中，积极培育、建设、传承、创新。

为使文化软实力转化为推动公司安全生产的硬支撑，神东近年来在创领文化"双维度"践行模式指导下深入推进安全文化建设工作。经过不断地实践探索，构建出了具有神东特色的"4+4+N"的安全文化建设模式，即坚持目标导向，遵从"认知—认同—实践—共享"的宣贯路径，着力搭建四个安全文化宣传教育平台，营造良好的安全氛围；坚持问题导向，遵从"发现问题—文化归因—提出对策—评估反馈"的管理路径，健全四个安全文化管理体系，促进文化与管理的深度融合，积极培育N个富有各单位特色的安全文化建设路径，丰富安全文化实践。从思想引领、阵地建设、管理融入、习惯养成等多角度全方位推进公司安全文化建设工作向纵深发展。

# 二、主要做法

## （一）搭建四个安全文化宣传教育平台，营造良好的安全生产氛围

### 1. 搭建安全文化教育培训平台

教育培训分专项培训和日常培训。专项培训要求各单位每年不定期开展安全文化专题培训。日常培训主要是将安全文化纳入各层级、各岗位的日常培训计划，分层分类组织实施。组建公司级"安全宣讲小分队"深入基层宣讲30多次，深入各单位通过现身说法谈身边人、讲身边事的方式，使安全生产理念深入人心；开设"矿长公开课""队长安全课""班组安全微课"等，三类安全课堂共组织培训200多期，深入宣贯学习习近平总书记关于安全生产重要论述和重要指示精神，以及煤矿安全生产有关政策措施、安全生产有关法律法规；每年常态化组织两次"安全文化主管人员能力提升培训"，创新采用理论授课、学员分享、研讨交流、文化共识营以及团

建活动等多种形式，持续不断为安全文化主管人员队伍"充电蓄能"。培训覆盖管理人员500多人次，多措并举促使公司广大干部职工熟知公司安全文化理念，推动安全理念入脑入心入行。

## 2. 深入开展安全主题实践活动

神东坚持把思想文化引领作为安全文化建设的突破口，以安全主题实践活动为抓手来提升组织活力，持之以恒地做到"四个加强"。一是加强事故警示月、安全生产月活动。每年"事故警示月""安全生产月"期间，由安监局联合企业文化中心共同制订系列活动方案并精心组织。连续组织两届"安全有我、一站到底"安全知识擂台赛，共涌现出6名安全知识总擂主，50多名安全知识之星和40多名安全知识达人，以擂台赛为契机，在公司掀起了学习安全知识、提升安全素质的热潮，极大地调动了公司广大员工争当安全达人的积极性和主动性；二是加强重大节庆日、重要时段警示教育。在国家重大节庆日、重要时期，以及集团及公司各项专项活动期间，大力开展职工寓教于乐的安全文化主题活动，创新组织演讲、知识竞赛、有奖问答、线上答题等活动。连续组织十多次安全知识有奖答题活动，参与人次达到2.5万人。让员工在轻松有趣的氛围中深入对安全法律法规、消防安全等知识的学习和掌握；三是加强安全文化建设成果巩固提升。积极参与国家、集团、协会等相关部门关于安全文化、创新创效、课题研究等征集活动，同时定期组织安全文化典型案例、优秀论文、文艺作品、安全故事、安全短视频等征集评选活动，建立安全文化精品案例库，收集案例100余篇，其他安全主题作品200多个，及时总结文化建设的好经验和好做法，不断丰富安全文化建设的理论与实践成果。鼓励广大文艺爱好者将个人爱好融入岗位安全，将岗位安全规程、业务操作流程、安全法律法规等内容用耳熟能详的歌曲重新填词后"唱"出来，创研出了《安全宣誓歌》等为代表的系列优秀安全文艺作品，《负爱》为典型的系列安全微电影和以"申申、东东"为原型的14集神东安全动漫短视频，不断扩大了安全文化的覆盖面和影响力；四是加强安全宣传载体的丰富创新。常态化开展亲情嘱安全、文艺唱安全、矿工说安全、妙手画安全作品征集活动，共收到作品100多个。丰富安全文化宣传形式与载体，鼓励创作更多生动有趣的安全主题作品。充分发挥家属协管保安全作用。定期组织开展家属协管安全微故事演讲、家属协管座谈会、亲情寄语视频征集等活动，以亲情筑牢安全生产第二道防线。

### 3. 深入开展安全文化传播分享活动

注重把加强媒体和宣教资源、文化阵地的融合，作为推进安全文化内化于心、外显于行的重要抓手。一是打造一批安全主题文创产品。为生动化、丰富化体现公司"生命至上 安全为天"的理念，打造了一批突出安全理念、体现煤炭行业特点的文创产品，以视觉文化符号和语言符号传递"两个至上"的安全理念；二是搭建"1+N"安全文化传播平台。"1"是"文化神东"微信公众号，定期以"图·文·声·像"形式分期对优秀的安全可视化作品进行展播和分享。"N"是各单位网站或微信公众号开辟的安全文化专栏，集中展示各单位在安全文化建设上的典型做法和优秀经验；三是形成了各具特色的安全文化宣传阵地。各单位结合实际，积极思考，建成了集安全文化理念、矿井安全文化思路和区队安全文化实践于一体的安全文化宣传载体，形成兼具教育引导、人文关怀、心理疏导、安全培训的"安全文化阵地"；四是定期组织"企业文化基层行·送安全"活动。煤海"乌兰牧骑"文艺小分队持续开展"企业文化基层行·送安全"活动，近几年来共计深入偏远站点、钻井平台开展文艺慰问50多场次，用文艺作品唱响了"生命至上 安全为天"的主旋律。

### 4. 深入开展安全文化座谈交流活动

一是组织不安全行为座谈交流。各单位定期召开不安全行为分析座谈会议，注重从员工思想意识层面分析不安全行为发生的原因，提升员工自保互保意识；二是积极开展心理援助活动。神东积极搭建"健康小屋"，提供心理健康培训、开展心理健康教育、开展心理健康服务，缓解员工心理压力，释放不良情绪，落实"以人为本"的管理理念。

## （二）健全四个安全文化管理体系，推动文化与管理深度融合

### 1. 完善科学的安全理念体系，为安全发展奠定坚实思想基础

煤炭生产，安全为天。安全发展，理念为先。神东艰苦而复杂的作业环境，从

一开始就铸就了神东人刚硬如盾的管理风格；进入新时期，神东更加注重人本管理的作用。在不断的探索与实践中，神东逐渐形成了完善的安全文化理念体系，即"生命至上 安全为天；无人则安；零事故生产"的安全理念。尊重生命、关爱健康是企业对员工的庄严承诺；安全为天，安全工作重于一切，高于一切；无人则安，通过提升机械化、自动化、信息化水平，大幅度减少井下高危岗位的用人数量；零事故生产，追求生产过程中人员零违章、设备零缺陷、环境零隐患、管理零漏洞，不发生任何安全事故。安全理念是神东抓好安全工作的核心指导思想，经过长期的发展也被广大员工所熟知，员工以理念指导行动、以思想约束行为，从源头上消除不安全意识和行为，做到"知行合一"。

### 2. 构建系统的风险预控管理体系，为安全发展提供有效手段

神东以科学的安全理念为指导，以安全风险预控管理体系为主线，加强安全管理的顶层设计。通过全面辨识各生产系统、各作业环节、各工作岗位存在的不安全因素，明确安全管理对象；制订管控标准和措施，落实管控责任部门和责任人，保证标准和措施执行到位。建立风险预控保障体系。层层建立风险预控领导小组，对体系中的每个管控元素进行细化分解，将各项工作任务分配到相关领导、部门和生产单位，形成"横向到边、纵向到底"的责任体系。这套体系更加注重把风险管控在源头，超前防范，更加注重过程控制。最大化提高对风险的提前防范，减少对人员的过程伤害。这套体系是人本管理思想在神东的有力探索和生动实践。

### 3. 健全高素质员工队伍培养体系，为安全发展构筑人才保障

随着煤矿现代化水平的不断提高，神东从战略高度更加重视人才引进和员工教育培训。大力引进大学优秀毕业生，鼓励大学毕业生到基层锻炼，搭建从公司、到矿井、到区队、到班组的四级教育培训体系，科学制订年度培训计划，按计划分层分类组织系统培训，不断提高培训质量和实效，建立"聘、提、轮、转、退"工作机制，仅2022年，调整、提任148人，着重培养年轻干部，公司中层干部平均年龄同比2020年减小1.7岁，赵云飞等6名同志被授予全国五一劳动奖章，省市劳动模范和五一劳动奖章荣誉称号，31人被授予省级"技术能手"称号。同时加强安监队伍人员选拔和培养，公司现有注安师456人，有效提升了安全从业人员的能力和水平。

#### 4.完善安全文化建设考核评价体系，为安全发展提供有力抓手

建立横向协作、垂直管理的安全文化建设组织机构体系，形成"主管部门牵头组织、业务部门分工负责、党政工团齐抓共管、广大员工积极参与"的工作机制，发挥联动作用，形成工作合力。制订《神东企业文化建设管理办法》和《神东安全文化建设工作实施细则》。将安全文化建设考核纳入公司季度安全风险预控管理考核评价体系，与安全风险预控管理体系考核同部署、同考核、同奖罚。以问题为导向，不断优化安全文化考核标准，提高安全文化考核的针对性和有效性，在考核的同时加强业务指导，帮助各单位找到安全文化建设中存在的不足，提出解决问题的路径和方法。

### （三）实施N个安全文化特色实践路径，激发矿井自主安全管理潜能

通过平台搭建、宣贯落地、融入管理、完善考核、自主创新的方式，神东各单位安全文化建设各具特色，成效明显。例如：哈拉沟煤矿建立矿井"八化子文化"（党建文化、安全文化、制度文化、创新文化、廉洁文化、健康文化、书香文化、和谐文化）体系，让文化建设更加紧密服务于安全生产和全体员工；榆家梁煤矿推广"一区队一品牌""一班组一特色"安全文化建设思路，打造具有影响力的安全文化活动品牌——"安全梦想账单"闯关挑战赛，提高了安全宣传教育的成效、和睦了员工家庭关系，深受广大职工群众欢迎；补连塔煤矿积极培育三零文化（管理零盲区、岗位零隐患、操作零违章）的基础上，重点建设区队班组安全文化阵地，突出区队文化阵地的教育引导、人文关怀、安全培训、心理疏导等功能定位，营造了浓厚的安全文化氛围。

## 三、实践成效

### （一）全员安全思想认识有效提升

神东坚持"无人则安""零事故生产"，始终把"零伤害"作为奋斗目标，把"煤矿能够做到平安无创伤"作为坚定信念，将安全理念融入制度体系，贯穿于生产实际，教育引导广大干部员工自觉把安全放在首位，把安全红线作为"底线"和"生

命线"，内化于心，外化于行。在实际工作中，坚持从思想源头抓起，加大安全教育力度，突出安全理念渗透和行为养成，使广大员工不仅对安全理念熟读熟记，入脑入心，全员认知。坚持警钟长鸣、敬畏生命、敬重安全，坚决杜绝盲目生产，坚决摒弃心无敬畏、漠视生命的不良心态，坚决摒弃麻痹大意、心存侥幸等思想"顽疾"，逐步形成了理念引领，凝聚全员思想共识，自觉将安全第一的思想植入心灵深处，转化为自觉行动，从源头上筑牢了思想根基。

### （二）风险预控科学管理理念深入人心

经过多年的实践，风险预控管理体系得到全体干部员工的广泛认同，危险源辨识和风险评估已成为安全管理的常态化手段。风险预控管理体系作用充分发挥，利用体系规范化、制度化开展统计、分析工作，研究安全倾向性、趋势性、规律性问题。定期升级完善安全管理信息系统，实现了危险源和隐患跟踪、预警、管控的闭环管理，切实推动了安全生产科学管理。

### （三）基层自主安全管理水平显著提高

各层级责任明晰，区队管理人员主动管安全，在安全管理上肯动脑筋、想方法和下功夫；现场员工遵章守纪意识日渐增强，能够积极辨识和反馈身边的危险源，团队互助和安全风险意识逐步增强，能够上标准岗、做标准事、干标准活。

随着安全文化建设的深入开展，神东逐步由制度管理迈向文化管理，有效促进煤矿安全生产高效发展。截至目前，神东13个煤矿单位8个安全生产超10年，其中大柳塔煤矿活鸡兔井安全生产7056天，石圪台煤矿安全生产6220天，保德煤矿安全生产6138天，13矿14井均获得国家特级安全高效矿井荣誉称号，神东被评为集团安全环保先进企业。

撰写人：赵晓蕊　李捷　　指导人：韩浩波

# 借力先行示范区创建
# 共建神东生态绿色文明

图为神东哈拉沟生态基地

图片来源：国能神东煤炭新闻中心

# 一、背景介绍

2021年10月，中共中央、国务院印发了《黄河流域生态保护和高质量发展规划纲要》，提出开展矿区生态环境综合整治，开展黄河流域矿区污染治理和生态修复试点示范；建设全国重要能源基地，有序有效开发山西、鄂尔多斯盆地综合能源基地资源；将推动煤炭产业和能源基地绿色、低碳、智能、高效发展作为黄河流域高质量发展的重要任务。2021年9月，习近平总书记在陕西榆林考察时强调，煤炭作为我国主体能源，要按照绿色低碳的发展方向，对标实现碳达峰、碳中和目标任务，立足国情、控制总量、兜住底线，有序减量替代，推进煤炭消费转型升级。重大国家战略的深入推进和习近平总书记的重要指示精神等都对流域生态环境保护和矿区绿色低碳发展提出了更高要求。

神东矿区地处黄土高原，是我国首个建成的亿吨级与2亿吨级煤炭基地，位于国家生态安全和能源安全战略交汇点，是我国重要的生态屏障和能源走廊。矿区原生生态脆弱，水土流失严重，长久以来制约区域社会经济发展。多年来，神东矿区始终坚持"产环保煤炭、建生态矿区"理念和"开发与治理并重"的方针，保持生态文明建设战略定力，生态优先，清洁生产，创新形成了"五采五治"生态生产协同模式、"三期三圈"生态环境防治模式、"三级三用三循环"矿井水保护模式等煤炭企业绿色发展的"神东模式"，成为高碳产业低碳发展的示范。脆弱的矿区原生生态环境状况、重要的地理区位特征、典型的自然气候条件、优越的能源资源禀赋和丰富的生态保护与治理经验等，为神东矿区先行示范区创建提供了良好的基础，为区域生态环境保护治理探索了新路。

# 二、主要做法

为了切实践行中共中央、国务院的《黄河流域生态保护和高质量发展规划纲要》和习近平总书记在陕西榆林考察时的重要指示精神，神东深入贯彻落实习近平生态文明思想，积极与黄河上中游管理局对接，开展了"黄河流域生态保护和高质量发展"重大国家战略——神东先行示范区创建工作，分析研判区域生态治理新要求、新标准、新政策，把绿色发展理念贯彻到生产经营全过程，进一步探索创新绿色矿山生态保护和高质量发展模式，主动提高生态治理水平，努力为黄河流域生态保护和高质量发展、流域大型煤炭产业低碳绿色发展打造实体样板，为构筑黄河流域能源走廊绿色生态屏障、助推流域生态保护和高质量发展提供经验借鉴。

## （一）系统规划，稳步推进

为有力推进神东先行示范区发展进程，2021年9月黄河上中游管理局和神东组织了贯彻黄河流域生态保护和高质量发展重大国家战略——神东先行示范区创建启动会暨"神东生态论坛"，成立创建工作协调推进组，并在2022年2月形成了阶段性成果《贯彻落实黄河流域生态保护和高质量发展重大国家战略——神东先行示范区创建工作推进方案》，该方案对接下来的创建工作做出了总体安排，树立了清晰的创建目标，谋划了具体的创建内容，并对创建保障、工作步骤、预期成果等进行了初步的系统规划。

按照推进方案，"黄河流域生态保护和高质量发展"重大国家战略下的神东先行示范区建设，分为三个阶段进行推进。

### 1. 规划研究阶段（2021—2022年）

在本阶段，重点是全面系统地研究先行示范区创建内容，为整体工作奠定坚实基础。

一是论证创建框架方案。根据框架方案，结合专家库力量，群策群力，共商共议，形成共同创建工作方案。二是编制创建规划。全面总结神东矿区37年生态保护的技术经验与实践成果，编制创建规划。三是技术与标准研究。根据国家生态文明体系的五个方面，结合黄河流域、晋陕蒙区域和煤炭行业特点，重点研究以下内容：生态经济、生态环境、生态安全、生态制度、生态文化。

### 2. 示范创建阶段（2022—2025年）

在本阶段，重点借助示范项目、示范基地、示范矿井的创建，推进黄河流域生态保护和高质量发展先行示范区创建工作。

一是示范项目创建。创建"科技创新"系列示范项目，系统深入开展生态经济、环境、安全、制度、文化研究与示范建设，作为示范基地与示范矿井创建的有机组成和主要内容。二是示范基地创建。创建五个示范基地，包括："水资源保护和利用"生态实践创新基地、"山水林田湖草沙"生态示范基地、"绿水青山就是金山银山"实践创新基地、神东"零碳"发展示范矿区（井）、国家生态文明教育基地。三是示范矿井创建。创建"依法合规"系列示范矿井，神东13个矿井全部建成"国家级绿色矿山"，其中布尔台煤矿同步建成"零碳"示范矿井，补连塔煤矿建成"节水"示范矿井。

### 3. 全面创领阶段（2025—2035年）

总结示范创建成效和经验，全面引领神东矿区、黄河流域和几字湾区域，总体达到示范标准，并不断巩固提升。

目前，该项工作方案已纳入国家能源集团2022年生态环境保护重点工作。同时，在2022年2月，神东已经联合黄河上中游管理局启动了《神东矿区生态保护和高质量发展规划》编制工作，并确立了专家咨询与评审、神东生态论坛、"黄河流域生态保护示范创建"交流平台等运行机制。在规划中，将对具体的阶段目标、工作任务、行动计划做出更明确、更详细的规定，确保创建工作的有序推进。

## （二）强化保障，党建引领

生态文明建设是关乎国家发展的大事。作为国家能源集团的骨干煤炭生产企业，在黄河流域生态保护和高质量发展先行示范区创建过程中，神东坚持以习近平生态文明思想为指引，用政治的视角看生态，透过生态建设看政治，积极探索党建引领生态文明建设，把党建工作的号召力、影响力，转化为生态环境的治理和保护过程中的执行力、助推力，确保了神东的先行示范区创建始终走在正确的道路上。

### 1. "党建+生态环境责任制"，落实环保责任

一是完善学习机制，强化思想引领。各级党组织将学习贯彻习近平生态文明思想和党中央与国务院生态环境政策文件作为生态环境保护工作的"第一要务"和

"第一议题"，抓住领导干部这个关键少数，建立常态化学习机制，坚定管理层生态保护的政治自觉、思想自觉、行动自觉。

二是构建责任体系，提高管理效能。神东制订下发首个《神东煤炭集团生态环境保护责任制度》，分别明确了公司领导、机关各部门、生态环境监管单位、具有管理职能单位、基层单位的生态环境责任清单，共计574项，确立了责任事项、责任考核与责任追究标准，实现了从董事长到普通职工的全覆盖，建立了"人岗相依、基础完善、管理高效"的生态环境责任体系。

三是加强业绩考评，压实各方责任。自2018年开始，连续5年将生态文明建设目标指标任务全面纳入各单位年度经营业绩考评责任书，将生态文明建设情况列入神东党建工作责任制考核负面清单。按季度严格考核兑现，推动党建工作和生态环保工作同部署、同落实、同检查、同考核，为生态文明建设各项工作提供坚实组织保障。

### 2."党建＋人才队伍建设"，壮大环保队伍

一是配备专职机构，强化人才支撑。神东立足新时代生态文明建设需求，完善生态环保管理组织结构，在23个矿厂单位设置生态环保组，通过校园招聘、内部招聘等形式配备专职生态环境管理人员36人，为各厂矿扎实推进生态文明建设提供人才保障。

二是构建提升平台，提高履职能力。压实抓党建育人才工作责任，积极搭建与高校合作交流平台，成立彭苏萍院士神东办公室，聘请胡春宏院士、毕银丽教授等12名专家人才，为神东生态建设提供强大的人才支撑；与黄河委员会签署战略合作协议，与黄河上中游管理局、榆林市生态环境局、鄂尔多斯市生态环境局开展支部联建工作，为神东生态环境队伍业务提升拓展了外部"学习"阵地。

三是设立专项表彰，激发工作活力。神东2021年首次设立生态环境建设先进单位、集体和个人奖项，累计表彰和奖励在生态环境建设一线工作中的先进集体9个，先进个人12个，通过选树典型，大力宣传，引导了更多的优秀人才投身于矿区生态文明建设中。

### 3. "党建＋党内监督"，保障措施落地

一是构建严格的生态环境制度体系。神东每年制订生态环境法律、政策和制度体系的年度学习计划，目前已梳理出350部法律、法规、标准和106项最新政策文件，指导各二级单位、三级科队建立生态环境制度体系，定期对制度建立和执行情况检查整改。

二是以政治监督推动生态文明建设。神东积极构建"大监督体系"，把生态文明建设纳入公司党委党内巡察范畴，累计抽调生态环保专业人才24人次对所属23个厂矿开展监督，督促各级党组织深入自查自纠，坚决防止小问题演变为大隐患；做好以案促改，加强警示教育的同时督促各级党组织查找体制机制上的漏洞和短板，建立生态保护长效机制，以监督实效保障支持生态环境保护工作。

## （三）巩固经验，形成模式

依据整体规划，在先行示范区创建过程中，神东全面总结了37年来，在实施生态保护、推动煤炭企业绿色发展中取得经验，并进行持续深化、不断提升，结合示范区创建的要求和当前生态环保形势，创新管理、创新技术，使神东的生态环保工作站位更高、目标更明、方法更准。

### 1. 实施"五采五治"，开发与生态保护平衡

神东传统的"边生产边治理"与"先生产后治理"的被动做法，探索出"五采五治"生态保护模式，让资源开发与生态治理更加平衡。

时间维度"治先采后"，明确先提升脆弱生态环境功能再开采的主动型生态治理方针。采前，控制性治理流动沙地，采中，及时修复开采对地表生态环境的损伤；采后，积极营造生态经济林。

水平维度"治大采小"，坚持大范围水保生态治理控制与小范围开采扰动生态环境影响的理念，使治理面积保持大于开采面积。

垂直维度"治上采下"，建立以绿色开采保护地面生态环境技术体系，通过采空区过滤净化、井下煤矸置换、煤炭采装运全环节封闭措施，解决矿井水、矸石、煤尘三大主要环境问题。

资金维度"治绿采黑",完善以煤保绿的水保生态资金长效保障机制,提取专项水土保持资金、地质环境与土地复垦基金,形成以煤业促生态、以生态保煤业的良性循环局面。

地企维度"治域采山",创建"政府推动、企业履责、农民受益"的治理模式,开采一座矿山,治理一片区域,大力营造经济林,实现多方的共赢发展。

### 2. 构建"三期三圈",实现立体防护

"三期"是在"治先采后"的时间维度,以采前、采中、采后为时间顺序。

在采前进行大面积风沙与水土流失治理,系统构建区域生态环境功能,增强抗开采扰动能力;在采中进行全过程污染控制与资源化利用,全面保护地表生态环境,减少对生态环境影响;在采后进行大规模土地复垦与经济林营造,永续利用水土生态资源,发挥生态环境效益。

"三圈"指以中心美化圈、周边常绿圈、外围防护圈为空间结构,结合"三期",形成时空结合、持续稳定的生态系统。

神东针对矿区外围大面积的流动沙地,不断创新流动沙丘治理、半固定沙丘植被恢复和铁路公路沙害防治技术,人工调控植被演替方向与速度,构建了矿区外围宽幅立体生态防护体系224平方米的外围防护圈。

针对矿井周边水土流失严重的裸露山地,优化水土保持整地技术,创新针阔与乔灌综合混交造林技术,建设了"两山一湾"周边常绿林与"两纵一网"生态长廊20平方公里,建成了连接外围防护圈与中心美化圈的主要生态林带与保护中心区的周边常绿圈。

针对开发初期荒芜的生产生活环境,创新集成水保绿化、园林景观、生态城镇建设技术,建设森林化厂区、园林化小区12平方公里,绿地率达到35%,人均公共绿地超过10平方米,构成了生产生活环境各具特色的中心美化圈。

### 3. 沉陷区治理,防治与利用协同

一是创新采煤沉陷区生态防治与利用协同技术,打造国家级绿色矿山和生态治理样板工程。

构建资源环境协调开发与保护技术体系，《西部干旱半干旱煤矿区土地复垦的微生物修复技术与应用》等4项技术成果获得国家科技进步二等奖。2006年，神东成为煤炭领域首家获得中国环保领域最高奖"第三届中华环境奖"的单位。建成国家级绿色矿山，按照绿色矿山建设的9项建设规范，目前神东13矿（14井）全部建成绿色矿山，大柳塔煤矿、布尔台煤矿等7矿（8井）入选国家绿色矿山名录。

打造了一批国家级环保生态示范工程，建成大柳塔煤矿国家级水土保持科技示范园，是全国唯一的采煤沉陷区科技示范园。以哈拉沟煤矿采区生态治理为基础，以生态科研科普为主题，系统构建了人与自然相和谐、工业与生态相和谐、企业与区域相和谐的国家级水土保持生态文明工程。

二是大力发展沉陷区生态经济林产业，实现"绿水青山就是金山银山"。

按照社会化大生产、市场化经营的方式，在生态治理的基础上发展生态产业，实现生态、经济和社会三大效益。依托矿区生态治理，大力推进生态产业发展。建设完善生态系统，开展神东矿区生产与生态正向协同技术、复合生态系统构建技术与模式、生物多样性人工促进与协调技术、植物动物微生物相结合、物质循环与能量流动相协调的体系与技术研究，发挥生态服务功能。

开展神东矿区采煤沉陷区生态资产、生态服务调查和生态产品价值核算技术研究，营造良好水、土壤和气候生态因子，研究调节水循环与分布，改善林分结构，改良土壤的技术措施，为生态产业发展奠定稳定健康的生态环境基础。在确保生态效益的基础上，适度获取经济效益。开展神东矿区生态环境承载力综合评估指标体系研究及生物多样性调查评价，结合区域资源禀赋和环境承载力水平，选择生态效益、经济效益俱佳的灌草，自然状态生长式生态林，稍加灌溉抚育变为经济林，发展特色设施农业，推进生物质能发展。

充分发挥矿区沉陷土地资源优势，大力发展沉陷区集中式光伏产业。深入落实"双碳"目标，借助国家光伏产业支持政策，研发抗沉陷光伏电站技术，破解25年沉陷稳定问题。按照"煤矿采煤沉陷区生态治理+光伏发电+生态农业+矿井水利用+"综合立体循环开发模式，重点在神东矿区自有井田范围内规划实施"光伏+"发电项目，建设装机容量100万KWP的采煤沉陷区光伏产业。

### 4. 创新"三控三用",建设绿色矿井

煤炭开采带来的生态损害,核心是地下水破坏和生态环境损伤问题。针对煤炭开采中水、气、渣三大环境问题,神东通过不断创新煤炭开采技术,实行源头控制,过程治理,末端利用,给每个可能造成环境污染和破坏的环节都最大限度地植入绿色基因,从而实现煤炭绿色开采、清洁生产。

一是创新"三级处理、三区循环、三种利用"的废水处理模式。三级处理即以井下采空区过滤净化系统、污水处理厂、矿井水深度处理厂三级处理系统,提高废水资源利用率;三类循环即以井下采空、选煤厂、锅炉房构成三类闭路循环系统,最大程度减少污水外排,实现废水综合利用;三种利用即生产复用、生活杂用、生态灌溉形成三种利用途径,遵循优水优用原则,实现水资源多级利用。神东人硬是在一个缺水地区解决了近10万人生活、百万亩生态、千亿元产值生产的用水问题。

二是创新"减量化、合规化、资源化"煤矸石处理模式与技术。采取井下无岩巷布置技术,从源头减少煤矸石产量,掘进产生的矸石充填到废弃巷道,实现掘矸不升井;地面洗选产生的煤矸石,采取发电、制砖、填沟造地等方式全面资源化利用。

三是创新"井下降尘、地面防尘、外运封尘"煤尘处理模式与技术。在井下煤尘治理方面采取综合降尘措施,为员工配备高质量防护用品,确保井下环境清洁和人员健康;在地面采取封闭防尘措施,储装运环节全封闭,实现了采煤不见煤;铁路外运煤炭全部喷洒固化剂,年减少风损60万吨,避免资源浪费的同时确保沿线环境清洁。2014年以来共淘汰替换燃煤锅炉103台,全面提标治理燃煤锅炉93台,所有燃煤锅炉烟尘排放全面达标。

### 5. 示范基地建设,打造生态典型

充分发掘神东内部的典型经验,重点在基层单位打造系列实践创新基地,为"神东先行示范区"示范基地的创建奠定基础、打造样板。

一是创建"山水林田湖草沙是生命共同体"哈拉沟创新实践基地。以哈拉沟煤矿沉陷区生态治理为基础,以"绿色、科技、人文"为主题,基地总面积6万亩,核心示范区面积1万亩,建有62个示范点,种植大果沙棘255万穴,规划建成大柳塔、

哈拉沟、石圪台集中片区40万亩。该基地于2020年3月被水利部评为国家水土保持生态文明工程。

二是创建"绿水青山就是金山银山"布尔台创新实践基地。重点建设了采煤沉陷区6万亩生态综合示范基地和4万亩生态经济林+50万千瓦光伏的新型绿色矿山示范基地，开展西部典型生态脆弱区煤矿生态承载力、生物多样性等技术研究与工程示范，建设一系列可复制可推广的"现代能源经济+生态治理+生态产业+X"的绿色示范项目。

三是创建"人与自然和谐共生"上湾实践创新基地。采取水保整地工程与林草措施相结合的综合治理方式，生态治理面积25平方公里，使原来的自然灾害多发地转变为集水保功能、生态功能、景观功能、游憩功能与经济林功能为一体的综合治理区，被水利部授予"全国水土保持生态建设示范工程"。

### 6. 致力低碳发展，各方互利共进

一是通过节约自身用能，开发新能源，实现高碳企业低碳发展。在节能用能方面，神东创新生产建设各环节节能降耗技术，矿井采用大断面、多巷道进回风系统，并配备高效通风机，降低通风能耗；采用地面箱式变电站钻孔井下供电，减少供电损耗；创新应用变频驱动、自动排水、恒压供水等节能技术，降低生产电耗；积极研发节油型矿用防爆车辆、推广使用电动矿用车辆，创新钻孔投放物料方法等措施节约油耗。

在开发新能源方面，神东把碳达峰、碳中和纳入生态文明建设整体布局，在布尔台生态治理项目区，光伏部分规划总装机容量50万千瓦，建成后预计年发电量10亿度，加上排矸复垦区和采煤沉陷区，预计总装机容量300多千瓦，从而实现整个神东矿区的碳中和。

二是借助多方力量，在实现自身发展的同时，更多助力国家发展，惠及社会和民众。

积极对接部委要求。神东在积极与黄河委员会、黄河上中游管理局、榆林市生态环境局、鄂尔多斯市生态环境局等单位开展合作的同时，积极对接自然资源部、水利部、生态环境部要求，全面梳理三部委法律、法规、政策、标准，寻求了一条

既符合有关政策要求，又获得政策支持的途径，统筹了采煤沉陷区治理资金、管理与技术，提高资金使用效率，降低成本，标本兼治。

坚持多方互惠共赢。神东以布尔台沉陷区治理为示范，创新了地企民共赢治理模式。主要包含：政府主导，由政府负责统筹制定沉陷区生态+光伏治理规划，并成立平台公司，有利于企业完成各级政府关于采煤沉陷地质环境治理、土地复垦、水土保持和生态红线等要求，也有利于光伏产业、生态产业发展满足各方需求；企业治理，由神东履行治理责任，负责年度治理计划立项，并负责组织实施治理项目；由生态产业公司负责治理区域的开发和经营，包括治理区土地流转与征租、制订治理经营方案、组织签订四方协议和股权分配、治理区域的后续产业项目前期工作和运营实施等；村民受益，实施生态惠民工程，在生态建设项目中，劳务用工优先雇佣当地工人，使用当地机械，增加村民的就业与收入，并宣传引导生态建设施工单位认购农特产品，助力乡村振兴。

### 7. 涵养生态文化，打造生态品牌

一是涵养生态大众文化。以17个节能低碳与生态环境节日为主题，结合晋陕蒙地域文化，依托生态公园和示范基地建设，组织主题党日活动、群众文化活动、单位义务植树活动。打造了"春季义务植树、夏秋乘凉采摘、冬季滑雪滑冰"体验式生态项目，2000年以来，累计超过26227人次参加现场义务植树，植树面积达6268亩，栽种新疆杨、速生杨、樟子松、寒富苹果、杏树等21.5万株。依托哈拉沟生态示范基地设置采摘体验区，单日最多参加人数达2000人，成为名副其实的网红打卡地。

二是建设"煤海塞罕坝"中心公园。按大柳塔小城镇综合改革试验区规划要求，与大柳塔镇政府联合，以哈拉沟"山水林田湖草沙"生态示范基地为基础，以大柳塔镇、乌兰木伦镇和神东中心小区居民为主体，建设3A级煤海"塞罕坝"公园，建成后惠及10万人，在当地拓展了神东生态品牌。

三是加强生活小区园林化建设。深入践行习近平生态文明思想，大力加强矿区及周边生态环境建设，在办公区与生活小区大力营造公园绿地、景观植物、生态停车场等，建成三季有花，四季常青的园林小区，实现人均绿化面积12m²，绿地率

40%以上，植被覆盖度80%以上，争创省、市、县文明示范小区和全国绿色社区。

## 三、意义与展望

### （一）有助于树立生态环保与企业发展共赢的理念

先行示范区创建是神东和黄河上中游管理局全面落实黄河流域生态保护和高质量发展重大国家战略、立足新发展阶段、贯彻新发展理念、构建新发展格局、推动高质量发展的重要举措。神东积极担当先行示范区创建工作，使企业整体发展目标更为明确，组织和运行机制更加科学，同时能够更多借助政府部门、集团的力量，保障神东生态环保工作科学有序、高质高效开展，并在黄河流域大型煤炭基地生态保护和高质量发展、黄河"几"字湾区域地企协同发展、我国能源领域生态文明建设等方面形成示范效应，成为带动黄河流域乃至全国能源行业生态保护和高质量发展的领先性力量。

### （二）有助于探索高碳行业低碳发展的示范经验

神东的黄河流域生态保护和高质量发展先行示范区创建工作，有利于神东煤炭集团站在更高层面上，以全局视角审视和总结三十多年来在生态保护方面的做法和经验，进一步坚定神东投身生态事业的信心，促使神东在"十四五"期间，以生态优先、绿色低碳为目标，以水土保持、绿色矿山、生态保护和高质量发展为核心，鼎力打造煤炭集中开采与生态环境脆弱区域生态保护和治理示范与典型，为黄河流域煤炭行业的生态保护和治理探索出可复制、可推广的新范例、新经验。

### （三）有助于更好地履行企业社会责任

作为国家能源集团下属的重要企业，深入学习贯彻习近平生态文明思想、黄河流域生态保护和高质量发展的重要讲话精神，基于三十多年来的生态保护实践经验，进一步明确思路、整合资源，助力集团产业结构调整和业务布局，确保2025年煤炭板块率先达峰，维护黄河流域生态环境，是神东应尽的责任。同时，进行先行示范区创建工作，也将促使神东更加注重源头治理、整体治理和系统治理，统筹处理好生产、生活、生态三大空间布局，严守生态保护红线，推动山水林田湖草沙生命共同体的整体保护和发展，为黄河流域高质量发展赋能，助力黄河流域成为横贯中国的"幸福走廊"，实现可持续发展。

撰写人：胡学东　刘海平　指导人：王义

# "三导"模式，
# 推动文化服务精准有效供给

图为"漂流书香"走进上湾煤矿

# 一、背景介绍

文化是一个国家和民族的灵魂，是人民群众的精神家园。2018年8月21日，习近平总书记出席全国宣传思想工作会议并发表重要讲话指出，"要推动文化产业高质量发展，健全现代文化产业体系和市场体系，推动各类文化市场主体发展壮大，培育新型文化业态和文化消费模式，以高质量文化供给增强人们的文化获得感、幸福感。"党的二十大报告明确提出要"健全现代公共文化服务体系，创新实施文化惠民工程"的要求。

神东的文化服务供给，在矿建时期就已经开始萌芽，并伴随企业发展不断丰富和创新。随着科技的发展和社会的进步，员工群众对文化服务供给的多样性、便利性、体验性等产生了更高的期望，对文化服务供给工作开展也带来了更高挑战。国能神东煤炭企业文化中心作为推动文化服务供给的主责单位，以创领文化为引领，创新践行"三导"文化服务供给模式，深入研究职工群众的需求特点，从供给侧结构性改革入手，打通需求到产品的转换路径，不断优化供给内容与方式，更好地贴近职工群众的需求，满足职工的精神文化需要、提升综合素养，助力神东安全生产和企业文化落地。

# 二、主要做法

"三导"践行模式即"理清供给导向、导入有效路径、导出品牌价值"，以党建为引领，聚焦文化强企，聚焦文化惠民，在宣贯路径与管理路径并行的创领文化"双维度"践行模式指导下，以机制建设、文化惠民、品牌传播为重点，深入推进"文化建设系统化、文化惠民品牌化、文化产品精品化、文化活动常态化、文化服务精准化、场馆管理智能化"，畅通供需双方有效互动、精准对接的渠道，培育一批具有影响力的文化惠民品牌。

## （一）明晰导向：明确文化服务供给的核心任务

以党建为引领，提高政治站位，聚焦两个关键，不断提升文化服务能力，持续输出神东价值。

### 1. 坚持党建引领，不断提升文化服务能力

将国家对文化服务供给的政策与要求，纳入党的方针路线政策学习中来，提高政治站位，加强党建引领，提升了文化服务能力；在党建、企业文化与文化服务的关系方面，深入理解神东文化服务供给的文化属性和民生属性，将文化服务供给纳入党建与企业文化建设考核的范畴，同部署、同推进、同考核；发动各级党组织的力量来开展文化服务供给工作，发挥了基层党支部战斗堡垒作用和党员的先锋模范作用，形成了基层特色文化服务实践创新的强劲推进力。

### 2. 聚焦两个关键，持续输出神东价值

聚焦文化强企，深入安全生产实践，以文化支撑公司发展战略的落地。在主题方面与发展同频，契合公司安全生产的要求和高质量发展的主线，高度树立文化自信、持续输出文化价值；在作品方面与矿工合拍，从一线采集素材，了解矿工的所思所想，以最能打动人的方式和元素呈现；交流沟通与一线共情，摒弃形式主义，以真诚、灵活、接地气的方式为一线助阵，吸引员工的参与，实现情感的交融。

聚焦文化惠民，打造职工健康生活方式，满足企业职工及矿区群众精神文化需求。在思想上，积极引导职工树立健康生活、快乐工作的理念；在氛围营造方面，定期策划互动性、参与性强的活动，将员工的注意力从棋牌、手机、电视等转移到各类文化活动中来，形成了全民健身的氛围；在交流活动方面，以场馆为依托打造交流平台，借助各类文体协会以及兴趣小组，鼓励自主开展交流活动，使进入场馆活动成为员工群众生活的一部分。

### 3. 供需双向互动，建立精准供给的机制

持续完善机制建设，形成公司、区域、地方、部门多层级的横向协同合力，供需双向互动，形成全面覆盖、精准有效的文化服务供给体系。

（1）建立上下联动、内外协同的机制

公司层面，对供给模式进行顶层设计，打通了各层级的联动机制。建立了文化供给委员会，党委办公室、工会、企业文化中心、新闻中心作为成员部门/单位，共

同推动需求导向的"供给侧"改革，形成党政工团共管，依托各级党组织强力推动形成联动机制，并形成了文化服务供给的管理办法与相关配套制度，以文化服务规划和品牌创建实施方案为依据，以文化服务指南为指导，进行具体工作开展。

区域层面，加强上下联动，致力于做强区域供给，激发了基层供给主动性。按地域划分区域，区域内基层单位联合主办文化服务活动，公司为区域提供培训服务、师资、器材等支持，提升区域覆盖率。把文化服务作为一把手工程来抓，鼓励基层单位特色文化服务品牌创建，打造示范标杆，提供展示平台，以点带面，整体提升。

地方层面，加强对外联动，大力开发创新合作模式，得到地方政策支持。与地方政府乌兰牧骑、两地文艺团体建立了长期合作关系，就文艺团队的培训、节目的打造、产品与服务的引进，探索出"购买服务"的合作模式。

部门层面，找准定位，充分发挥主动性，形成横向联动合力。以创领文化为引领，不断创新性地传播神东精神，通过项目化运作打造出系列特色文化产品。将文化服务纳入党建与企业文化建设考核办法，同部署、同考核；工会工作部发挥平台作用，将细分需求调研列入基层工会管理，开展主题突出的群众性文化活动，建立了志愿者工作协调机制；企业文化中心充分发挥纽带作用，做好资源整合，提升文化产品与活动的品质；新闻中心发挥全媒体优势，为文化服务供给提供了多渠道立体宣传，扩大了品牌影响力。

（2）畅通供需双方的沟通渠道

关注员工需求表达，通过问卷征集、心愿单收集等方式汇总员工需求，细分不同群体的个性化需求。针对区域供给和流动服务，对基层单位进行需求调研，并针对基层单位特色文化服务创建品牌，根据需求进行摸底帮扶。

成立企业文化志愿者联盟，按区域组建志愿者服务小分队，并形成了文艺小分队下基层的长效机制。同时积极鼓励员工代表参与到活动策划中来，共同创新活动内容及形式。

依托云平台，打通职工群众评价反馈渠道，不断创新活动评价的方式，通过大数据分析，深入总结经验与不足。并通过座谈、微信公众号、邮箱、电话等多种方式，持续收集需求端对活动改进的建议。

## （二）导入有方：培育特色鲜明的文化惠民品牌

神东在文化服务供给过程中，加强品牌化运作，围绕员工群众需求，大力推进文化服务惠民工程，打造了"公益培训""主题汇演""群众性文化活动""文化基层行"等一系列有影响力的文化惠民品牌。

### 1. 开展公益培训，给每个有爱好的人提供交流提升平台

常态化开展公益培训，推出"蓝海豚"游泳、"蒲公英计划"和场馆"培训日"等，让每一个有爱好的人都有展示的舞台和交流的平台；打造专业团队，专题培训和公益培训相结合，以主管人员业务水平提升为重点，提升自身服务能力，让文化服务更专业；打造线上公益微课，根据企业文化中心的特色优势项目，提供健身、声乐、广场舞、剪纸等课程，2019年至今推出了64节体育类、传统文化类节目，以年轻人喜爱的短视频方式，扩大受众面。

### 2. 举办主题汇演，输出体现神东精神的文艺精品

推出现场文艺演出，传递文化价值，讲好神东故事，形成了三八、五四、十一、春晚等重大节日汇演以及安全生产月、班组建设主题汇演等多个品牌，主题鲜明，节目内容精练，深受员工好评；结合我们的节日，推出"线上＋线下"相结合的主题音乐会、抗疫当先锋、爱国爱企等主题文化服务活动，将单一的线下主题汇演活动向"线下＋线上"融合转变，输出文化价值；推动精品节目创研，通过走基层挖掘素材，与基层团队优势互补，探索"歌曲＋舞蹈＋情景剧"融合，突出"主题性＋娱乐性＋艺术性"，创作了系列体现神东精神、反映神东生活、广受神东人好评的文艺精品。

### 3. 开展群众性文化活动，营造人人参与的氛围

举办大型体育赛事，如羽毛球、篮球、排球、健身操等，形成了良好的大众健身氛围；创新性开展运动达人挑战赛，"线上＋线下"参选和决赛，形式新颖，更多得到了年轻人的青睐；持续开展健美健身运动，从无到有到精培养出一支屡获殊荣的健美操队，通过健美操、广场舞、健身操培训与举办健美操比赛等，传播健康向上的健身文化，带动了全民健身的热情；定期举办文化节活动营造欢乐祥和的节日

氛围；暑假的消夏文化艺术节活动，趣味游戏、文艺表演等精彩纷呈，成为神东人的"夏日限定"。

### 4. 文化基层行，打通文化服务"最后一公里"

文化服务一线，开展图书漂流、文艺演出、电影放映、健身指导等多种文化服务于一体的文化基层行，打通了服务群众精神生活的最后一公里，营造共创共惠的文化氛围；培训深入一线，帮助基层单位组建文艺爱好者团队，并提供专业指导和展示平台；文艺取材一线，采取企业文化中心与基层文艺骨干联合创作的方式，产出了一系列优秀作品，如《矿工兄弟》《让我们为爱加油》《就地过年》等。

## （三）导出价值：加强品牌管理与传播

以"主题更突出、供给更精准、群众更欢迎"为方向不断强化品牌管理，同时构建立体化传播渠道，借助内部传播平台和外部资源，持续输出具有神东特色的文化产品，提升神东品牌影响力。

### 1. 强化品牌管理，提升文化服务的品质

按照"六化"路径，以"主题更突出、供给更精准、群众更欢迎"为方向，形成了系统的品牌管理的方法，并不断探索文明创建项目化、文化惠民品牌化、文化产品精品化、文化活动常态化、场馆运维智慧化、特色实践生动化相关实践，总结丰富管理经验；同时依托场馆和各层级专业力量，持续开展服务质量等专项提升，并建立展示创新成果、发布亮点经验的推进机制，将亮点品牌梳理形成神东文化服务供给目录，不断为矿区职工和家属提供文化服务福利，提升矿区群众的认同度、参与度、获得感。

### 2. 构建立体传播矩阵，做好品牌价值的传播

打通神东内部传播媒体，进行立体化传播。借助"文化神东"公众号、神东信息网、神东报纸、"图说神东"公众号以及基层单位宣传品牌，各平台联动，深入传播文化服务供给亮点品牌，在服务文化生活、展示基层亮点、传播品牌方面贡献更大的价值。

借助外部资源和平台，广泛扩大品牌影响力。与外部主流媒体建立了合作机制，持续输出展示文化服务供给成果；同时借助短视频平台，定期发布文化服务供给的亮点经验；主动与行业协会对接，参与现场会的组织，持续输出具有神东特色的文化产品；积极参与地方政府活动，增进交流互动，不断地提升影响力。

## 三、取得成效

神东文化服务供给不断优化服务路径和服务内容，服务更加主动和精准，凝聚了企业发展合力，深入推进文化惠民工程，形成系列有影响力的文化惠民品牌，并对地方形成了一定范围的文化辐射，提升了神东在地方的影响力。

### （一）凝聚了企业发展合力，助推企业战略目标的实现

神东在创领文化引领下，积极探索精准有效的文化产品和服务路径，组织多元化的活动，有意识地导入企业先进文化、安全文化理念，使员工的综合素质在潜移默化中获得提升，引导和帮助员工建立了正确的价值观，有效传递了企业发展战略和文化理念，输出文化价值，更好地助推了企业战略和价值创造目标的实现。

### （二）构建了系列惠民品牌，获得了矿区群众的好评

神东提升文化服务供给的精准性和有效性，深入推进文化惠民工程，形成了最具活力、最受追捧、最具影响力、最有内涵等系列文化惠民品牌。

公益培训——最受追捧的文化惠民品牌，做实"集中+常态化"的"蓝海豚"游泳、"蒲公英计划"及文化惠民暖心清单"培训日"的公益培训品牌，2019年至今参与近5万人次。

群众性文化活动——最具活力的文化惠民品牌，以为每一个人提供交流和提升平台为目标，常态化开展职工篮球、羽毛球、健美操等体育赛事，推动全民健身活动，仅2019年，组织8类600场次，员工参与2万人次。

主题汇演——最具影响力的文化惠民品牌。做精群众演、演群众、演给群众看的主题汇演品牌，汇演通过新媒体同步网络直播，单场汇演互动超2万人次。

书香神东——最有内涵的文化惠民品牌。做新"爱读书·读好书"推进全民阅读的书香神东品牌,仅2020年"品读经典·悦享人生"主题读书活动,6673人参与,"看书+听书"时长近10万小时。

### (三)服务供给辐射地方区域,提升了神东社会影响力

神东文化服务供给,不仅满足了矿区职工和家属的文化需求,还在地方形成一定范围的文化辐射,对地方居民的业余文化生活也起到了丰富和补充,活跃了当地居民的文化生活,同时提升了神东所在区域的社会影响力。

撰写人:王玉丽 指导人:韩浩波

# 打造"神东救援"品牌
# 守护一方安定

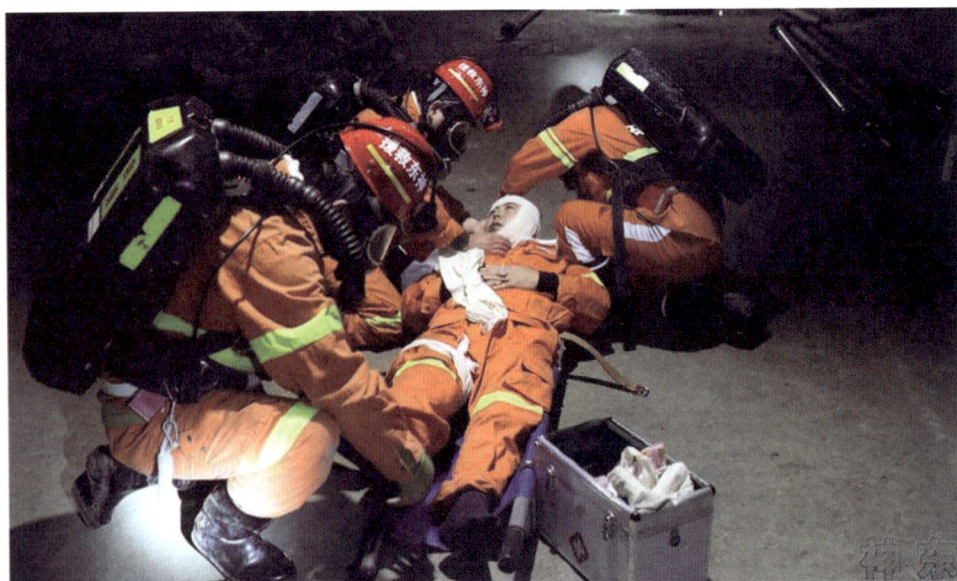

图为消防大队正在进行井下救援训练

图片来源：国能神东煤炭救护消防大队

# 一、背景介绍

国能神东煤炭救护消防大队地处内蒙古自治区鄂尔多斯市、山西省忻州市和陕西省榆林市交界处，煤炭资源开采规模大，周边煤炭企业达700余家。由于煤炭生产井下作业环境复杂，危险系数高，加上各煤矿安全管理不均衡。而三地仅有36支矿山救援队伍，且没有统一的调度指挥体系，装备、人员多数配备不足，战斗力不强，不能形成有效的救援力量。

救护消防大队在矿区的开发建设中，高度重视队伍建设，以文化铸造队伍灵魂，持续对应急救援管理、装备设施、人员等投入达数十亿元，形成了7个中队、地跨三省区的应急救援布局，打造了西北地区乃至国内矿山的"神东救援"品牌，为维护神东矿区的安全生产起到了重要保障作用。

2018年5月，救护消防大队被应急管理部列为国家矿山应急救援队伍，成为38支"国字号"矿山应急救援队伍之一。至此，救护消防大队的服务范围进一步拓展，除神东矿区外，又义务承担起陕西北部、山西北部、内蒙古中部的矿山救护和地面消防紧急救援任务，支撑了众多企业的安全生产，用行动树立起央企履行社会责任的表率，也为"神东救援"品牌的塑造和传播提供了更多契机。

# 二、主要做法

"神东救援"品牌的打造，遵循了"1141"工作思路。其中的三个"1"分别指：围绕一个中心，"以保障人民群众安全为中心"，贯彻习近平总书记"以人民为中心"的思想和"生命至上、安全至上"的理念；坚持一个根本遵循，"对党忠诚、纪律严明、赴汤蹈火、竭诚为民"；最终实现一个目标，努力打造世界"救援专业化、训练标准化、管理军事化、装备现代化"世界一流矿山应急救援队伍。

为了将"神东救援"品牌的打造落到实处，在坚持三个"1"的基础上，消防救护大队重点按照4条路径推进了一系列工作。

## （一）坚持文化引领，铸造灵魂工程

### 1. 积极践行集团、公司企业文化理念

救护消防大队党委每半年对企业文化建设工作进行集中研究，每年邀请公司宣讲团对国家能源集团、神东企业文化内涵进行深入讲解，并通过内部网站、微信公众号等集中宣贯，各支部在支委会集中学习。每年新老队员培复训期间，定期对两级公司企业文化进行集中宣贯，重点对公司目标、公司战略、公司宗旨、使命、核心价值观、企业精神进行学习，强化指战员对企业文化理念的认知和认同，引导积极践行企业文化，增强队伍活力。

党员充分发挥突击队、党员示范岗、党员责任区作用，深入践行艰苦奋斗、开拓务实、争创一流的神东精神。指战员自发运用抖音等自媒体平台宣扬神东企业文化、神东救援精神，弘扬社会主义核心价值观，在队伍发展过程中形成了良好的文化氛围。

### 2. 建立神东救援文化体系

在积极践行国家能源集团和神东企业文化的基础上，救护消防大队立足应急救援特点，建立了简洁、鲜明、易实施的"一目标、两保证、三过硬"神东救援文化。一目标，即：打造一支"对党忠诚、纪律严明、赴汤蹈火、竭诚为民"的世界一流矿山应急救援队伍；两保证，即：政治保证、安全保证；三过硬，即：体能过硬、技能过硬、心理过硬。

为了推进神东救援文化落实落地，大队将神东救援文化纳入党建、安全、培训等各类活动、竞赛中，随时随地开展考核、检验，提高了全体指战员对神东救援文化的理解和应用，为加强队伍凝聚力和向心力，提升队伍战斗力打下了坚实的基础。

### 3. 挖掘大队的红色军事文化特色

作为特殊的应急救援队伍，神东救护消防大队结合党建工作，积极开展红色文化传承，加强爱国主义教育，完善军事化管理制度，从队容风纪、内务设置、日常管理训练、应急演练与救援、重大活动等方面全面进行了规范要求。

同时，用五个阶段推进军事化管理工作，第一阶段为文明办公、内务设置及标

识使用规范阶段；第二阶段为预防性检查、应急演练和事故救援现场规范阶段；第三阶段为日常训练、活动会议规范阶段；第四阶段为巩固提升阶段；第五阶段为指战员日常行为规范阶段，最终达到建立规范的战备、训练、工作和生活秩序，培养优良的作风和严格的纪律的目的。

## （二）聚焦救援业务，提升作战能力

### 1. 突出政治建队

坚持党的领导，深入践行习近平总书记"对党忠诚、纪律严明、赴汤蹈火、竭诚为民"授旗训词精神，将支部建在连队上，持续提高支部创建质量；将思想政治建设作为重点工作，充分发挥党建引领作用。

积极推进"岗位建功行动"，成立了6个党员突击队，12个党员先锋岗，6个党员安全示范岗，4个党员责任区，其中上湾中队1小队被集团公司授予"奋进十四五"党员示范岗。在近几年的典型煤矿及地面事故救援中，党员充分发挥先锋模范带头作用，始终冲锋在前，用行动展现了极高的政治觉悟和使命担当。

### 2. 完善救援体系建设

为适应新时期应急救援队伍建设，救护消防大队开展了制度建设专项整治活动，先后整治管理制度142项，新增制度29项，修订66项，建成了12类124项的制度汇编；编制标准化作业流程38项，建立了全国首个矿山救援队伍风险预控标准，创新建立了指战员体能、技能、培训"三个档案"，大幅度提高了单兵救援能力。

自主编写《演习训练大纲》等系列训练、考核教材40项，拍摄了64部《神东煤炭集团公司应急救援系列教学片》，形成了标准化的培训、训练体系，得到了国家矿山应急救援指挥中心的高度认可和推广应用。

### 3. 推进实战化训练

坚持技能训练向技、战术训练转变，操场训练向井下实战化训练转变，队伍实战化水平逐年提升。

近几年，救护消防大队专门招收体育专业为主的大学生，在充实年轻队员的同时，充分利用他们体能训练的专业能力，带动全体指战员提高体能素质。在国家体能训练标准的基础上，以高于标准的原则重新修订《神东救护消防大队体能考核实施细则》，并持续强化每天1小时早操训练、每日不少于1小时（不包括早操时间）的综合体能训练。定期组织高温浓烟、万米佩氧等基础性训练，提高全体指战员的身体素质和佩氧适应能力。通过测验，2021年与前一年相比，队伍体能达标率有效提升7.63%。

通过规范的应急演练，提升应急响应能力和现场处置能力。近些年，救护消防大队将地面技能训练逐步转入井下开展，重点利用大队井下真实演习巷道，开展技战术、侦查、救援决策训练，开展大断面密闭、板壁、风障建造和接风筒、水管等实战化训练。深入井下开展预防性检查，认真熟悉矿井各类系统、巷道布置、避难硐室等情况，同时组织开展仪器、急救包扎等技术操作训练，并将心理行为纳入常态化训练项目，有针对性地提高新队员心理素质。

## （三）打造人才工程，夯实队伍根基

### 1. 建立超龄指战员退出机制

超龄指战员目前已成为行业内影响队伍发展的重要因素。大队结合实际情况，创新性地设立参谋岗位，将超龄指挥员转为参谋岗，既传承了指挥员的救援经验，强化了安全管理，又为年轻干部的成长释放了空间，有效激活了队伍发展活力。

### 2. 大力选拔优秀年轻干部

大队采取民主推荐和公开竞聘，任用了17名科级干部，实现干部年轻化，平均年龄由48岁降至41岁，35岁以下干部5名，全日制大专以上学历由5人提升至11人。

建立大队人才库，14名年轻指战员纳入了优秀年轻干部人才库，分批次组织大学生在各科队不少于3个主要岗位进行轮岗锻炼，快速地强化了年轻后备力量的综合素质。

### 3. 拓宽员工成长通道

大队制订了《救护消防大队现有人员职级核定方案》，按照管理类、专业技术类、技能类三条通道，将现有人员分层分类，健全完善了人才成长通道体系，拓展员工成长空间。

### （四）履行社会责任，塑造良好形象

#### 1. 担负井下事故处理任务

救护消防大队以保障周边矿工生命为己任，积极与服务范围内的社会企业签订救援服务协议，为服务矿井开展预防性检查，组织应急演练，担负井下救援和井下事故处理任务，充分发挥国家队应急救援职责，全力为煤矿企业安全保驾护航，助力当地经济社会稳定发展。

在2017年"4.19"神木市板定梁塔煤矿透水事故救援中，救护消防大队出动4个中队8个战斗小队共107人投入救援战斗，24小时对井下气体、通风、水情进行侦查，连续十几个小时在2米多深的积水中搜救，终于将被困井下77小时的6名遇险矿工全部找到，跪行抬出井口，创造了国内矿井水灾救援奇迹。

#### 2. 主动承担地面消防任务

救护消防大队始终坚持以人民为中心，无偿为属地周边地区提供地面消防、交通事故以及其他灾害事故的救援服务，逐渐成为矿区周边民众不可或缺的安全保障力量。

在保德县天桥引黄工程01标段塌方事故中，神东救援队经过30个小时的艰苦奋战，成功救出3名遇险人员。神东救援队还凭借快速、专业技能，精准高效地处理了一起火车头火灾事故，避免了车头油箱4吨柴油燃烧的二次事故。

## 三、取得成效

### （一）保障了神东的安全发展

救护消防大队通过文化引领、实战训练和人才培养等一系列举措，持续创新内部管理，使队伍救援能力大幅提升。同时，大队积极贯彻"预防为主"的思想，将工作向前端延伸，每年在神东各矿井平均开展预防性检查600余队次、地面监护300

余队次，并持续开展事故演练、探巷、排放瓦斯等安全技术性工作，有效保障了公司安全生产的稳定运行。

## （二）维护了周边社会安全

救护消防大队积极履行社会责任，截至2021年，累计处理各类事故3587起，其中井下174起，地面火灾、交通及其他事故3413起，挽救生命565人，挽回经济损失约17.7亿元，有效地维护了周边社会的安全稳定，为保障生产生活秩序做出了积极贡献，用实际行动践行了"人民至上、生命至上"的应急救援理念。

## （三）赢得了良好的社会声誉

由于业绩突出，救护消防大队8次被陕西省、内蒙古自治区评为先进集体，多次因救援工作出色受到应急管理部和各级地方政府肯定和赞扬，一项创新成果被陕西省评为现代化科技创新二等奖，两次被国家多个部委联合授予"青年文明号"荣誉称号，先后两次被国家安监总局、共青团中央、全国总工会授予"全国青年安全生产示范岗"荣誉称号。"神东救援"成为国家能源集团和神东一张靓丽的名片。

撰写人：王振寰　　指导人：张日晨

# 科技创新　为企业发展
# 注入"硬核"力量

图为智能巡检机器人正在井下巡检

图片来源：国能神东煤炭新闻中心

# 一、背景介绍

"十四五"时期是我国"两个一百年"奋斗目标的历史交汇期,是全面开启社会主义现代化强国建设新征程的重要机遇期,煤炭行业也进入高质量发展攻坚期。在"十四五"期间,煤炭行业面临低碳转型和高质量发展的双重压力,对煤炭科技创新工作提出了更高要求,同时以智能化、信息化、大数据、绿色化为特征的新一轮技术创新的兴起,将持续改变世界能源和产业格局,煤炭行业对科技发展的需求空前高涨。

神东30多年的发展历程就是持续创新的历程。从传统的煤矿设计,到采用平硐—斜井—立井联合开拓方式布置;从综采面全部引进进口设备,到8.8m超大采高工作面全套装备国产化;从艰苦、危险作业离不开人,到现在使用机器人21种、153台套,实现"无人则安",神东人凭借科技创新,走出了通往世界一流示范矿井的"神东之路"。

当前,神东正在推进"创建世界一流示范企业"战略目标,开展了"黄河流域生态保护和高质量发展先行示范区",对企业在安全、绿色、智能、清洁、低碳、高效开发等领域的科技创新提出了更高要求。为此,神东面向主营业务领域发力,全面实施科技创新、核心技术攻关和重大示范工程建设;面向未来,推动转型升级和可持续发展,实现了关键领域和核心技术双突破,科技平台支撑科技研发能力不断提升;加快培育创新型人才队伍,创新体制机制,以创新为发展赋能,提升科技发展水平,凸显了神东科技创新的"硬核力量"。

# 二、主要做法

神东在建矿初期的"五高"方针指导下,开启了漫长和辉煌的科技创新之路。当前,神东从科技创新的顶层设计出发,围绕与企业发展相关的关键技术领域,开展技术攻关,强化自主创新能力,推动企业智慧转型,充分激活内部创新力量,整合外部创新资源,打造创新人才队伍,促进神东公司实现从模仿式创新到自主式创新的转变,从单点式创新到聚合式创新的飞跃。

## （一）开展重点攻关，解决核心技术

神东坚定走"安全、高效、绿色、低碳、智能"高质量发展之路，基于企业重大需求，开展了一系列重大技术攻关和核心技术研究，解决了一批重大技术难题，有力地支撑了公司高质量发展。

### 1. 上湾煤矿超大采高智能综采工作面成功实施

完成了综合自动化控制系统升级改造、井下4G通信网络优化、世界首套100吨矿用超大重型工作面辅助运输车辆研制等51项核心技术成果，申报专利128项、授权专利84项、发表论文108篇；资源回收率同比7米支架提高20%，直接生产成本15.13元/吨，回采工效1050吨/工。该项创新成果填补了行业技术空白，是开采技术和采掘装备国产化的又一次历史性革命。

### 2. 世界首套纯水支架在锦界煤矿成功应用

纯水支架有效规避了乳化液对水质的污染和环境的破坏，同比消耗乳化液吨煤节约成本0.465元。该项创新成果解决了井下开采污染难题，填补了国内外综采工作面液压支架使用纯水介质的空白，是对传统煤矿使用乳化液介质的重大变革，为煤矿清洁绿色生产提供了一条新途径。

### 3. 首创薄煤层工作面自主智能割煤新技术

榆家梁煤矿通过多信息融合构建43101薄煤层工作面空间模型，精准指导采煤机自主割煤，解决了长期困扰智能化开采煤岩无法识别的难题，实现了我国薄煤层工作面自主智能割煤新技术的重大突破，工作面生产班人数由10人减为6人，直接生产工效提升了15.08%，直接经济效益360万元/年；石圪台煤矿建成了国内首个薄煤层等高采煤机无人全自动化综采工作面，在薄煤层安全高效智能化生产方面又迈上了一个新的台阶。

### 4. 防治煤矿灾害技术卓有成效

构建了神东矿区深部工程分区评价指标体系，集成了5项关键技术、研发了5大系统，有效防止了深部区强矿压等灾害的发生；首次将油气行业地面压裂技术应用于煤矿系统，研发了裸眼单点拖动式煤矿井下深孔水力压裂成套技术及装备，解决了采煤工作面因存在厚层状坚硬顶板、上覆集中煤柱及煤层埋深大等容易产生强动载矿压问题。以上成果为神东安全开采提供了理论和技术支撑。

### 5. 首创特厚硬煤层顶层综采下层放顶煤开采技术

将放顶煤开采技术应用于活鸡兔井1-2煤复合区下段煤层开采，有效解决了10m以上特厚硬煤层顶层开采后无人工假顶条件下下分层无法开采的技术难题，为类似特厚煤层安全高效开采探索了一条技术途径。从2013年开始至今已安全回采5个工作面，累计生产煤炭2900多万吨，工作面回采率接近100%。

### 6. 粉尘治理技术及体系取得新突破

创新研究了"长压短抽"通风除尘、架间负压诱导除尘、全断面捕尘网、架间导矸槽、自动喷雾等防尘技术及装备；探索高瓦斯煤层防尘、云雾除尘、抑尘剂降尘、采煤机高压外喷雾、高效水雾除尘器、自动隔爆系统等防尘新技术及装备；形成了神东矿区粉尘防治技术标准体系。采煤和掘进工作面综合降尘率分别达到85%和96%，进一步改善了员工作业环境。

### 7. 绿色矿山建设取得了新成果

借助"黄河流域生态保护和高质量发展重大国家战略"，推进"神东先行示范区创建"工作，充分依托神东煤炭开采水资源保护利用和生态建设"三大规律两大技术"，探索一条资源环境协同开发保护的新道路，建成国家级绿色矿山12个、生态科技示范区12个、哈拉沟生态示范基地6万亩，为建设美丽神东助力添彩。

### 8. 煤炭提质增效和清洁生产技术取得新成效

通过引入高效洗选设备，优化洗选工艺，开发研究选煤智能化、优质煤重介质旋流器高效分选和煤泥浮选脱灰降硫高质化利用技术，使洗选效率提升5%，电力消耗降低8%，煤质稳定率提高12%，为公司煤炭提质增效做出积极贡献。

### （二）强化自主创新，推动智能升级

实现自主创新，推动能源产业智能化发展数字化转型，是国家的战略大计，也是神东发展之急。神东强化自主创新能力，借助国家重大课题研究，联合创新力

量，全面构建智能感知、智能决策、自动执行的煤炭工业互联网智能化体系，为煤炭行业数字化转型，贡献"神东经验"。

### 1. 推进进口设备国产化替代研制

不断完善国产化研发机制，配强技术业务骨干，理顺了开发流程，加大了开发进度。两年来，共完成研发项目423项、零配件开发7387种118.79万件。特别是上湾煤矿超大采高工作面设备全部实现了国产化，促进了我国煤机制造业水平不断进步，成为煤炭行业装备制造和技术创新的引导者。

高标准完成4项国家项目结题验收。实现了综采工作面呼吸性粉尘降尘率≥90%，喷浆区域呼吸性粉尘降尘率≥95%，研究成果在补连塔矿等5个矿井工作面应用；解决了顶板水害动态探测和老空水导水通道精细探查技术难题，在锦界矿等4个矿井建成了技术领先的示范采煤工作面。

### 2. 借助国家重大课题，开展前瞻研究

神东积极参与国家重大课题研究，其中《大采高工作面智能开采安全技术集成与示范》等2个项目已经完成了中期验收，《高效低排放燃煤工业锅炉示范工程》项目完成了总进度的70%，《基于多信息融合的煤岩界面实时识别技术与装备》等2个研发项目取得阶段性成果，进一步提升了公司的研发水平，壮大了公司的科研实力。

### 3. 助力集团科技攻关项目，深入推进两化融合

依托国家能源集团十大科技攻关项目阶段研发成果，神东首套无人驾驶"专列"在上湾煤矿路试成功后正式开通；两项十大科技攻关项目被评为中国煤炭工业协会两化深度融合项目；当前，神东参与的十大科技攻关项目顺利推进，为集团公司科技创新发展提供了强有力支撑。

### 4. 携手华为军团，矿鸿从神东走向世界

神东携手华为煤矿军团开展了"矿鸿操作系统"应用研究，并最终成功举办"矿鸿操作系统"发布会。矿鸿操作系统开创了第一代国产工业控制系统新纪元，实现了矿山设备超级互联和跨系统智能联动。矿鸿工业互联创新国家矿山安全监察局重点实验室获得国家矿山安全监察局综合司批准建设。

### 5. 促进基层应用创新，让智慧产生实效

技术研究院以需求和问题为导向，大力实施创新驱动，依靠科技进步引领公司高质量发展；大柳塔煤矿首创厚煤层综采工作面和连掘机自动化技术，为神东智能化采掘进行了有益的探索；机电管理部在煤矿高端重型采掘装备技术研发和智能化生产领域实现了重大技术突破，引领煤炭装备制造业科技进步和智能化发展方向；洗选中心建成了上湾智能化选煤厂，为选煤厂系统性智能化升级树立了典范。

## （三）培育创新人才，打造创新军团

### 1. 大力开展科技人才建设

坚持培养和引进相结合的方式，为神东持续发展储备人才资源。采用外出培训、集中培训、单位自培三种方式，共培训各类管理和技术技能人才148期11867人次，招聘各类技术技能人才832人。截至目前，神东取得专业技术职称的人员9171人，占员工总数的41.43%；取得职业技能等级证书的人员7109人，占员工总数的32.12%。

### 2. 重点培养科技领军人才

依托国家重点实验室、博士后科研工作站、神东创新人才基地平台，通过参与国家重大课题研究和重点项目实施等方式培养领军人才。两年来，共培养享受国务院政府特殊津贴专家、"百千万人才工程"、孙越崎能源奖、大国工匠等科技领军人才53人。

### 3. 持续推进人才通道建设

全公司试点聘任了3名二级专业师、4名集团级首席技能大师。目前现聘专业技术人才1720人，现聘各级技能师1055人，年度投入两条通道建设的工资总额共计2582万元。

开展一级专业师和公司专家等高层次专业技术职务的聘任工作，"三条通道"建设取得新突破。集聚享受国务院政府特殊津贴专家、大国工匠等科技领军人才53人，培养获"省级技术能手""五一劳动奖章"等荣誉人才52人，聘任各级专业师

1989人，各级技能师947人。人才队伍建设不断提升，为公司高质量发展提供了智力支撑。

## （四）搭建创新平台，完善创新机制

集聚优势力量，组建创新联合体，打造煤炭领域开放共享的合作技术平台，推动大中小企业、产业链上中下游融通创新，打造行业智能化建设的创新中心、能力中心和资源中心，构建神东"智能化生产、数字化运营、平台化发展、生态化协作、产业链协同"发展的新格局。

### 1. 搭建平台"揭榜挂帅""双创"效益凸显

创新平台多元化。申请建设国家矿山安全监察局矿鸿工业互联重点实验室，为引领煤炭行业高质量发展和数字化转型，开辟一条科学发展之路谱写新篇章；国家能源集团矿井通风安全与职业健康防护研究中心，已获批集团公司首批工程技术研究中心，为提升职业健康安全管理体系水平提供了实践平台；神东矿压研究重点实验室，通过矿压监控一揽子计划布局，助力安全生产迈上新征程；与中煤科工集团、华为公司等组建创新联合体，加快了关键核心技术突破。

"双创"效益凸显。完成群众创新创效成果4091项，两年创造经济效益4亿元以上。生产管理部有效确定神东13个矿井充填开采"一矿一策"方案，为全公司生产接续及矸石处置提供了有力保障；通风管理部优化简化通风系统，组织封闭巷道83.79km，减少用风量16800m³/min，助力绿色低碳矿区建设；洗选中心大力实施19项精准配煤技术，自产煤发热量较计划提高23大卡，为建设世界领先清洁煤炭生产商夯实了基础；技术研究院面向企业重大需求，两年来，共开展国家科研项目408项，助力实现"科技兴安、科技保安、科技促安"。

### 2. 集合创新力量，健全创新机制

建立"西北三院"等产学研用技术联盟合作单位30余家，高端研发合作单位45家，借助其专业技术优势，研究解决神东安全生产技术难题，协同创新国产化高端设备研制；加强职工创新工作室品牌建设，充分发挥设备维修中心"采煤设备再制造技术研发中心"、检测公司"实验基地"研发平台作用，使其成为神东创新创效的

又一重要阵地。

根据集团科技管理机构、模式和制度发生变化后的相关要求，结合公司实际，及时修订和制订了神东《科技创新管理办法》《科技创新奖励办法》《科技支出和研发费用管理办法》《"群众创新创效"成果管理实施细则》《科技论文和学术著作管理实施细则（试行）》5项制度，进一步强化了科研项目管理流程，规范了科技支出与研发费用统计口径，明确了"群众创新创效"成果和科技项目的标准界限，加大了科技奖励力度，拓展了科技奖励范围，从制度上保证了科技创新活动的有效实施。

## 三、取得成效

### （一）科技成果频出，助力了企业智能化发展

仅在2020年和2021年两年，神东就累计完成科技投入21.98亿元，其中研发投入8.5亿元，承担国家项目5项7个课题，集团重点项目7项，取得了一系列创新成果。目前已经累计建成22个智能综采工作面、15个智能掘进工作面，投用21类153台井下机器人；实现了13个矿井5G技术应用，自主研发2亿吨智能矿井群一体化生产管控平台。科技成果的不断涌现，助力神东突破一批引领行业未来发展的前瞻性、颠覆性关键技术，实现更多核心技术的"神东引领"。

### （二）激活创新力量，让自主创新成为最强自信

通过自主创新，整合内外创新力量，神东的创新能力不断增强，成为全国信标委大数据标准化工作组矿山大数据行业组组长单位，牵头推进制定矿山行业统一大数据标准，主导发布5项行业标准，228项企业标准，提高了神东在煤炭行业标准领域的话语权与影响力；2021—2022年，申请专利543件，其中发明专利196件，数量同比增长58%，获得授权专利341件，数量同比提高97%。高价值专利培育，有效助推神东建设成为国家知识产权示范企业和优势企业。

### （三）尖端科技创新，引领了能源行业的高质量发展

神东以自身创新驱动了国内煤炭行业科技创新能力的大幅提升，在关键核心技

术持续突破，实现了从模仿到部分领域并跑、领跑的转变，取得了突出的成就。其中"8.8m超大采高智能综采工作面成套装备研发与示范"项目获第六届"中国工业大奖"；26项成果获中国煤炭工业协会科技进步奖，12项成果获集团科技进步奖，46项成果获社会力量科技进步奖。神东也先后荣获中国能源技术革新杰出企业、煤炭工业科技创新先进企业、国家能源集团科技创新先进单位等多项殊荣，53名同志荣获省部级以上各类科技创新先进个人、13名同志荣获国家能源集团科技创新先进个人。

撰写人：马健雅　指导人：贾玉良

# "智慧文化"云服务
# 让矿区生活更幸福

图为企业文化基层行暨"文化神东"两周年有奖互动活动

图片来源：国能神东煤炭新闻中心

# 一、背景介绍

随着信息技术的不断发展，以互联网、移动通信为主要载体的新技术快速崛起，新技术以其开放性、互动性、多样性、灵活性、及时性等特点，越来越广泛地影响到社会生活的方方面面，更是对大型企业产生很大影响，尤其对企业文化宣贯和文化服务供给的影响极大，改变了文化的传播与发展方式。

神东地处蒙、陕、晋三省区交界区域，生活着近10万员工及家属，离各个主要城市都有一定距离。受地理位置、经济发展、综合实力、社会文化事业发展的不平衡因素影响，本地区人均公共文化产品和服务享有率较之全国较低。国能神东煤炭企业文化中心作为文化建设实施和推动文化践行落地主责单位，如何精准有效文化服务供给，提升员工、群众的幸福感和获得感，提升企业凝聚力成为其重要职责和使命。

智慧文化云服务模式是企业文化中心（以下简称"中心"）立足企业文化宣贯践行职责定位，聚焦文化强企、文化惠民，依托"文化神东"智慧文化云服务平台，创新文化服务供给、文化服务活动、文化服务管理，服务质量评价一体推进的管理新模式，走出了一条新时代国企用智能化促进文化服务精准化的新路子。

# 二、主要做法

智慧文化云服务围绕服务资源整合、活动管理、服务提升、群众参与等重点内容，借助新媒体平台，实现一体化文化服务供给、一站式文化服务活动、一键式文化服务预约、即时性文化服务质量评价，打造群众全面参与、具有神东特色、普惠员工和群众的智慧文化云服务管理新模式。

## （一）一体化文化服务供给

整合文化艺术活动、文体培训资源、场馆资源、电影放映资源、电子书屋、文化展览展示等文化资源，打造集全民阅读、共享直播、公益微课、展览展示为一体的智慧文化服务供给。

### 1.掌上阅读，让浓郁书香浸润矿区

针对矿区实体图书资源相对缺乏的情况，搭建"看书＋听书＋朗读"神东电子书屋。电子书屋拥有"4000余种期刊＋30000余册电子图书＋300种报纸＋听书60000余集"，且实时同步更新，让职工享受"一人一书屋，无处不阅读"的数字阅读新体验。依托书屋同步开展了"讲好神东故事，传承神东精神""万人悦读季"等系列主题读书活动。截至2022年6月份，参与电子书屋累计30000人，看书、听书、朗读近500万小时。

### 2.公益微课，让文化种子撒满矿区

"公益微课"是针对工作忙，没时间参加线下培训的员工群众需求精心推出的一个常态化文化产品，让员工、群众即时学习，巩固提升。中心利用微课短、简、精等特点，组成专门拍摄团队对员工、群众呼声较高的线下培训项目精心拍摄剪辑，通过智慧文化云服务平台进行展播。2019年以来，共推出传统文化类、文艺类、体育类、身心健康类等公益微课64节。

### 3.云上推送，让文化互动充盈矿区

按照神东关于创新方式方法、采用信息化手段进行学习的要求，中心依托智慧文化云服务平台，推出33期"图·文·声"形式的"与祖国同行、铸神东辉煌"主题实体展馆内容，带大家回味神东故事、感悟神东精神。同时中心及时链接矿区主题性文化文艺汇演的共享直播通道，让广大员工和家属及时感受汇演盛况；推出安全、抗疫等主题音乐会，传递安全有我、抗疫有我的正能量；在新媒体平台推送场馆信息，让文体爱好者及时了解场馆相关信息并进馆活动。

## （二）一站式文化服务活动

本着惠民、为民、乐民的原则，在精准对接各单位文化需求基础上，依托智慧文化云服务平台，创新"文化送一线"等文化服务活动形式和内容，呼应员工期盼，加强互动联动，打通文化服务最后一公里。

### 1."送餐＋点餐"，文化服务活动更走心

本着"与员工工作联系紧密、深受员工喜爱、有主题有影响力"的原则，在与基层单位，尤其是偏远地区单位充分沟通基础上，根据需求，对送文化内容、形式进行创新性策划，并在智慧文化云平台同步发出。2019年以来，完成送文艺节目到井口、班前会、边远站点，节令送祝福，读书漂流，流动电影放映等文化送一线活动近百场次。

### 2."送文化＋种文化"，文化服务内容更深入

"文化送一线"活动中，大部分节目由中心专业队伍和各单文体爱好者共同演绎。在此过程中，文艺工作者深入矿工生活进行文艺采风创作，汲取"造血"养分，与文艺爱好者共同创研出更多有温度、有筋骨、有生命力的文化作品，同时对文艺人才的挖掘和培养是良好的契机。深受员工欢迎、在北京卫视播出并多次展演的神东原创歌舞情景剧《矿工兄弟》，就是主创人员深入采煤一线，亲身体验矿工生活后创研出的文艺精品。

### 3."线上＋线下"，文化服务形式更丰富

依托智慧文化云服务平台，中心与各单位联动开展激发员工爱国情怀、激励员工砥砺奋进的各类文化主题文化活动，进一步丰富文化交流平台。譬如2019年开展的"迎新春我最喜爱的文艺节目"评选活动中，累计投票438023票，访问次数达488534人次。2021年依托"文化神东"公众号开展的党史学习教育"5个100"主题系列活动即党史故事100讲、红色电影100部、红色歌曲100首、红色书籍100本、神东史上的100天，收获了近35000人次的点击关注。2022年开展的"喜迎二十大 同心向未来"5·20主题系列活动即音乐党课20讲、神东故事20讲、安全微课20讲、公益e课20讲、电影鉴赏20讲，点击关注近30000人次。

### （三）一键式文化服务预约

中心依托智慧文化云服务平台，组合发布活动预告、文化资源、场馆等信息，实现资源统一调度，文化资源一键预约。

### 1. 培训预约，公益培训更精准

2019年开始，中心以"集中＋常态化"方式，分别针对游泳培训需求较高、员工子女培训需求较高及其他文艺文体类培训需求较高的情况，分层分类组织"蓝海豚"游泳、"蒲公英计划"、公益大课堂等主题公益培训。借助智慧文化云服务平台，培训前下发培训课程表及相关要求，开通微信预约报名通道。培训结束后，学员可第一时间在微信平台进行培训效果评估，大大提升了员工及家属的参培体验。

### 2. 活动预约，场馆运行更顺畅

场馆预约将上湾文体馆、李家畔文体馆、南区活动中心等所有可以提供活动室预订服务的场馆以列表形式（场馆区域、场馆名称、可预约时间、详细地点、缩略图、场馆电话等）展示，用户可在线查询场馆信息，预订自己需要的活动场地、活动时间、活动项目。疫情期间，按照公司线上预约、错峰入馆的要求，智慧场馆人脸识别和预约系统成为控制入馆活动人员的有效手段。

### 3. 电影预约，观影体验更便捷

依托智慧文化云服务平台，在重大庆典或传统节日到来之际，提前下发爱国主义经典影片名单，供各单位预约影片及影院。2019年以来，在庆祝新中国成立70周年、庆祝中国共产党成立100周年、喜迎党的二十大等重大活动之际，线上线下联动开展了"公益放映 光影随行""喜迎二十大 我心随影动"主题放映活动，在给广大员工群众带来便捷观影体验的同时，为各级党组织提供了良好的党性教育平台。

## （四）即时性服务质量评价

改变一定程度的"供需错位"，中心依托智慧文化云服务平台，进一步优化"需求征集—服务供给—意见反馈"良性循环模式，提升文化服务供给的实效。

### 1. 即时互动评价，增强服务人员与员工群众的互动

为了随时能给神东矿区员工群众提供活动场馆服务动态、公益培训、企业文化基层行等服务信息，获取更便捷、更贴心的文化服务和信息咨询，或与智慧文化云服务平台对话互动并提出可行性意见或建议，智慧文化云服务平台开启了答疑解

惑、信息推送、通知公告等多种互动方式，拉近与被服务者的距离。

### 2. 开展集中调研，关注供给侧与需求侧错配的问题

聚焦文化服务需求，2019年以来，依托智慧文化云服务平台，每年至少开展一次文化服务满意度集中调研。2021年的文化服务调研从供给端有效性和需求端满意度两个维度进行。有效性问卷从供给端入手，针对各级管理人员对公司和本单位提供的文化服务优势与不足进行调查。满意度问卷从需求端入手，针对员工群众对各项文化服务的满意度和期望值进行调查，多维度对比分析，找到问题、提升改进。截至调研结束，共有14000人参与了线上调研。工作人员针对调研情况，精准分析文化服务现状和存在问题，并提出了具有神东特色的文化服务供给新模式。

### 3. 及时跟踪反馈，促进文化服务与内容的优化

基于文化服务评价情况，中心会利用智慧文化云服务平台及时反馈调研结果。并在持续畅通文化服务需求表达渠道的同时，及时调整文化服务内容和方式，再进行意见反馈，再进行优化调整，良性循环，让员工群众从被动接受者转变为文化服务供给的主动参与者。

## 三、取得成效

### （一）构建了一体化文化服务供给体系

在顶层设计框架下各项工作整体推进，更加精准对接服务需求，实现文化服务有效供给。打通融合各项服务功能，打出了文化服务组合拳，为员工群众提供了一体化"可读""可学""可约""可评价"的文化服务大餐。通过线下及线上文化服务数据采集及分析，改变了一定程度的"供需错位"，促进了文化服务供需相对平衡。

### （二）推动了线上线下文化服务深度融合

通过资源点播、活动直播、展览展厅的数字化应用，不仅能够有效融合资源，形成特色资源库，而且依托平台开展"线上+线下"文化服务活动，实现线下服务向线下与线上融合的方式拓展，让文化服务拥抱互联网，扩大服务覆盖范围、拓宽

受众群体。2018年以来，各类公益培训累计参培49390人次；各类公益微课互动近30000人次；电子书屋浏览量近4000万次，阅读时长近500万小时。各类线上文化主题活动点击关注近20万人次。

### （三）助力了文化服务品牌化建设

围绕实现文化服务均等化的目标，智慧文化云服务聚拢整合各类文化资源，不仅丰富服务内容供给，丰富各类文化活动，同时促使文化送一线、公益培训、公益微课、主题汇演、书香神东、线上展览、智慧场馆等文化服务品牌的打造，进一步实现文化服务体系化、规范化、品牌化。

### （四）提升了文化服务供给精准化水平

在主动创新文化服务方式、搭建文化服务平台的同时，畅通文化需求表达渠道，建立"需求征集—服务供给—意见反馈"良性循环模式，精准对接文化需求，提升了员工群众参与文化服务的积极性和主动性，实现了文化服务供给向精准有效化转变。2018年以来，每年度开展文化服务满意度调查，文化服务供给精准化水平进一步提升。

撰写人：王玉丽　　指导人：韩浩波

# 文化赋能六法　焕发班组活力

图为榆家梁煤矿正在组织班组管理体验课

图片来源：国能神东煤炭榆家梁煤矿

# 一、背景介绍

班组文化是班组成员在长期工作实践中形成的共同价值观和行为规范，是凝聚班组成员的"桥梁"和"纽带"。优秀的企业文化依靠优秀的班组文化来筑牢根基，建设一流班组文化有助于推动企业文化建设在基层的落地，有助于解决企业生产安全问题、人才培养问题以及队伍凝聚力和战斗力提升的问题，在提高员工队伍素质、企业管理水平、企业经营效益等方面意义深远。

国能神东煤炭榆家梁煤矿地处陕西省神木市店塔镇，是神东的骨干矿井之一，员工来自五湖四海，地域文化千差万别，青年员工比重大，思想活跃多元。2019年以来，在神东创领文化"双维度"践行模式指导下，榆家梁煤矿以问题为导向开展班组建设方法探索，针对班组建设抓什么、怎么抓、为何抓，形成了独具榆家梁特色的"班组文化赋能六法"，充分赋予了基层班组自主实践的空间，实现了目标一致、思路统一、协同共进，最终形成了以全员参与班组管理为特点的班组文化建设模式。

# 二、主要做法

榆家梁煤矿以强化班组建设的创新力、执行力和聚合力为重点，采取"矿井搭台、基层唱戏"的思路，发挥班组作为班组建设实践创新的主体作用，通过关键少数法、品牌示范法、高效学习法、安全找茬法、正向积分法和平台展示法，为班组赋能，激活班组细胞，强健企业肌体，形成人人担责、人人参与、人人管理、人人成长的文化定向思维，为班组良性发展注入清泉活水。

## （一）关键少数法

抓班组长培养。把班组长成长作为班组建设的基石，通过公推直选、公开竞聘的方式，将有能力、有思想，德才兼备的优秀人才选任到班组长岗位；建立班组长阶梯培养计划，按照基础、提升和超越三个等级，进行分级分类培训培养；常态化组织班组长素质演讲比赛，评选表彰明星班组和十佳班组长，促使其成长成才。打造班组长经验交流分享平台，通过经验展示、交流互动，使分享者和参与者共同获益，实现信息传递、能力提升、互融共促、成就自我等多重价值。区队每月轮流组织开展班组建设现场会，展示班组建设亮点经验；季度开展班组建设案例推广会、专题讲座，介绍推广管理案例或工作方法；年度组织开展班组建设经验交流会，交流展示各区队班组建设典型做法，"三步走"推动矿井班组建设工作自主提升。

抓班组五大员。注重团队氛围营造，矿井建设班组警示教育室，由班组长组织"五大员"（安全员、学习员、绩效员、和谐员、创新员）开展"五讲十问"安全警示教育，安全员讲危害，要居安思危；学习员讲标准，要学懂弄通；节约员讲损失，要权衡利弊；和谐员讲责任，要顾家担责；创新员讲改进，要举一反三。不安全行为当事人按扪心自问、有疑必问、面壁责问三步进行自我反思。当事人还带领全体人员进行宣誓、承诺，班组长对活动进行总结，全体成员观看事故案例警示牌板，当事人事后撰写心得体会和承诺书。

抓管理者与被管理者的矛盾焦点。开设班组管理体验课，启发管理思路。以闯关形式，让参与管理体验的员工抽选管理难题，现场解决，现场打分点评，通过抓管理者与被管理者的矛盾焦点，通过换位思考、换位讨论，让被管理者提高站位、分析问题、寻找对策，让管理者经受"拷问"、直面质疑、反思提升。管理体验的过程，既是换位思考的过程，也是相互了解的过程，更是经验交流、互相学习的过程，促使其更好的理解团队、融入团队和管理团队。

## （二）品牌示范法

"每个区队都有性格，每个班组都有闪光"。榆家梁煤通过打造"一队一品牌、一班一特色"，提炼区队、班组独特的精神内涵，提振区队、班组的士气。2012年起，榆家梁煤矿就引导班组积极开展了文化理念提炼活动，全矿50多个班组已经形成了具有自己特色的管理理念、工作格言、管理目标，形成了贴近基层班组实际的文化理念。例如，综采二队结合员工工作环境特点，总结提炼出了贴合区队实际的"蚁族文化"，形象地表达了员工间分工明确、团结协作的工作方式和敢于担当、勇于拼搏的工作态度；综采一队的"同心文化"彰显了区队员工始于心、善于新、立于信、勤于学、工于细的自信与热情；运转队采用虎、马、蛇、牛、雁、鹰作为各班组的"图腾"标识，将"强素质、保安全、增效益、促和谐"作为班组管理理念的"图腾文化"。班组文化的提炼与设计凸显了各基层区队的精神实质与工作特点，在各单位参加的文化展示会上以文艺故事形式进行诠释、传播，得到班组员工的普遍认可和广泛欢迎。

同时鼓励各班组在实践中探索，积累管理经验，再进行总结提炼，形成具体的管理方法，最后在实际工作中去检验，每年评选，择优奖励。班组管理方法的类型，涵盖党建、安全、管理、创新等方方面面。有以数字命名的，有以核心经验特点命名的，也有以工作法首创者名字命名的等等。如运转队检修二班"九宫格"差别化搭配管理法、机运二队生产班"四位和谐"管理法，综采二队检修班蚂蚁币管理法，既朴素简洁，又贴合实际且行之有效。

### （三）高效学习法

针对全员的能力素质提升，单位层面，设立专业科室，制订计划，并进行全员学习考试，对员工能力素质进行系统提升；个人层面，通过建立平台、开展活动、氛围营造，促进员工学习提升，促使其不断超越自我。利用班中不生产或检修空余时间，由技术骨干或"老工人"组织员工进行岗位实操培训。通过"传帮带"互学、"套餐式"讲学、"过关式"教学等方式，结合岗位练兵、技术比武、技能竞赛等活动，营造比学赶帮的良好氛围，让班组员工得到培训和锻炼的同时，促进个人素质提升和成长成才。

### （四）安全找茬法

借助岗位监督，激活员工责任心，以减少岗位安全隐患为目标，建立全员安全"找茬"机制，按"大家来找茬"游戏和"批评与自我批评"党内民主生活会思路，实现全员抓安全管理。通过建立"找茬"平台，开展全面"找茬"，评选"找茬"达人等方式，开展岗位与岗位、班组与班组的安全"找茬"活动。对照标准找隐患、对照标杆找不足，所有问题在企业微信"找茬"平台发布，并跟踪落实。发动全员消除安全隐患，充分调动广大员工参与安全管理的积极性，从被检查到自主检查，从被动整改到主动提升，促使员工进行自我监督，自我管理，实现员工自控自律，为安全生产筑起坚固屏障。

## （五）正向积分法

借助积分来衡量单位或个人价值，反映和考核其综合表现，并将相关福利、奖励与积分挂钩，从而达到充分激励、引导调动的作用。建立员工自驱动素质增值体系，评估员工"身价"，用数值科学合理地衡量员工能力素质。设置增、减分，每月动态累计，将分值对应星级贴在员工安全帽上，员工优秀等级一目了然。同时，按照"五型"班组考核要求，结合"每日一题"增长知识、"每周一课"锻炼能力、"每月一活动"提高技能、"每季一考核"正向激励、"每年一评先"提振信心"五个一"实践活动，开发应用员工积分系统，常态化实施"日评价、月评星"考核制，实现员工积分自动排名。推进积分消费兑换管理，累计超过50分积分的员工可以兑换工具、奖品等。扩展积分增值体系应用，在薪资分配、岗位竞聘、评优评先等方面提供参考依据，激励员工不断自我提升。

## （六）平台展示法

策划仪式感强、参与度广、形式新颖的品牌活动，突出活动的挑战性、趣味性，让高水平活动成就有才华、有梦想员工。以"安全、学习、成长、梦想"为主题开展的"安全大家齐参与、梦想账单我来买""安全梦想账单"活动，成为最受欢迎的活动之一，受到全矿员工的积极参与和广泛好评。2021—2022年先后助力14名员工为家庭成员和亲友实现个人梦想，在敢于展现自己、挑战自己、提升自己的同时，增强了班组凝聚力，提升了员工幸福感、获得感。

"每个人都有展示才能的机会"，榆家梁煤矿致力于为员工提供展示自我思想、能力、才艺的多元平台。矿里每月统一规划明确班组建设活动主题，区队围绕主题，结合自身实际，自主策划组织活动。活动的形式包括技术比武、知识竞赛、班组大讲堂、员工评比、技术交流、经验展示等。矿层面根据各区队开展情况进行评比，获第一名的区队给予奖励。矿井统一策划"我的班组好员工、人人有绝招""学榜样、当标兵、争标杆""安全生产、看菜谱点单"等主题活动，各区队围绕主题结合实际创新思路，开展丰富多彩、特色鲜明的班组主题活动。各类活动的组织开展，对员工素质的提升，团队战斗力的增强起到了积极推动作用。矿井还充分鼓励和支持员工拍摄班组故事宣传片。员工自愿组队，围绕党建、生产、班组、安全等相关主题，通力协作，自编、自导、自演，创作独立完整的微电影作品，激发员工创作活力，营造浓厚的文化艺术氛围。

## 三、取得成效

### （一）培育了一大批班组长后备人才

矿井通过在多方面多层面着手，为班组自主管理搭建平台，提供支持，通过培养和引导，基层区队、班组、员工自主工作意识明显提升，先后打造出数个明星班组和数名班组长，其中5名班组长被评为全国优秀班组长。2021年，在第21届全国煤炭行业职工职业技能示范赛中，有三名员工分别获得金奖、银奖、铜奖，其中综采二队副队长赵云飞荣获中国能源化学地质工会"大国工匠"称号，并获得2022年全国"五一"劳动奖章。为了更好地发挥榜样的力量，全矿员工开展了"向榜样致敬、向榜样学习"活动，推动了员工提素质、强本领的学习热潮。

### （二）激发了全员参与班组建设的热情

通过树立正确的文化理念、推进员工思想教育、组织技术比武和开展班组活动等，统一了员工思想，树立了正确的价值观和价值导向，增强了班组的凝聚力和向心力。通过"文化赋能"，实现了从"要我工作"到"我要工作"的转变，各级管理人员的安全压力得到有效缓解，班组和员工执行力及工作效率显著提升，为矿井各项工作的高效率、高质量完成提供了保障。

### （三）打造了有影响力的班组建设名片

通过多年的探索与发展，榆家梁煤矿的班组建设工作成为神东和国家能源集团的标杆，班组建设工作成为矿井对外展示的一张"文化名片"，先后有新华社、工人日报、中国煤炭报、大秦网等多家媒体专题报道榆家梁煤矿班组建设工作。近年来，100余批次内外单位组织3000多人次到矿对标交流班组建设工作，班组建设工作成为榆家梁煤矿对外展示的一张靓丽名片。

撰写人：葛肖飞　　指导人：祁阳

# 党建引领下的"1+1+1+N"文化建设模式

图为补连塔煤矿工业厂区航拍图

图片来源：国能神东煤炭新闻中心

# 一、背景介绍

习近平总书记指出："文化自信，是更基础、更广泛、更深厚的自信。"补连塔煤矿作为神东的骨干矿井，煤炭行业的标杆矿井，通过培育一流的企业文化，凝聚全矿全员奋进图强合力，激发全员价值创造活力，实现了技术领跑、效益领先，走出了一条煤炭工业现代化发展的道路。

进入新的发展阶段，国能神东煤炭补连塔煤矿在神东创领文化"双维度"践行模式引领指导下，立足企业文化建设多点开花、不成系统、总结提炼不足，文化引领力不足，与矿井安全高效、绿色转型、创新驱动发展不相匹配等现实问题，探索确立了党建引领下的"1+1+1+N"文化建设模式，即牢固树立新发展理念，以"三零"安全文化为主体，以"三色四常五力"廉洁文化和创新文化为"双翼"，拓展"N"个区队、班组文化品牌为"多轮"驱动的企业文化建设思路，打造特色品牌子文化矩阵，进一步激发干部职工干事创业激情。

# 二、主要做法

## （一）聚焦安全"天字号"工程，打造"三零"安全文化

矿井在公司"一主多元"文化建设原则统一指导下，树牢"抓党建从安全生产出发、抓安全生产从党建入手"的理念，积极创新党建引领文化建设管理机制，开展以风险预控管理体系为载体，以理念引导、行为塑造为重点的特色"三零"安全文化探索实践。

### 1. 确立"三零"安全生产理念

"零"代表矿井安全工作只有起点、没有终点，"从零开始，向零迈进"，就是要搭建是一个包含人、机、环、管在内的PDCA闭环管理系统。补连塔煤矿坚持以政治建设为统领，坚决贯彻落实习近平总书记关于安全生产重要论述和重要指示批示精神，在神东"生命至上、安全为天、无人则安、零事故生产"安全生产理念的基础上进一步实践总结提炼出了"管理零盲区、岗位零隐患、操作零违章""三零"安

全生产理念，从管理、岗位、操作三个层次进行文化引领，实现现场管控与文化建设引领的深度融合，确保矿井各级管理人员始终怀着战战兢兢、如履薄冰的心态抓实抓细安全管理，最终实现安全"零伤害"。

### 2. 创新"五有"实践载体

为深入践行"三零"安全生产理念，补连塔煤矿从宣贯学习、制度建设、践行活动等方面，创新了"五有"载体。一是理念宣贯有重点，把神东安全生产理念、补连塔煤矿"三零"安全生产理念的宣贯、"红线、责任、风险、规则"四种意识的养成与全面保障职工合法权益、改善职工生活环境、提升职工幸福指数结合起来，强化了理念认同；二是制度执行有配套，抓实抓细隐患查治、安全评估和非常态危害因素辨识、全员安全积分管理等方法，提升制度建设保障能力；三是实践活动有亮点，举办"安全之星"季度、年度竞赛、安全文化可视化作品征集、"两长四员"抓安全生产、安全生产月、"安康杯"职工技能竞赛等，促进员工安全意识从要我安全到我要安全转变；四是文化传播有新意，利用合理化意见建议征集、安全文化案例与论文征集、创新创效和党史"两基地"现场教学、广播站、网站、厂区LED屏、橱窗、各单位学习园地、井下宣传栏等，全方位宣传安全文化；五是安全文化推进有机制，制订年度安全文化建设实施方案，形成措施得力、方案可行、上下联动的管控格局，明确职责任务和考核奖惩，实施旬检查、月通报等常用性评估办法，奖优罚劣，持续改进。

### 3. 打通九条落地路径

矿井常态化推进理念融入实践、管理运行、培训、安全一流创建、源头治理保障、现场管理流程、亲情助安工程、安全氛围营造、协同高效这九条落地路径，配强"两长四员"关键少数，发挥其安全文化践行者的作用，将安全生产、安全技能培训、安全心理教育、团青助安、班组建设、作业规范管理等任务细化分解到人，强化责任担当与落地考核，全面提高员工安全意识、文化素养和高效执行力。

### （二）立足"福字号"工程，打造"三色四常五力"廉洁文化

矿党委狠抓"两个责任"落实，以神东首批廉洁风险管控试点单位改革为契

机，树牢"廉洁是一种幸福"的工作理念，积极构建以"三色"为意识、以"四常"为保障、"五力"为路径的"三色四常五力"廉洁文化体系。

### 1."三色"意识，筑牢思想防线

熔铸红色精神，矿党委与鄂尔多斯市委党校签订合作协议，共建"红色精神教育家园"，通过外出业余党校学习，打造党史学习教育基地等"请进来"与"走出去"相结合的党员教育培训体系，树立廉洁从业的理念，筑牢矿井党员理想信念的防线；健全"绿色制度"，矿井年度内修订安全、生产、经营、党建等各类管理制度266项，堵塞管理漏洞，优化管理流程，消除关键风险隐患，强化了基础管理；推行"黄色预警"，围绕"四种形态"，通过对关键岗位人员、党委层面警示教育大会、支部层面每月一次的"廉洁教育日"以及日常廉洁主题有奖征文活动、故事会、观影活动等载体实施警示提醒、诫勉纠错、责令整改三级预警管理，构筑钢铁堡垒。

### 2."四常"保障，织就立体防线

一是形成常备性廉洁守则，坚持党管干部，强化党委"管方向、管标准、管程序、管作风、管监督"管理职能，在选人用人、关键岗位、重点对象监督、从严管理干部等方面，将"坚守底线，依规做事"等要求落实落地；二是出台常规性廉洁制度，充分发挥职能监督和党的纪律检查作用，对矿内材料管理、废旧物资管理、工资二次分配等配套制度进行集中审查，规范对人、财、物等重点领域和关键环节的管理和监督，明确检查频次和闭环管理流程，筑牢不腐；三是开展常态化主题实践活动，将廉洁文化理念融入安全生产月、春节晚会文娱活动中，通过廉洁主题文艺节目、廉政知识抢答等，做实廉洁教育；四是搭建常设性宣贯载体，精心打造企业微信"廉政风险管控平台"、党风廉政教育室、党史学习教育基地和五类宣传阵地（网站、广播、牌板、电子屏、手机微信），创新实践方式拓宽廉政文化宣传平台。"廉政风险管控平台"，搭建了风险库管理、岗位管理、廉情上报、风险审核、学习资料库管理、积分学习、廉政档案管理等功能模块，采用廉洁健康"绿码""黄码""红码"的"二维码"形式，定期对各风险岗位人员进行廉政风险大体检，运用大数据思维为党风廉政建设与运行插上"信息化翅膀"。

### 3.“五力”路径，提升廉洁能力

矿井通过以监企共建，提升廉洁文化引领力；制度引领，提升廉洁文化执行力；载体建设，提高廉洁文化支撑力；风险管控，提升廉洁文化预控力；惩罚并举，体现廉洁文化震慑力的“五力”文化引领路径，改进提升了矿井干部职工工作作风，强化了安全执行力建设，实现企业合规经营管理，为创建具有全球竞争力的世界一流示范矿井提供强大的组织力保障。特别是2018年以来，矿井与伊金霍洛旗监察委开展“监企共建”，建立联席会议制度，总结探索预防职务犯罪新举措，常态化开展预防职务犯罪宣传教育活动，为矿井高质量发展营造了风清气正的干事创业环境。

## （三）锚定“新字号”工程，打造创新文化

矿井强化“创新领跑”的创新文化理念，以建设智能化矿井为契机，以劳模工作室为依托，高质量打造“七室一厅一基地”创新创效平台，组建了以全矿大学生为主体的“智慧者”联盟，打造创新领航矿井高质量发展文化新名片。

### 1.“七室一厅一基地”，营造创新氛围

2021年以来，矿井在已有的劳模创新工作室和“以修促学、你修我奖”的修旧利废管理机制基础上，进一步拓展建设运行了青年创效工作室、党员修旧利废工作室，职工创新创效展厅等载体，全方位搭建了产学研综合创新机制。技能大师工作室，每年创新创效总额突破了千万元，为广大员工提供了创新创效学习、交流、实践平台，营造了良好的创新创效环境氛围，激发了矿井员工的创新热情和活力。

### 2.大学生智慧者联盟，集聚智慧能量

矿井依托12位技能大师、技能师人才库以及丰富的大学生资源，实施传帮带自由组合，形成采、掘、机、运、通各专业科技创新攻关团队，实现资源、技术、人才的共享。立足矿井智能化建设工作实际，大力开展科研攻关活动，搭建“匠心传承筑梦平台”，选拔各专业后备人才库，成立大学生智能化班组和大学生智能运维队，为矿井绿色和智能化转型发展注入新鲜血液。

## （四）突出"融字号"工程，拓展"N"个区队班组文化品牌

矿党委深化党建与生产经营深度融合工作机制和实践载体，充分尊重基层职工群众首创精神，鼓励倡导基层单位共同贯彻执行"1181"红色班组文化模式，积极创建区队、班组文化。

### 1."1181"模式为引领

矿井坚持党的一切工作到支部、进班组的鲜明导向，以党组织把方向、管大局、促落实的功能推进班组建设工作向纵深发展，将党员示范引领作用发挥到班组建设各项工作中，创新提出了"1181"红色班组文化模式，即坚持党建引领，贯穿以"两长四员抓安全"为主线开展班组安全管理工作，搭建不安全行为自主管控、员工思想情绪疏导管控、材料"超市"共享等八大平台，"实现安全生产'零'伤害"一个目的，激活班组、激活员工个人，进一步夯实矿井高质量发展管理基础。

### 2."一区队一品牌"聚团魂

为促进"1181"红色班组文化模式在基层的落地，矿井采取自下而上的方式，尊重各基层单位职工群众的首创精神，对优秀的区队精神进行了总结、提炼，并打造各具特色的区队文化墙，开展区队文化展示活动，促进区队文化交流共享。如：综采一队的"铁军文化"争创世界第一大1500万吨重型工作面，综采三队"旗舰文化"为神东首个8.0米大采高工作面建设提供了强劲的文化动力，掘锚二队"严实文化"体现了"文化让有机会犯错的人不犯错"的理念，这些区队子文化丰富了矿井企业文化的内涵，以潜移默化的方式将企业主人翁意识根植于职工内心，凝心聚力推动矿井高质量发展。

### 3."一班组一特色"亮风采

班组是安全生产最小的细胞，班组文化是促进矿井安全肌体自生的"红细胞"。班组在矿井"1181"红色班组文化模式的引领下，通过发挥"两长四员"先锋模范带头作用，落实党建作用于基层班组的"十创"工作要求（岗位作业、安全环保、设备管理、管理创新、技术创新、修旧利废、工程质量、学习培训、党员服务、材料节约），采取多种考核激励措施，培育高素质、高技能员工队伍，增强班组凝聚

力、执行力和战斗力，提高生产效能，降低生产成本，成为矿井"细胞"层面的钢铁堡垒。根据班组长管理风格、班组管理方法的不同，猫头鹰班组、北斗星班组等班组文化品牌脱颖而出，成为矿井安全管理的一道道"亮丽风景线"。

## 三、取得成效

### （一）提升了矿井内外部文化品牌影响力

补连塔煤矿通过推行党建引领下"1+1+1+N"的文化建设模式，成功探索出一条企业文化建设与生产经营中心工作深度融合的新路子，矿井企业文化理论创新实践成果得到行业普遍认可，文化品牌影响力稳步提升。矿井连续18年被中国煤炭工业协会评为特级安全高效矿井，同时也是"国家科学产能百强矿井"。2017年，矿井被中华全国总工会授予"全国五一劳动奖章"；2021年矿井被中国煤炭工业协会授予"煤炭行业标杆煤矿"荣誉称号。

### （二）彰显了"实干、奉献、创新、争先"的企业精神

补连塔煤矿广大干部员工心怀"国之大者"，坚持"为社会赋能，为经济助力"宗旨，践行"能源供应压舱石，能源革命排头兵"使命，聚焦集团公司贯彻落实党的二十大精神提出的能源基石、经济标兵、转型主力、创新先锋、改革中坚、党建示范"六个担当"，通过探索建设品牌企业子文化，心往一处想、劲往一处使、拧成一股绳，把煤炭生产保障供应作为崇高的事业来干。进入疫情防控常态化以来，矿井一线广大干部职工"舍小家，顾大家"出色完成煤炭保供任务，以出色的工作业绩获得行业高度认可。特别是2022年春节除夕夜，补连塔煤矿保供事迹荣登除夕夜中央电视台新闻联播，向全行业展示了神东的良好形象。

### （三）擎起了煤矿企业创新发展的旗帜

矿井坚持致力于打造煤炭行业"创新领跑高地"，用科技力量为矿井安全高效绿色低碳智能发展注入强劲动能。围绕两级公司科技发展规划和矿井安全生产经营中的重大技术难题，制订配套科研规划和项目攻坚计划，实施了以智能矿山建设为重

点的六大创新技术，成为行业领先的智能化示范矿井；依托劳模创新工作室、修旧利废工作室等七室一厅一基地，形成了全员创新的氛围；坚持绿色低碳运营，投建的水资源综合循环利用工程，实现了井下水资源循环利用。第一期智能矿山建设十大类134个项目，截至2022年11月1日已建成120项，完成率89.5%。此外，"韩伟劳动模范创新工作室"成立至今，为矿井培养技能人才132人，取得国家专利28项，成为集团公司名副其实的"人才培养基地"，修旧利废工作室运行以来，维修物资19622件，累计创造价值上亿元。

撰写人：石智高　指导人：王德清

# "四措并举"助力矿井绽放文明之花

图为上湾煤矿超大采高智能综采工作面

图片来源：国能神东煤炭新闻中心

# 一、背景介绍

国能神东煤炭上湾煤矿（以下简称为"上湾煤矿"）是神东全员工效最高的千万吨矿井之一，在追求安全与产量的同时，更加重视人本氛围的营造，用活力激发员工创新创效的热情。

近年来，上湾煤矿在神东创领文化"双维度"文化践行模式指导下，以推动落实集团公司"一个目标、三型五化、七个一流"总体发展战略为主线，传承"艰苦奋斗、开拓务实、争创一流"的神东精神，弘扬"勇立潮头，永争第一"的上湾精神，围绕以激发全员活力为中心，健全"三统一"机制、创新宣传载体、打造文化品牌、勇担社会责任"四措并举"，不断提升矿井精神文明建设水平，矿井文明程度和干部职工文明素质持续提升，为集团建设具有全球竞争力的世界一流示范企业凝聚起强大的精神力量。

# 二、主要做法

## （一）健全"三统一"机制，提升组织领导力

持续强化组织领导力和不断完善工作机制是上湾煤矿确保精神文明建设顺利推进的有力保障。2018年以来，上湾煤矿坚持把精神文明建设纳入全矿中长期发展规划，全方位开展精神文明建设工作。成立了由主要负责人任组长的领导小组，明确了办事机构，形成了党组织统一领导、党政群齐抓共管、有关部门各负其责、全体干部职工共同参与的领导体制和工作机制。在此基础上，制订了《上湾煤矿精神文明建设规划》，进一步明确了工作目标、主要任务和保障措施。定期召开精神文明建设工作推进会，统一协调，细化任务，工作落实情况纳入全矿"一领三创"考核体系，实现了精神文明建设与矿井中心工作同部署、同检查、同考核，保证了精神文明建设有序推进。

## （二）创新宣传载体，扩大文化传播力

神东独特的精神文化体系，蕴含着30多年神东人艰苦奋斗的风雨历程，沉淀着

弥足珍贵的精神文明风貌，形成了特有的神东文化。2018年以来，上湾煤矿通过创新宣传载体、内容和方式，不断传承弘扬和践行神东企业文化。

### 1. 广泛开展道德主题实践活动

上湾煤矿以提升干部职工思想道德水平为核心，借助内外部资源，围绕职业道德、神东文化大讲堂等，开展"我说社会主义核心价值观"、职业道德分享微课堂、道德大讲堂、红色大讲堂等主题活动，不断引导干部职工崇德向善、见贤思齐。"好家风好家训"宣传展示主题活动以弘扬家庭美德和展示良好家风为主要目的，以舞蹈、歌唱、故事会、书法、绘画、摄影、剪纸等才艺展示为主要形式，以"我说我家、我唱我家、我演我家、我画我家"等主题鲜明、内容新颖、形式多样、富有特色的活动项目为主要内容，全矿900余名干部职工及其家庭成员积极参与，不仅进一步丰富了干部职工精神生活，也将上湾独特的文化逐渐深植于干部职工心中。职业道德分享微课堂以提升干部职工职业素养为目标，先后邀请全国劳动模范顾秀花、国家能源集团劳动模范王旭峰等人主讲，他们生动讲述了在煤矿生产一线的奋斗足迹，生动诠释了上湾煤矿"勇立潮头、永争第一"的奋斗精神，进一步激发了全矿干部职工爱岗敬业、干事创业的热情。

### 2. 深化群众性精神文明创建活动

上湾煤矿按照文明单位重在创建的原则，充分运用各种举措，挖掘上湾煤矿精神文明创建特色，不断提升群众性精神文明创建水平。一是积极参与地方政府和两级公司争先创优活动，先后开展了争创文明矿井、文明科室（区队）、文明职工、五好家庭等活动。深入基层一线，深入员工家庭，通过宣讲、座谈、民主推荐等方式，让更多的员工参与到评选中来，优中选优，保证活动取得实效；二是在党员政治生日当天送上上湾煤矿"量身定制"的政治生日寄语和举办集体政治生日仪式，使礼节礼仪逐渐成为加强精神文明的重要方式；三是以塑造文明新风为出发点，制订了《上湾煤矿关于禁止员工在厂区内流动吸烟的规定》等系列文明新规，从细节处入手、从点滴处抓起，不断督促干部职工养成守护文明的良好习惯。

### 3. 举办重大节日主题活动

上湾煤矿积极挖掘各种重要节庆日、纪念日蕴藏的丰富主流价值资源，利用五四、七一、八一、十一等政治性节日和党史国史上重大事件、重要人物纪念日等，举办庄严庄重、内涵丰富的"传承文化基因，赓续红色血脉"等主题活动，引导全矿干部职工发扬党领导人民在革命、建设、改革中形成的优良传统，弘扬民族精神和时代精神。

## （三）打造文化品牌，增强企业凝聚力

打造具有鲜明特色的文化品牌，能够增强企业的凝聚力，激励企业更好的发展。2018年以来，上湾煤矿以特色文化品牌作为推动全矿精神文明创建的重要抓手，不断提升矿井文化内涵和外延，致力于构建文明矿井。

### 1. 以"8.8米创新文化"为龙头

在建设世界首个8.8米超大采高智能综采工作面示范工程期间，上湾煤矿探索形成了以"特别能吃苦、特别能战斗、特别能奉献、特别能攻关、特别能创新"为主要内容、以"掉皮掉肉不掉队，誓要拿下8.8"为行动口号的"8.8米创新文化"。在"8.8米创新文化"的指引下，全矿干部职工迎难而上、拼搏进取，一次次刷新了煤炭行业的新纪录，打造出了一张靓丽的对外名片。

### 2. 以精益文化为底色

在对矿井现状进行全面评估和传承优秀历史文化积淀的基础上，上湾煤矿对原有企业核心理念进行了系统梳理，提炼形成了精益文化。在上湾精神和核心理念的指导下，上湾煤矿进一步提炼延伸，总结出了以人本理念、安全理念、创新理念、质量理念、成本理念、责任理念、团队理念、学习理念、执行理念为主要内容的理念体系，形成了《精益之道——上湾煤矿精益文化手册》，为广大干部职工、家属、客户及社会各界提供了一个全面立体了解上湾煤矿的新视角。

### 3. 以安全文化为主线

在长期的安全生产实践中，面对因部分干部职工安全意识较差导致风险预控管

理体系在运行中存在"只写不做""有标准不执行"等现象，上湾煤矿以提升干部职工安全意识为突破口，深入推进"四位一体"安全文化体系建设，即开展思想隐患排查整治、凝聚安全合力、培育自主安全意识和培育团队互助安全意识，从而实现了安全管理从全员参与向全员负责转变，使干部职工真正做到了将安全文化理念牢记于心、外化于行。

### 4. 以内部市场文化为驱动

为充分激活矿井发展内生活力，上湾煤矿以"思——统一思想认识、准——精准确定价格体系和工作量、细——细化结算标准、严——严格考核兑现、实——实实在在应用"为总体思路，搭建起了内部市场文化。通过运用以"思、准、细、严、实"为主要内容的内部市场文化，从根本上降低了成本费用，实现了矿井经济效益最大化。

## （四）勇担社会责任，汇聚企业发展力

在确保矿井安全高效运行的同时，上湾煤矿始终坚持"地企共建、利益共享、和谐发展"的原则，勇担社会责任，在精准扶贫和生态治理上彰显央企责任担当。

### 1. 多管齐下助力精准扶贫

一是精准帮扶贫困地区。结合鄂尔多斯市伊金霍洛旗《开展"百企帮百村"行动、深化"红色领航"工作实施方案》，上湾煤矿与红庆河镇哈希拉嘎村结成扶贫对子，为该村成功申请国家能源集团专项扶贫资金；二是"以购代扶"全面发力。为进一步加强扶贫力度，上湾煤矿积极探索建立党员群众认购扶贫农产品项目，全矿13个党支部先后开展了"以购代扶"主题党日活动，倡议党员带头在扶贫专柜购买定点扶贫县农特产品；三是坚持长期帮扶贫困学生。以"1+1、爱加爱、携手启航美好未来"为主题，组织全矿爱心人士长期帮扶贫困学生。

### 2. 创新环保理念助力生态保护

上湾煤矿积极践行"绿水青山就是金山银山"的生态理念，在"建生态矿区，产清洁煤炭"的目标引领下，结合矿井实际，融合运用"三期＋三圈"生态环境综合

治理模式，走出了煤炭行业绿色发展之路。在煤炭开采中，依照"三期"生态治理模式，积极开展采前防治、采中控治和采后修复等工作，来解决煤炭开采造成的环境破坏问题。在煤炭开采同时，积极推进"三圈"治理，建成了的系列水土保持整体工程和沟口拦洪筑坝工程，有效化解了洪水直接威胁厂区的问题。

## 三、取得成效

### （一）文化品牌绽放新活力

在"8.8米创新文化"指引下，全矿干部职工迎难而上、拼搏进取，克服了因采高世界最高、采用全国产化装备带来的种种挑战，一次次刷新了煤炭行业的发展纪录，8.8米超大采高智能综采工作面直接生产成本控制在15.13元左右，单面单产成本创历史新低，打造出了一张靓丽的对外名片；提炼了以精益文化为主的系统全面的理念体系，让上湾煤矿各项工作的开展有了明确的指导思想和价值引领；安全文化建设取得明显成效，矿井安全生产周期被不断刷新，截至2019年，上湾煤矿连续十一次被评为煤炭工业特级安全（高产）高效矿井；"思、准、细、严、实"为核心的内部市场文化，从根本上降低了成本费用，实现了矿井经济效益最大化，也让市场竞争理念深入人心。

### （二）文明创建结出新硕果

持续开展的"全民阅读""全民健身""元宵喜乐会—新春游艺"、越野赛等文明创建活动、道德讲堂活动和主题实践活动进一步丰富了员工的精神文化生活，提高了员工的参与度和活跃度。使干部职工在愉悦身心的同时，潜移默化接受了文化熏陶，陶冶了思想情操。同时注重新媒体在矿井发展中的推广应用，2020年端午节策划推出的"我去井下看爸爸"亲情主题视频被"国资小新"微博转载，总阅读量超13万人次，营造了亲情助安的良好氛围。矿井连续15年保持内蒙古自治区级文明标兵单位称号；上湾煤矿汽车队运输班班长李五牛家庭荣获2020年鄂尔多斯市伊金霍洛旗"最美家庭"标兵户称号。

### （三）三大攻坚诠释勇担当

助力打赢能源保供阻击战、脱贫攻坚战和蓝天保卫战，积极履行了社会责任，彰显了央企担当。围绕疫情期间能源保供任务，上湾煤矿充分发挥党员在生产一线的先锋模范作用，其中，上湾煤矿综采一队党员突击队在疫情期间冲在前，干在先，分别于2020年2月24日和4月份创造了日产煤炭6.55万吨和月产煤炭145万吨的历史新纪录，有力保障着湖北等疫情重点地区以及京津唐、长三角、珠三角等地的能源供应。在扶贫方面，截至2020年8月9日，全矿"以购代扶"累计消费金额15.68万元。在"三期+三圈"生态环境综合治理模式下，矿区98%的粉尘从源头得到有效控制，矿区可绿化率达到100%，将经济发展和生态环境保护齐头并进，为建设美丽中国提供源源不断的内在动力。

撰写人：刘勇强　曹博文　指导人：郅喜荣

案　例

# 14

# "四步走"让人力资源专业化服务更有温度

图为人力资源共享服务中心业务下基层实践活动

图片来源：国能神东煤炭新闻中心

# 一、背景介绍

国能神东煤炭人力资源共享服务中心（以下简称中心）成立于2010年5月11日，为国家能源集团创立的首家人力资源管理专业化服务单位。人力资源共享服务中心坚持全面贯彻落实集团公司"一个目标、三型五化、七个一流"战略，为公司创建世界一流示范企业提供一流人力资源专业化服务，为企业高质量发展凝心聚力。

近年来，面对国企剥离社会职能改革形势任务，以及职工日益增长的个性化、多元化和信息化服务需求，"重管理轻服务"的传统人力资源工作受到冲击，同时也对以手工报表签批为主的业务管理流程提出了巨大挑战。对此，人力资源共享服务中心深入总结成立十年来的工作经验，立足中心"管理+服务"职能定位，提炼形成了以"有温度的人力资源专业化服务"为核心的企业文化体系，积淀了"服务、共享、普惠、公平"的文化内涵，以"三有三贴近"为践行路径，促使"共享专业资源、提供优质服务"的品牌目标深入人心。

# 二、主要做法

在神东创领文化"双维度"模式的指导下，人力资源共享服务中心确立了"搭台、唱戏、凝魂、聚力"四步走的基本路线，使"有温度"的服务子文化与中心业务工作紧密融合，不断推进中心高质量发展。

## （一）确立"1335"奋斗目标，搭好"服务台"

为贯彻新发展理念，全面提升人力资源管理与服务水平，中心确立了打好一个基础（党建引领）、抓好三个抓手（制度建设、绩效考核、培训提升）、处理好三个关系（中心与业务相关的地方职能部门、中心与各服务单位、中心各业务之间）、实现五个提升（实现员工综合素质、基础管理水平、专业化服务能力、风险管控能力、信息化应用水平五个提升）的"1335"奋斗目标，全面布局，精准发力，强基固本，夯实基础，努力搭好人力资源专业化"服务台"。

## （二）用好"三有三贴近"，唱好"服务戏"

为深入践行"有温度"的服务文化，中心以"不忘初心、牢记使命""党史学习教育"两大主题活动为契机，将"为民服务解难题"和"我为群众办实事"实践活动贯穿起来，总结提炼出"三有三贴近"的践行路径，唱好以人为本的"服务戏"。

### 1. 践行"三有"理念，提高服务水平

服务意识有提升。充分发挥党管意识形态工作优势，以党建为引领，将服务意识提升融入党员责任区、党员示范区创建和主题党日活动，扎实推进服务型党组织建设；定期组织开展员工集中培训、创新创效案例评选、主题团建活动，以丰富多彩的学习提升活动营造"比学赶超"的专业化服务氛围；常态化开展服务满意度测评工作，由服务对象一人一码、一事一评方式对中心业务办理情况进行打分，以监督评价的方式助推业务人员服务意识提升。

服务内容有创新。结合近年来国家及两级公司人力资源管理相关政策变动情况，中心在保质保量完成规定动作之外，主动"强身健体"。响应国有企业剥离社会职能号召，开展医疗保险、住房公积金及退休管理的社会化移交工作；新增员工补充医疗保险，搭建企业服务健康平台为员工"量身定制"健康管理服务；组建劳动争议调解委员会，拓展服务广度，创新推出"暖心热茶""安心苹果"免费代写法律文书、提供法律咨询等服务内容；积极响应国家退役军人服务站向国有企业和社会企业延伸号召，正式成立退役军人服务站，为公司退役军人建立"一人一档"，并为退役军人提供贴心的补缴养老保险服务，开展慰问、座谈等方式，做退役军人的"娘家人"。

服务手段有突破。中心以人力资源服务数字化转型为突破口，将管理需求和职工体验相融合，全新搭建神东人资共享业务管理系统，从系统顶层设计入手，筹划险种全覆盖、业务全流程、端口全对接的高标准一体化社保信息管理平台；全面开展人事档案数字化加工项目，全新的数字化人事档案管理平台有效确保了档案利用的安全性和便捷性，助推公司人事档案实现信息化、数字化、规范化管理转型升级；搭建运行"人力资源共享中心"微信公众号，六险二金多模块呈现，为员工掌握六险二金业务查询提供"掌上"操作手册。

### 2. 坚持"三贴近"原则，提升服务质量

贴近实际，使服务"温度"适宜。随着公司规模增大，人力资源专业化服务要求不断提升，中心要求各业务部门深入基层开展调研、精准把握地方政策变动、广泛征求职工群众意见，通过上门走访、座谈交流、深入地方部门对标学习等形式，让业务工作见实效。补充医疗保险精准服务职工，通过到矿井一线等基层单位面对面宣讲、调研等形式，全面收集广大干部职工的健康管理需求，根据职工个性化服务需求制作可选择的健康服务包。

贴近基层，使服务"温度"均衡。在充分服务广大干部职工的同时，中心高度关注人力资源管理体系的"末端神经"——基层人力资源业务管理员。面对基层各单位人力资源业务管理员频繁更换、业务基础不扎实的问题，中心坚持每年至少组织1次集中培训；坚持每半年开展一次现场考核，以考促改；建立评优机制，对工作表现突出的基层业务人员给予表彰奖励。面对基层人力资源业务管理员工作内容繁重、工作压力较大的问题，中心有针对性地制订业务流程及资料清单，扩展社保信息管理平台功能应用，不断简化、优化、清晰化工作流程，为基层人力资源业务管理员减负减压。

贴近员工，使服务"温度"贴心。中心以"办实事、解难题、送温暖"为主题，提供持续的"社保订单式"下基层服务，针对基层反馈的突出问题，推行基层服务三项清单，一是对六险二金进行任意组合提供政策解读、业务办理等服务需求订单；二是开展养老保险断缴补缴专项工作，提出"上门服务、下到基层"工作方法，对补缴人员较多的单位提供上门集中办理服务；三是制订"全反馈"闭环管理工作机制，及时告知反馈当事人补缴进度，做到全流程透明可追踪。

### （三）创建一个品牌，凝结"服务魂"

#### 1. 内强素质，筑牢品牌意识

中心在"有温度"的人力资源服务文化指引下，为深化"共享专业资源、提供优质服务"的品牌目标，创新开展服务品牌践行案例征集活动，启动"一支部一品牌"，创建"578（我去帮）"医疗保险科党员先锋队、"心连心"劳动关系科党员示范

岗，"无碍"工伤保险科党员示范岗等特色品牌，让树牢品牌意识、维护品牌形象成为每一位共享人的内生动力，牢固铸就"服务魂"。

### 2. 外树形象，成就品牌价值

以文化产品为载体，精心打造中心形象宣传片、拍摄社保服务微视频、制作文化宣传板，创新文化传播载体，持续开展"社保宣讲下基层"、服务满意度测评等参与度高、受益群体广、持续时间长的主题实践活动，不断擦亮中心品牌形象，增强品牌认知度和价值感。

## （四）聚焦两个提升，汇聚"服务力"

文化搭台、业务唱戏，人力资源共享服务中心始终秉持"品牌建设促进业务提升、业务提升彰显品牌文化"理念，在业务规范的基础上，助推中心文化、业务双提升。

### 1. 品牌建设促进业务提升

中心全体职工秉承"提供优质服务"初心，推动基本医保、住房公积金移交属地管理，以及退休人员社会化管理移交主体工作等国企剥离办社会职能改革任务，在社保增值服务、劳动争议调解前置处理、人力资源数字化平台搭建、劳动定额定员写实等方面主动作为，自我加压，持续推进"我为群众办实事"走深走实，完善"社保管理、劳动关系、人事档案、定额写实、离岗管理、退休管理"六大服务体系，大力实施"四项工程"即实施"示范工程"，强化基础抓提升；实施"暖心工程"，创优服务抓形象；实施"活力工程"，健全机制抓建设；实施"创新工程"，完善手段抓效果；建立业务持续提升的长效机制。

### 2. 业务提升彰显品牌文化

围绕"有温度"的人力资源专业化服务体系构建，中心积极参与"有温度的服务型"企业劳动争议调解组织与全国十佳"金牌调解组织"的创建，在提升自身专业实力的同时，在行业内打出了品牌；将健康管理作为服务文化践行的亮点，探索搭建健康小屋，通过现场测量血压、血糖、尿酸、体重体脂以及视频连线医生等功能，为职工日常健康状态监测以及寻医问药提供便捷。通过业务工作的"三有三贴近"践行路径，彰显了中心品牌文化的生机活力。

## 三、取得实效

### （一）树立了以职工为中心的发展思想，多项核心业务取得突破性进展

民生工作无小事，一枝一叶总关情。中心持续发挥文化引领作用，不断凝聚发展动力，核心业务取得突破性进展。在集团范围内先行先试补充医疗保险服务体系，以流程便捷化、服务亲情化的优势成为集团乃至行业标杆；养老保险打赢补缴"攻坚战"，累计完成补缴7083人次；持续解决历史遗留问题，为员工消除后顾之忧。工伤保险预防、补偿、康复"三位一体"工作体系逐步建立完善；企业年金精准高效的运行体系多次获得集团点赞表扬；劳动争议调解委员会获评陕西省"金牌调解组织"，并列入全国"金牌调解组织"候选名单；退役军人服务社获评陕西省退役军人养老保险补缴先进单位。以职工为中心的发展思想让职工群众真真切切体会到国家民生政策及公司福利的温度，职工群众的获得感、幸福感和安全感不断提升。

### （二）形成了具有行业特色的文化品牌，为业务工作开展指明前进方向

中心立足于为神东提供专业化人力资源服务的定位，用行动诠释"共享专业资源、提供优质服务"这一文化品牌，凝聚了中心职工的共识。依托文化品牌建设，中心职工积极做国家社保政策的坚定执行者、职工权益的直接守护者、公共服务的一线提供者，坚持贴近民心、倾听民意，先后处理完成历史遗留养老保险断缴补缴问题、补充医疗保险消费出口扩宽等职工群众反映强烈的问题。为公司呈现人心稳、人心暖、人心聚的良好局面提供了基础保障。

### （三）搭建了适应公司发展要求的信息化平台，为神东人力资源管理智能化转型升级奠定坚实基础

中心以服务职工群众为导向，创新管理服务模式，开发了适应公司多险种、多参保地的社保管理信息化系统及人事档案管理数字化信息平台，打通各业务间的

"数据壁垒"，让业务办理与数据管理应用融为一体，打造数据集中和应用的高地。系统试运行以来已生成保险数据共1426505条，惠及职工群众3万余人，有力推动了神东人力资源管理工作的数字化、智慧化转型升级。满足了职工群众对"指尖"数字服务的个性化和多元化要求。

撰写人：延璐　赵子娟　指导人：郝俊奇

# 人才为魂　创新为王　为公司 高质量发展插上智能化翅膀

图为智能技术中心软件研发部团队

图片来源：国能神东煤炭新闻中心

# 一、背景介绍

当前全球科技创新已经进入空前密集活跃期，以绿色低碳、清洁高效为目标的新一代能源技术将随着煤矿智能化建设、数字化转型得到广泛的应用，未来的煤矿将成为高科技行业。国能神东煤炭智能技术中心作为公司信息化管理的专业化服务单位，是公司智能化规划的设计者、信息化技术的推广者、智能化系统的维护者。智能技术中心（以下简称中心）以推动神东信息化转型为己任，立志做科技创新的排头兵、先进生产力的转化器、成果应用的推进器。

当前，面对智能化管理专业技术力量不足，核心技术人员比例偏低，高端人才缺乏，技术能力不够及关键技术岗位薪酬待遇水平偏低，难以吸引优秀人才等问题，中心以打造一支素质高、结构优、数量足的创新型人才队伍为重点，在创新人才培养、机制建设和平台搭建等三方面发力，营造了浓厚的创新氛围，激发了全员创新创效活力。

# 二、基本做法

中心在深入调研的基础上，围绕智能化人才数量不足、技术人才结构不合理以及技术能力有待提升等问题，出台了创新型人才培养三年规划，明确了一个目标、三型人才、一个工程的总体思路，从创新人才培养、创新机制建设、创新平台搭建三方面入手，打造神东智能化人才队伍。

## （一）"三维"识别法，筛选潜力型人才

### 1.新员工精准化培养

一是落实日常关怀。注重思想培养，每季度召开大学生座谈会，常态化开展拓展训练、文体活动，丰富工余文化生活，及时了解新入企员工思想动态，加强对他们的人文关怀，组织公司范围内在岗位上迅速成长起来的优秀年轻干部分享成长历程，激发大学生对成为创新型人才的向往和追求；二是落实岗位安全保障。通过签

订师带徒协议、结对子、一对一等措施对作业行为重点监管，确保新入企员工安全意识和隐患排查能力迅速提升；三是落实岗位锻炼保障。新员工都要经过部门内部轮岗和跨专业跨部门轮换培训。最终，根据其个人表现与专业安排，进一步确定具体工作岗位，实现人尽其才、人岗匹配；四是落实岗位考评保障。制订新员工年度培训计划和考核办法，实习期满后，结合考核成绩，对大学生予以相应奖罚，并作为制订下一步培养方向的重要依据。

### 2. 教培积分自主化提升

将教育培训作为对职工的最大福利，开展普惠教育，建立员工教培积分制体系，搭建信息大讲堂平台，为员工提供锻炼、学习、展现的平台。每周四组织"信息大讲堂"授课活动，采用面授+企业微信直播相结合的方式，鼓励中心员工进行授课给自己"赚积分"，从听课的"学生"向讲课的"老师"角色转变。培训内容涵盖信息安全、安全保密、企业文化、职业健康、科技创新、标准编制、数据分析、智能化建设、办公软件等工作中涉及的多个方面知识，通过培养员工自主培训授课能力，从"要我讲"变为"我能讲"，提高了员工的自信心和表达能力，在中心营造良好学习氛围。建立新入企大学生数据库，根据他们的专业、岗位、特长等分别制订个性化职业生涯培养计划，尤其对具有创新潜力的后备人才实施分层分类系统培训，使其在短时间内迅速实现个人业务技能和综合素质的成长。

### 3. 技术比武赛马制争先

随着中心职责的变更和业务范围的扩大，拓宽提升员工的专业技能成为人才培养的必备举措，中心内部每年都会举办技能比武大赛，比赛内容涵盖通信网络、软件编程、网络安全及一体化集中管控系统技能操作等，采用赛马的机制，形成了班组选拔、中心决赛、代表公司参加省部级比赛的比武模式。通过内外比武的淬炼，涌现了一批批优秀的青年技术人员，带动了其他员工参与到创新工作中来。同时，中心充分将文化活动与工作实际相结合，常态化开展"寻找机房最美缆线"活动，促进班组之间的良性竞争，有效激发全员练本领学技能争优秀的热情。

## （二）把好"三道关"，输出高质量人才

### 1. 重点选育，完善后备梯队储备

加强优秀年轻（后备）干部人才库建设，中心根据未来 1~3 年人才需求情况，从组织内选定，在管理方面具备一定管理知识、技能和发展潜力的人才进入人才库。制订人才梯队总体培训计划，对于关键岗位后备人才采取培训学习+工作历练的方式；对于中、高级人才采取培训学习+内部考核+见习培训+岗位轮换+内部兼职的方式。在实施过程中，注重与后备队伍的沟通与反馈，实施半年度、年终考核，对优秀者给予表扬奖励、表现一般者给予相应要求和压力。将能量正、素质优、业务强的优秀年轻员工作为重点培养对象，通过公开选聘分业务属性设立后备人才库，为神东智能化建设提供源源不断的人力资源保障。

### 2. 择优录用，强化干部队伍建设

一是建立和完善选拔任用机制。一方面，明确标准，公开条件，规范程序，增加工作透明度；另一方面，强调能力，注重素质，突出实绩。二是完善教育培训机制。干部培训坚持制度化，注重培训的实效性和针对性，提高干部培训参与的自觉性和能动性；开展岗位交流培训，实行干部岗位交流制度；加强对后备干部重点培养，鼓励后备干部上讲台。三是完善激励保障机制。有竞争才有活力，有竞争才能凸显人才。将竞争激励机制作为干部队伍管理创新机制的核心内容，在实践中不断探索和完善。

### 3. 优化变量，畅通内外流动"双循环"

中心以神东发展战略为导向，建立科级干部考评体系和干部员工轮岗机制，强中选强、优中选优，把合适的人放在合适的岗位，使员工开阔视野、积累工作经验，锻造各方面的能力。轮岗包括内部轮岗、跨部门轮岗和跨单位轮岗，以部门技能需要和业务量为基准、以员工实际操作能力及工作意愿为导向，在不影响各部门的正常运作情况下，进一步扩宽员工的职业宽度，逐步解决管理岗位超员和专业技术岗位缺编等问题。以项目运作方式为创新型人才搭建平台，中心实施"项目责任制"，积极鼓励有想法、肯创新、喜钻研的年轻员工参与公司信息化项目建设中，为

创新人才搭建成长成才的平台。

### （三）搭建"两平台"，激发人才活力

#### 1."聚海计划"汇聚精英人才

中心为吸引神东各类优秀员工服务神东发展，组织开展"聚海计划"创客活动。采用员工自愿报名加入的原则，通过建立公司内部沟通平台，通过培训交流增进了解、形成共识，掌握各单位的软件开发真实需求及对自主研发的建议，同时摸底成员的兴趣、专业特长等情况，以便后续分配安排相应的任务。软件开发任务优先在"聚海计划"发布，优先选择聚海会员完成，根据工作量进行相应的奖励。"聚海计划"吸引了来自神东内部各单位热爱智能化、专精信息化的员工报名参加。智能技术中心定期组织线上、线下活动，活动内容涉及相关培训、座谈会及分配相应任务。通过培训及资料分享让聚海成员们了解到软件开发的过程、工具、方法、技术及相关规范，着重培养他们的兴趣及技能。中心还为聚海计划表现突出的员工提供入职智能技术中心的机会，进一步提升了计划的吸引力。

#### 2."创新工作室"搭建成长平台

中心软件研发部充分发挥部门拔尖人才帮带优势，依托创新工作室，以技术交流、专题研讨、师带徒、技术比武等形式开展活动，不断发挥引领辐射作用，成效显著。遵循"培训服务于生产，培训提升产品质量"的原则，大力开展人才培训。选派企业骨干、专业技术人才定期参加线上学习课程，并将理论知识与实际实践相结合，将精细化管理贯彻到各工序。创新工作室采取"实操+培训"模式，推广MySQL、Spring Boot等开源技术，加强国产化替代工作，创新管理模式，依靠内部市场化，充分调动员工积极性。以工作室为平台，采取"走出去"和"请进来"的方式开展行业内外交流学习活动，在交流中共促技能成长。创新工作室联合互联网公司互相推广学习先进经验，选拔出技术骨干参与外出培训交流，通过技术升级，各类应用系统故障率明显下降，开发效率明显提升。

## 三、取得成效

### （一）初步建立起金字塔形信息化队伍

中心从2019年至今累计面向全公司组织161项信息化业务培训，共培训20595人次；培养信息化网络方面人才56人，数据管理方面人才1人，项目管理人才11人；取得华为、PMP、Oracle等高级专业认证1个，中级专业认证共10个；打开了人才上升通道，通过实施干部队伍建设，自2017年以来新提任科级年轻干部10人占比达71.42%。中心初步形成了包括领军人才、中坚力量、后备队伍三级梯队齐备的"金字塔"形信息化人才队伍，其中领军人才8个，技术骨干52个，后备人才83个，聚海计划、工作室积极分子各20个，有将近160名员工由此走上了专业的信息化研发道路。

### （二）打造了一支"神东牌"高素质研发团队

中心以"让神东没有难做的工作！"为使命，以"研绘神东，厚积薄发"为理念，先后完成了基石项目（神东部分）、神东办公平台、公司内网、矿井云检修系统等80多个信息系统。研发业务涉及公司党建、调度、安全、生产、机电、人力、企管、工程、工会等各个业务领域，年累计代码量60万余行。中心经过10多年的业务积累，形成了针对大型煤炭企业的综合移动办公、高端制造、企业治理信息化、安全管理、矿井生产现场作业管理、项目管理、企业舆情、企业决策、生产调度、矿井设备检修等10多种场景的解决方案，打造神东人自己的研发队伍，为推动公司智能化建设、数字化转型提供了强大的信息技术支撑。

### （三）提升了技术人才的创新能力

近年来，中心通过系统的人才培养，高质量实施科技创新工作任务，使技术人才的创新能力得到了再提升，涌现出了一些高质量的科技创新成果。《神东矿区矿压大数据智能分析及预警技术研究与应用》《神东矿区薄基岩浅埋深大采高矿压大数据自动分析及应用研究》等获得煤炭工业协会和集团奖2项；申报科技创新专利11项；群众创新创效成果81项，公司级群众创新创效奖7项；正式发表科技论文41篇，其中7篇发表在核心期刊；软件著作权12项；编制公司企业标准60项，涵盖信息管理、IT基础设施建设与运维、数据管理、系统与软件工程、信息安全等五大类业务，有力支撑了公司信息化智能化建设。

撰写人：李楠　指导人：牛云鹏

# 创新宣贯路径
# 提升寸二文化力

图为寸草塔二矿第三届道德模范颁奖典礼

图片来源：国能神东煤炭寸草塔二矿

## 一、背景介绍

国能神东煤炭寸草塔二矿位于鄂尔多斯市伊金霍洛旗乌兰木伦镇，矿井自1988年建设以来，一以贯之坚持和加强党的全面领导。在矿党委的正确领导下，一代代寸二人吃苦耐劳，开拓务实，全力推动矿井安全高效发展。历经三十余年的发展建设，矿井改革发展成果丰硕，但同时也暴露出员工队伍结构老化、部分干部作风涣散、员工凝聚力不强、员工技能水平亟待提升等问题。矿党委坚持问题导向，以神东企业文化"双维度"践行模式为指导，突出党建引领、宣传策划、榜样带动、氛围营造，以文化建设内强素质、外塑形象。

矿党委深入挖掘30余年的精神积淀，不断厚植企业文化底蕴，结合新时代、新征程、新使命，用"文化自信"统领和推进企业文化建设，凝练出"感恩、忠诚、尽责、担当"的企业文化，构建企业与员工"相互感恩，彼此忠诚，共尽职责"的命运共同体，以忠诚诠释感恩，以尽责彰显忠诚。形成了机制健全、效果突出、职工认同的寸二特色子文化，在实现矿井高质量发展过程中发挥了党建引领和文化保障作用。

## 二、主要做法

寸草塔二矿从宣贯路径上下功夫，以打造红色寸二、点赞寸二、工匠寸二、书香寸二为重点，创新党员教育、宣传活动、典型选树、氛围营造等方式方法，拓宽实践路径，提升品牌价值。

### （一）红色寸二，以党员教育凝聚寸二合力

#### 1. 开展红色教育，提升党委凝聚力

寸二矿党委坚持通过党员干部带职工群众的方式，汇聚发展正能量，发挥党建的聚合力。强化理想信念教育，成功探索了"温、讲、谈、评、改"党员教育"五步法"，把党员干部的思想统一到党的决策上来，统一到企业发展上来；抓好党员常

态化教育，利用"党委大课堂""支部小课堂""指尖微课堂"，扩大了理论学习的覆盖面和参与度，使党员价值观念和思想政治素质在潜移默化中得到提升；增强党员责任意识，通过"党员安全环保示范岗""党员安全环保监督岗""党员责任区""党员月度承诺"等建设，提升党员的党性意识和荣誉感、归属感；开展红色教育，通过唱红歌、读红书、忆红史、观红影等活动，全面推动红色文化到基层、入井下、沉一线，使红色寸二在党员和职工心中落地生根，让红色基因植入广大员工血脉之中。

### 2. 创建品牌支部，激发支部能动性

企业文化的建设与传播，需要必要的展示载体和传递窗口，否则难免会流于形式，陷于空泛。全矿党支部根据自身业务特点，以问题和目标为导向，通过创建品牌化党支部，强化支部工作能动性、针对性和时效性，先后创建了"工匠型""一支一家""手拉手、服务型"等品牌党支部，形成了各具特色的支部/区队文化。开展"一月度一党课"支部建设成果分享，鼓励支部创新讲党课的形式，涌现出《作风建设永远在路上》《抓落实是一切工作的生命线》《读书是一种精神长跑》等让职工耳目一新的情景剧作品。

### 3. 创新党建工作法，提升文化辐射力

矿党委紧把时代脉搏，将新载体、新形式、新语言引入党建工作，为党建文化增添新鲜活力。创新载体，在指导基层党组织建立党建群的基础上，矿党委先后创建了党建工作群、"崇德尚廉"微信群等，利用公众号、App等新媒体，通过生动的版面、丰富的内容和新颖的动画，将党建知识、网络热词推送到党员手机上，向党员群众"晒"工作，实现了党组织和党员之间的"亲密""即时""微距"接触，拉近了党群距离。创新方式方法，按照"党委搭台、支部唱戏、书记导演、干部示范、党员主演"的学习教育基本工作机制，每周选取一个主题，利用"周二大课堂""周五小课堂""指尖微课堂"等载体，让全矿班组长以上管理人员接受集中教育培训，提升职工思想境界、丰富头脑、开阔视野。党支部围绕安全生产、企业文化等主题每月组织开展一次主题党日活动，有主题党课、有专题讨论、有义务劳动、有参观学习、有爱心捐赠、有政策制度宣讲等等，形式新颖，内容丰富，不仅丰富了党员组织生活，也搭建起了党内经常性教育的有效平台。

## （二）点赞寸二，以立体宣传弘扬寸二精神

### 1.策划开展"点赞寸二"活动

为充分展现广大干部员工扎根矿山、爱岗敬业的精神风貌和在改革发展中创造的新业绩新作为，大力弘扬和深入践行社会主义核心价值观，充分发挥身边先进人物和典型事迹的示范引领作用，寸草塔二矿精心组织开展"点赞寸二"新闻宣传活动，秉持"让奉献者有希望、让坚守者有成长、让实干者有回报"的管理理念，营造"发现正能量、人人齐点赞"的良好氛围。寸草塔二矿将先进典型分为敬业奉献、孝老爱亲、助人为乐、好学善思、见义勇为、创新创造、节支降耗、提质增效、提升管理、心系员工等10个类型，广泛征集机关部室和区队的先进人物和事迹。

### 2.宣传强化"点赞寸二"影响力

在矿网站、广播开设"点赞寸二"专栏，对先进人物和事迹进行宣传报道；在企业微信中推送先进人物和事迹；拍摄先进人物和事迹短视频在办公楼前大屏播放；向公司宣传媒体推送。通过全方位、立体化宣传，用身边人的故事感染人，极大地激发了员工干事创业的热情。

## （三）工匠寸二，以标杆选树代言寸二理念

### 1.组织评选寸二工匠

为充分发挥劳模和工匠人才示范作用，组织开展"道德模范""寸二工匠"评选活动，2015年以来，已组织开展四届"道德模范"评选表彰，三届"寸二工匠"评选表彰，累计表彰52名"道德模范"和"寸二工匠"，在员工中树立崇高的道德标杆和高超的技能标兵。

### 2.大力宣传寸二工匠

组织"寸二工匠"和"道德模范"走进区队班前会进行宣讲，拍摄模范事迹宣传片，并将道德模范和工匠的事迹编纂成册，印发给每一位员工，并在矿广播、两级公司网站及外部媒体对道德模范和"寸二工匠"的事迹进行广泛宣传。其中第三届孝老爱亲模范冀永平的事迹在新华网和人民网进行了报道，弘扬正气的同时提高

了矿以及企业的知名度和美誉度。

### （四）书香寸二，以氛围营造涵养寸二文化

#### 1.建设图书阅览室，打造文化有形阵地

寸草塔二矿将"图书阅览室"建设作为企业文化建设的一个重要抓手，形成了党委重视、工会主抓、员工参与的工作格局。在"图书阅览室"建设过程中，矿工会通过积极沟通，在办公区域房间紧张的情况下，仍单独开辟出一间90平方米的办公室作为职工书屋阵地，并投资20多万元，购买了1400余册图书，配置了书架、阅读桌椅、电脑等设施，为职工营造了良好的学习环境。"图书阅览室"报刊、书籍主要涵盖党史党建、中外名著、国学经典、名人传记、文化生活和艺术、健康养生、业务知识、政策法规、哲学、心理学、历史文化等十余类，使"图书阅览室"成为开启员工智慧、激发员工创新活力、丰富员工业余文化生活的精神园地。

#### 2.开展"书香寸二"活动，让图书阅览室"火"起来

为使"图书阅览室"更好地发挥作用，矿里配备了两名专职图书管理人员，保障"图书阅览室"每天定时开放。为适应不同年龄阶段员工阅读需求，在企业微信上采用调查问卷、职工点书等形式，尽量在购好书、热销新书、员工需要的书籍上满足不同员工的求知启智、休闲放松的多样化需求。定期开展读书分享会、"我与图书阅览室"主题征文等活动，并将征文作品编辑成书，提升爱阅读、爱写作员工的成就感。此外，矿工会在年度表彰会上，隆重表彰了10名2021年度"书香寸二"阅读达人、阅读之星及1个"书香寸二"阅读示范区队，传递了"学习成就寸二美好未来""阅读让人生更美好"的价值导向，营造了爱读书、读好书、善读书的浓厚氛围。

## 三、取得成效

通过不断坚持"文化寸二"建设，寸草塔二矿员工素质显著提升，党员先锋模范作用不断凸显，企业创新发展活力持续增强，党建引领下的文化建设取得丰硕成果。矿井步入"安全基础日益牢固、生产运营正常有序、内部管理不断完善、企业

环境保持稳定"的良性运行轨道。

## （一）凸显了党员干部的先锋作用

老党员张少强、青年党员高博、黄绍军带领一班业务骨干积极投身于职工创新创效基地建设，打造出具有特色的寸草塔二矿培训体系。各党支部都成立了以技术高、素质硬、业务强的党员为首的科技创新小组，积极开展小改小革和技术革新实践，成功实施了采煤机实操模拟培训平台、除尘风机远程控制等多个项目，并获得国家专利4项。

## （二）形成了争当"工匠"的良好氛围

在员工中形成向先进学习、向榜样靠拢的良好氛围，员工积极投身企业改革发展，在生产经营各个领域不断创造新成果。其中掘锚二队大学生智能化采煤班通过学习工匠精神，创新班组鼓励模式，2022年上半年发表国家级科技论文5篇，申报专利3项，在生产实践中完成小改小革10余项。

## （三）收获了"文化寸二"系列成果

矿井先后获得中国煤炭工业协会特级安全高效矿井、国家一级安全生产标准化矿井、中国煤炭企业科学产能百强矿井、新中国70年企业文化建设优秀单位、行业级煤质管理工作质量标准化矿井、内蒙古自治区五一劳动奖状、鄂尔多斯市文明单位。矿图书阅览室被鄂尔多斯市委宣传部、市文明委、市总工联合授予"书香之家"荣誉称号。

撰写人：李彦荣　指导人：何文瑶

# 聚焦四大特色
# 涵养人文哈矿

图为神东首个大学生智能化采煤班

图片来源：国能神东煤炭哈拉沟煤矿

# 一、背景介绍

品牌是企业文化建设的外在表现，是企业的核心竞争力。企业文化是企业核心竞争力的凝聚，是企业品牌塑造的灵魂，是企业发展壮大的基础和支撑。国能神东煤炭哈拉沟煤矿是一座"生产规模化、开采清洁化、技术智能化、管理精细化、队伍专业化"的特大型现代化高产高效煤矿，是神东煤炭集团主力生产矿井之一，按照国企党建工作和集团品牌一流建设要求，哈拉沟煤矿始终坚持和加强党的全面领导，深入开展文化品牌建设，营造浓厚文化氛围，不断激发全员文化创新创造活力。

随着采掘条件的日益复杂，安全管理难度的不断加大，保产保供任务的艰巨，管理过程中责任传导不到位、工作标准执行不高、工作落实不严不细等各类问题日益突出。如何激发广大干部员工干事创业的战斗力，将每一项工作抓实、抓细、抓落地，成为现阶段企业文化建设的重点。哈拉沟煤矿在神东创领文化"双维度"践行模式指导下，结合实际，大胆探索，勇于实践，实施"军队的作风、工匠的精神、家庭的亲情、校园的文化"文化品牌工程，构建特色文化助推企业管理新模式，为企业高质量发展提供强大动力。

# 二、主要做法

哈拉沟煤矿立足新发展阶段、贯彻新发展理念、构建新发展格局、推动高质量发展，贯彻落实集团"一个目标、三型五化、七个一流"发展战略，聚焦神东高质量发展，实施"军队的作风、工匠的精神、家庭的亲情、校园的文化"文化品牌工程。

## （一）军队的作风凝聚人

锻造军队的作风，其核心是增强战斗力、执行力，内涵是打造一支听从命令，雷厉风行，建设召之即来、来之能战、战之必胜的员工队伍。

### 1. 落实"一带三抓"主体责任落实工作法

"一带三抓"旨在强化各层级责任落实，发挥党员干部的表率作用，"一带"是指：在推进党建工作与主体责任落实方面通过积极选树先进典型引领和带动整个团队提升。"三抓"是指：在落实党建主体责任过程中要抓领导干部关键少数，抓先进支部，抓后进支部。在遇到急难险阻任务时，党员干部闻令而动，以雷厉风行的品质、铁一般的意志、出色完成任务的斗志，带领员工冲在前、干在前，充分发挥党员干部的领导力、支部的战斗力、员工的执行力，切实将军队的作风贯穿于日常管理的全过程。

### 2. 实施"三一三本"学习教育工作法

"三一"是指每天利用早调会、班前会按照科级及以上干部、党员、员工量身定制学习内容，分层分类开展"每日一学"，党委书记、支部书记每天对党员干部之前所学进行"每日一查"，分层分类组织人员进行"每月一考"。"三本"是为每位党员配备一本《中国共产党章程》、一本《党的二十大报告辅导读本》和一本该矿自编的《党建安全应知应会口袋书》。对员工、普通党员、科级管理人员、领导干部制订分层分类精准滴灌学习措施，每周分层分类精选党建、安全、文化等知识点，每天调度会、班前会分层分类领学提问，每月不定期分层分类抽查党员、员工的学习掌握情况，推进学习教育往深里走，往心里走，往实里走，进一步提高广大员工理论修养和自身素质。

### 3. 推行支部网格化管理

制订各层级党员联系内容，明确考核方式，通过党员每月为联系群众办好五件事，构建支部书记-支部委员-党员-群众层级联系，突出党建引领安全生产全覆盖，强化基层支部党员干部履职尽责和服务群众意识，切实将党建工作抓实抓细抓落地。

## （二）工匠的精神塑造人

传承工匠精神，核心是培养人、塑造人，内涵是崇尚技术精湛，锐意创新，发扬实干巧干、专注专业、精益求精的工匠精神。

### 1. 发挥大学生智能化采煤班的标杆效应

为让更多的班组和技术人才参与到矿井智能化建设进程中来，哈拉沟煤矿依托大学生智能化采煤班高学历、高素质、高技术优势，充分发挥自身创新能力的特点，全面打造大学生智能化采煤班创新工作室，向科技创新要效率、要效益。随着5G网络和矿鸿系统在综采一队的广泛应用，矿井要求该班组持续加强智能化领域理论知识的学习和研究，加大创新成果在工作现场的转化和应用，充分发挥大学生智能化班组的示范引领作用。

### 2. 擦亮"工匠品牌"

开展以"弘扬工匠精神、厚植工匠文化"为主题的品牌宣传活动，持续擦亮"工匠品牌"。矿井常态化开展知识竞赛、劳动技能比赛、管理论坛活动，全面提升全员的综合素养和岗位技能。为进一步扩大大学生采煤班的品牌效应，哈拉沟煤矿拍摄了以大学生智能化采煤班为原型的矿工精神主题微电影《关键时刻》，深入挖掘大学生智能化采煤班的时代精神，策划了"用智能化开采光明、提升文化品牌价值""为大学生采煤班插上智能化的翅膀"等系列典型经验宣传报道，不仅振奋了新进大学生的士气，还获得了行业内外的关注。

### （三）家庭的亲情感染人

培养家庭的亲情，核心是关爱人、成就人，内涵是以矿为家，人性关怀，营造同舟共济、团结互助、友爱温馨的家庭氛围。

#### 1. 畅通企业与员工的沟通渠道

积极践行"以人民为中心的发展思想"，建立"矿长接待日"长效机制，每季度由主要负责人牵头，各分管领导参加，与员工面对面交流，现场解决员工关注的热点难点问题，切实解除员工的后顾之忧。实行"三必知四必谈五必访"群众工作法，领导干部通过参加班前会、工作调研、家访等方式，倾听员工心声，了解员工思想状况、工作状态、家庭情况，及时为员工疏导思想、排忧解难。

#### 2. 实施全方位的关爱计划

坚持做好退休人员欢送慰问，加大对困难员工帮扶力度，通过党员和群众一对一了解，制订针对性帮扶措施，让每位员工切身感受到组织的关怀与温暖。建立矿井伙管会，通过现场参与、实践体验等方式，提升后勤服务质量，切实解决了员工的操心事揪心事烦心事。建立员工专属健康档案，实现对员工健康状况的实时监测。设立康理疗室，购置按摩椅、针灸仪等保健物品，常态化开展"全员知晓血压"活动，确保员工健康上岗。

### 3. 完善文化共建共享的机制

文化共建共享，既能提升文化建设的参与度，又能加深员工对企业的认同度与归属感。深入践行社会主义核心价值观，每年开展道德模范评选，制订"十个倡导、十条禁止"文明公约，实施全员承诺，深入开展文明员工创建活动，倡导员工知礼仪、讲文明、守纪律、树形象，共同建设整洁美丽文明和谐家园。

## （四）校园的文化涵养人

涵养校园文化氛围，其核心是爱读书、读好书，内涵是轻松工作、快乐生活，构建全员读书、全民健身、常态持久的校园文化。

### 1. 常态化开展读书会活动

倡导"每位员工每日读十页书"，每周举办读书集中交流，每季度举办主题式读书分享大课堂，积极培养员工阅读习惯，让读书为员工精神"充电"，为思想"补钙"，不断为构建员工精神文化家园营造浓厚氛围。倡导"每位员工一个兴趣爱好"，成立文体联合会，下设12个专业协会，常态化组织开展各类丰富多彩的文体活动，引导组织员工积极参与到各类活动中来，全面提高员工的身心健康，构建员工精神家园。

### 2. 精心打造"五个一"文化工程

"五个一"即一部矿企业文化展示片、一部矿党建工作宣传片、一部矿工精神微电影《关键时刻》、一部"庆祝建党100周年"快闪、一首矿歌《新时代煤海英雄》。利用矿广播站、微信公众号、抖音平台等新媒体，传播诵读经典著作片段、好书推荐、读书分享等内容，在持续的文化感染和熏陶下，不断提升全员的文化素养。

## 三、取得成效

### （一）军队的作风为安全高效生产凝聚强大合力

近年来，哈拉沟煤矿通过提炼"一带三抓"主体责任落实工作法、"三一三本"学习教育工作法、支部网格化管理等党建文化管理手段，形成了党建工作和安全生产深度融合的工作格局，不断深化了主体责任的落实，增强了党员干部理论修养，提高了思想境界，充分发挥了党支部的战斗堡垒作用和党员的先锋模范作用，不断激发了广大员工干事创业的热情和动力。矿井先后荣获"全国特级安全高效矿井""国家级绿色矿山""全国双十佳矿井""十三五企业文化建设先进单位""省级职业卫生示范矿井""国家能源集团先进基层党组织""国家能源集团企业文化示范基地"等荣誉称号。

### （二）工匠的精神为企业高质量发展注入强大动力

哈拉沟煤矿在打造文化品牌的过程中始终贯彻落实习近平总书记提出的"社会主义是干出来的""幸福是奋斗出来的"伟大口号，不仅形成了"特别能吃苦、特别能战斗、特别能奉献"的精神，结合时代特征和自身优势，还提炼出"特别能创新"的时代精神，为智能化班组注入创新元素，让传统的采煤工艺和装备插上科技腾飞的翅膀，为大学生们提供了崭新的广阔舞台。2021年，大学生智能化采煤班被授予"全国工人先锋号"。

### （三）家庭的亲情为矿井稳步发展提供人文保障

哈拉沟煤矿牢固树立"以人民为中心的发展思想"，厚植矿工情怀，深入开展人文关怀，常态化举办"矿长接待日""伙管会""退休员工座谈会"等活动，用心用情用力为职工群众解决急难愁盼问题，搭建了干群上下沟通渠道，提升了企业民主管理水平，彰显了员工的主人翁地位，促进了企业和谐稳定发展。

### （四）校园的文化为矿井人文书香建设增添活力

2021年，哈拉沟煤矿开展线上线下读书会活动30多场次，覆盖了300多名员工，阅读了近500多本书。通过建立读书会、文体联合会，搭建丰富多彩文化活动平台，满足员工多元化精神文化需求，不断提升员工的精神生活品质，提升了全员文化素养和文明素质，促进了员工身心健康，达到寓教于乐、寓学于趣、寓教于心的目的，增强了员工的归属感、幸福感和获得感，构筑了员工的精神家园。

撰写人：赵博　指导人：佘永明　蔚高升　王连生

# 让文化成为品牌
# 打造文化建设新高地

图为"一支部、一特色、一品牌"铁艺文化园

图片来源：国能神东煤炭洗选中心

作为神东生产加工先进生产力的代表，国能神东煤炭洗选中心已逐步走上"安全、高效、绿色、低碳、智能"发展的新路子。在新模式下，洗选中心在原有"一厂一站一品牌"子文化建设的基础上进行升级，并结合"一厂一策"，形成了独特的具有洗选特色的品牌文化。

## 一、背景介绍

洗选中心（以下简称"中心"）是神东清洁煤炭生产加工单位，是神东产业链的重要环节，同时承担着全部产品装车外运任务，生产能力达到2亿吨/年。中心机关设7个职能部门，基层有11座选煤厂、3个运营保障专业化中心、9个外煤站点，中心党委下设30个党组织，分布在晋、陕、蒙三省区。神东洗选中心经历了3个阶段的改革发展，从1993—2002年艰苦创业，高效起步阶段，到2002—2011年专业管理，集约运营阶段，再到2011年至今创新模式，业务拓展阶段。中心30多年的发展历程，是一部艰苦奋斗史，并逐步积淀形成了符合新时代要求、体现神东发展战略、符合中心特色的"品牌"文化。

由于中心各厂站比较分散，地域环境、人员布局、文化习俗都不尽相同，很难采取完全统一的文化建设模式。各厂站在各自的实践工作中，也积累、沉淀、形成了符合自身实际的经验和模式。中心抓住这一特点，不断将"一厂一站一品牌"做深做实，持续深化，更有利于践行神东创领文化，展现出各基层单位的特色和亮点，有助于进一步提升中心管理人员的统筹力、基层厂站管理人员的凝聚力、基层员工的执行力，从而提高工作效率、塑造整体形象、激活员工积极性，促进洗选中心的高质量发展。

## 二、主要做法

### （一）深挖单位特点，提炼特色"品牌"内涵

洗选中心在新发展格局中，秉承新发展理念，在基于同一母文化的基础上，针对各基层单位发展历程、地理位置、人员结构、管理特点、生产工艺、产品特点、

外运能力等不同，总结提炼各基层单位的特色"品牌"文化，赋予新内涵。

### 1. 明确目标

根据厂站自身建设能力，以及各厂站目标任务不同，收集、总结、提炼形成独具自身特点符合自身实际的目标，为"品牌"文化建设明确方向，注入动力源泉。比如：大柳塔选煤厂的目标是凝心聚力、砥砺奋进，为建成"高质量发展的选煤标杆企业"提供有力支撑。

### 2. 突出亮点

结合厂站各自的优势，从党建、安全、生产、经营、机电、煤质等方面探寻亮点工作，锁定能够代表单位的鲜明特点，通过沟通、交流、讨论、优化、修改，凝练出特色"品牌"文化核心的雏形。这个环节，对于厂站全面把握本单位的文化特点有很大的帮助。对最终形成主题突出、上下认可、易于传播的品牌，具有决定性的作用。比如：布尔台选煤厂的特点是"燃选煤标杆星火，聚党群团青之力"，内涵解读为：燃绿色压舱砥柱、安全和谐使命、智能创新改革、四个高地攀登星火，聚支部建设战斗力、党员示范影响力、群团奋进感召力、四矿一厂融合力。

### 3. 丰富载体

通过线上网络信息载体、线下党员先锋队、党员示范岗、大学生智能班组、技术攻关小组等载体，为文化核心理念赋予新的内涵，使文化理念更符合实际、更具有引导性，员工的认同度、参与度更高，宣传效果更好。如补连塔选煤厂围绕"同向同行做'一家人'、同声同气说'一家话'、同心同德干'一家事'"的文化理念，搭建了一系列活动载体，真正将理念贯彻到了员工心里。

### 4. 深度融合

在"品牌"文化提炼中融入党建、生产经营、技术创新、安全环保、机电运维、人才培养、社会责任等内容，实现企业文化与中心业务工作的融合，进一步彰显自身特色文化内容。如：哈拉沟选煤厂将平安健康、干净无尘、安静低噪、生产效率、经营效益、管理效能等内容与"品牌"文化融合在一起，最终创建智慧智能数字化选煤厂、创建无尘低噪健康型选煤厂。

### 5. 聚焦责任

在提炼"品牌"文化中清醒认识自身所处位置，站在时代发展和战略全局的高度，面向经济建设主战场，面向提高和发展清洁能源的水平线，面向改善员工劳动环境和生活水平，面向培育现代化新型洗选标杆等方面，肩负起洗选精神、洗选品牌、洗选智慧等重任。如：煤制油选煤厂"品牌"文化理念提出了"尽煤选之责，赋清洁之油"。

## （二）明确推进思路，建设特色"品牌"文化

洗选中心在特色"品牌"文化建设中，提出了"品牌"文化理念、"品牌"文化核心、"品牌"文化工作法"三步走"思路。洗选中心在所属的11个选煤厂、9个外煤站和3个运营保障专业化中心，全面实施了"一厂一站一品牌"升级版"品牌"文化建设，进一步拓展和践行了神东"创领"文化和洗选"高效"文化。

### 1. 锦界选煤厂汇能绣锦"品牌"文化建设

"品牌"文化理念：汇集党建引领合力，聚焦高效发展动能。

"品牌"文化核心：打造绿色生态厂区、打造智能高效系统、打造本质安全场所。

"品牌"文化工作法：11124工作法，围绕打造"汇能锦绣"，推动党建与业务融合互促1个目标；体现"以人为本务实管用"的价值理念融入中心服务员工1个理念；践行"标准"文化，助力选煤厂高质量发展1种文化；发挥支部战斗堡垒、发挥党员先锋模范2个作用；落实"积分制"激励员工、"兵岗队"互联互动、"三无三有三清楚"承诺、党小组、班组"两组共建"4项行动。

### 2. 石圪台选煤厂勤稳务"石""品牌"文化

"品牌"文化理念：凝心聚力，筑牢勤稳根基；知行合一，打造务实队伍。

"品牌"文化核心：明确职责，激发支部堡垒战斗力，增强员工凝聚力，建设行业一流选煤厂。

"品牌"文化工作法：实字工作法——谋实策、出实招、办实事、求实效。知民意、解民忧、暖民心，用心用情精准服务职工群众；重培训、强技能、提素质，助力职工综合素质全面提升；夯基础、补短板、谋发展，为职工提供更多展示平台。

## （三）丰富践行路径，确保"品牌"文化落地

洗选中心结合各厂站特色总结提炼出"一厂一站一品牌"后，在此基础上继续升级，深入解析品牌文化理念、内涵、工作法，通过形式多样的路径，将特色品牌文化内化于心、外化于行、固化于制、实化于效，推动品牌文化全面落地。

### 1.宣传路径

在提炼升级过程中，员工、基层管理人员以及中心领导全部参与其中，形成"自下而上总结，自上而下指导"的全员思想风暴。在品牌文化升级完成后，洗选中心在微信平台、官网平台开展"最美厂站"系列报道、"品牌"文化系列展播等形式的宣传，增强全员对"品牌"文化的熟悉度、认知度、感受度，引导全体员工通过有效的工作法去践行文化理念，形成干部引领员工，员工影响干部的良好局面，使品牌文化根植员工队伍，内化于心、外化于行。

### 2.可视路径

建设具有洗选中心特色的文化教育基地。融入集团文化、神东创领文化元素，从发展历程、阶段性飞跃、现场安全生产、创新创效、荣誉建设等进行展出，让员工全面深入感受洗选中心文化的魅力，提高对品牌文化的认同度。

建设与"品牌"文化相辅相成的铁艺展示圈。洗选中心各机关部门、厂站根据自己"品牌"文化元素，结合自身特色的管理、设备、责任、意义等制作具有品牌标识的"铁艺"。从铁艺外观就可以看出属于哪一个部门、哪一个厂、哪一个站。如锦界选煤厂利用特有的环锤破碎机来设计铁艺，并且利用废旧的环锤、板材边角料等加工制作铁艺。铁艺的色调主要使用红、蓝、绿，红色象征党建引领，绿色象征生态环保，蓝色象征科技创新，寓意真正实现一张蓝图绘到底。整个设计包括四部分内容，第一部分以环锤破碎机为架构，勾勒出无穷大符号∞，象征锦界选煤厂的无限未来；第二部分是左环，左环中的汽车代表锦界选煤厂的汽车外运，寓意汽运承担着锦界周边化工厂、电厂的煤炭供应以及块煤地销任务，而冷凝塔、烟筒及电力塔代表电厂，寓意生产的动力煤点亮万家灯火，折射出耀眼的乌金光芒；第三部分是右环，右环中的火车代表铁路外运，寓意火车外运通往全国各地，筒仓、皮带代表锦界选煤厂主要构筑物、水滴象征选煤工艺，拼音字母"XM"作为选煤的

简称；第四部分是两个圆环交点处的字母JC，代表锦界选煤厂，整个架构也有丝带的寓意，表示锦界选煤厂汇聚全厂上下党员群众力量，形成提高安全生产、提质增效、煤炭供应及服务职工群众的磅礴力量，同心同力绘好高质量发展的宏伟蓝图，走出"安全、高效、绿色、智能"的发展之路。

## 三、取得成效

### （一）形成了"一厂一站一品牌"文化实践模式

在神东创领文化的引领下，按照"一主多元"的原则，形成了神东创领文化、洗选"高效"文化与"品牌"文化三位一体、协同推进的文化建设格局。"品牌"文化建设，是源于安全生产、经营管理、机电运维等的"本土文化"，在提炼升级过程中，选择独具代表性的一个或者两个点，作为本单位品牌文化核心要素，并加以提炼、拓展，用目标、责任作为品牌文化核心理念，得到了员工的一致认同，有利于企业文化的推广与践行。

### （二）提升了企业文化与企业管理的融合度

洗选中心在文化践行落地中，并没有采用统一宣贯、学习考试等"强制灌输"手段，而是鼓励各单位结合自身实际，从形式多样的路径着手，实现了文化和安全生产、经营管理全过程融合，充分发挥了各单位自身的优势，不走形式，帮基层减负，激发了基层单位的自主性，使文化理念深入人心，助推中心各项工作有序开展。

### （三）增强了员工对企业的认可度和归属感

洗选中心通过企业子文化的建设，单位管理中的文化氛围更加浓郁。文化工作与党建工作、制度流程、主题活动的结合，加上环境的营造，充分调动了员工参与文化实践的主动性和积极性，在增强员工践行文化理念意识的同时，也通过对员工工作、环境的改善，增加了员工对企业的认可度和归属感。

撰写人：赵慧　指导人：郭建军

# 做实"1322"管理模式
# 助力区队安全生产

图为乌兰牧伦煤矿办公区全貌

图片来源：国能神东煤炭乌兰木伦煤矿

## 一、背景介绍

国家安全是安邦定国的重要基石，是实现"两个一百年"奋斗目标和中华民族伟大复兴中国梦的重要保障。企业的安全生产是国家安全的重要组成部分，要自觉把维护安全生产作为日常工作的重中之重。国能神东煤炭乌兰木伦煤矿运转队作为央企的最基层组织，需要高度认识安全生产的重要性，同时作为煤炭生产组织，面临的风险和挑战严峻复杂，传统安全和非传统安全风险高度聚集、相互交织。这就要求运转队应该建设一套行之有效的管理办法，切实把好安全生产关。

乌兰木伦煤矿运转队严格执行神东以及矿下发的安全生产工作要求，结合区队实际，通过深入走访调研、广泛征集意见，提出了适合区队运行的"1322"安全管理模式，使区队的执行力得到了大幅度提升。

## 二、主要做法

乌兰木伦煤矿运转队以党建引领入手，关注安全的全过程，注重制度建设以及队伍建设强化，实现了标准化和自主管理的稳步提升，最终确保了区队的安全稳定生产。

"1322"安全管理模型：

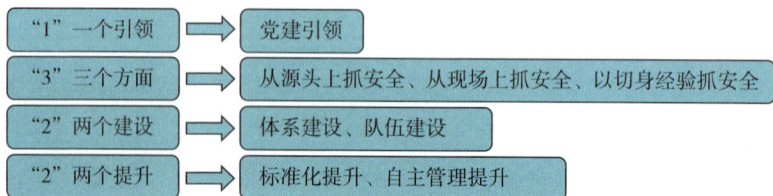

| "1"一个引领 | ➡ | 党建引领 |
|---|---|---|
| "3"三个方面 | ➡ | 从源头上抓安全、从现场上抓安全、以切身经验抓安全 |
| "2"两个建设 | ➡ | 体系建设、队伍建设 |
| "2"两个提升 | ➡ | 标准化提升、自主管理提升 |

### （一）党建引领，明确安全生产方向

乌兰木伦煤矿运转队始终坚持以"党建工作引领支部各项工作的开展"为宗旨，将党支部建设、党员培养和党员整体素质提升作为区队建设的支撑点和各项工作开展的带入点，创建了党员安全环保示范岗、党员责任区、党员身边无事故等。

## （二）源头、现场、经验齐抓，全面覆盖安全生产

安全是煤矿生产的重中之重，运转队始终坚持"安全第一、预防为主、综合治理"方针，创新安全管理模式，加强风险预控管理，从源头上抓安全；加大隐患排查治理，从现场上抓安全；开展"反三违"现场分析会，吸取三违教训，以切身经验来抓安全。

### 1. 从源头上抓安全——加强风险预控管理

一是持续开展危险源辨识，岗位标准作业流程和事故案例学习工作，特别是针对设备、工艺发生变化，在新胶带机投入生产时、高风险作业前等方面进行专项辨识，完成风险评估成果；每班班前会结合危险源，对标准作业流程进行提问，开展一起事故案例学习。

二是在生产过程中始终坚持对计划内工作实时观察和计划外工作现场问询两种做法。

### 2. 从现场上抓安全——注重隐患排查治理

运转队成立以队长为组长的隐患排查小组，落实责任分包，定期对全系统进行全面的自检自查。将检查问题当日下发，并落实整改责任人以及具体的整改时间。同时，做好跟踪检查；制订相应制度，将没有及时处理又无反馈的，对责任人进行处罚。通过层层落实，保证了安全隐患能够及时发现，及时整改，确保了系统安全、稳定运行。

### 3. 以切身经验抓安全——开展"反三违"现场分析会

运转队每月月底开展一次"反三违"现场分析会，帮助当月发生不安全行为人员分析发生三违的原因，认清可能造成的后果，最终实现彻底纠正三违行为。

## （三）"两个"建设，夯实安全管理根基

### 1. 筑牢体系建设，规范管理执行

"无规矩不成方圆"，制度不单单是为了约束人的行为，好的制度更能促进员工工作积极性的提升。自2021年以来，乌兰木伦煤矿运转队不断创新制度建设，在党

建工作、班组建设、成本管控、科技创新等方面加大奖励机制，充分调动了员工的主动性、能动性。

查漏补缺。围绕加强制度体系建设，成立了以队长为组长的领导小组，认真反思近年来在运行管理、上级检查中暴露出的管理行为和制度建设上的不规范、不精细、不集约的问题，建立问题库，倒查制度体系缺陷，逐条制订整改措施。

创新制度。创建了岗位责任体系＋岗位标准体系＋考核体系的"三个体系"，实现安全生产从被动管理到主动作为，从规范作业到行为习惯养成，形成靠制度管人、依规矩办事的良好局面。

优化流程。分管领导"挂帅"，组织各班组成员互检，通过对作业流程执行过程中存在的问题进行实地调研、勘探、考核分析，进一步优化生产组织流程和岗位作业流程，创建业绩考核标准，进行岗位价值评价，不断提高组织效率和岗位效率，实现效率的提升和人才的培养。

### 2. 加强队伍建设，提升安全素养

乌兰木伦煤矿运转队对人才的培养主要是采取"引进来""走出去"以及自主培训的方式。

"引进来"。坚持区队自主引进和矿井引导相结合的方式，实施人才"小高地"提升工程计划，在全矿发布招聘信息，由区队负责牵头，经营办引荐，班组长、技术能手、高素质专业技术人员把关，队领导确定的方式，在大学生入企季、项目合作、矿井人才队伍调整之际，在全矿海选吸纳新入企大学生、有志青年等到本区队就职。同时，创新建立区队后备人才库，通过"理论＋实操"，特殊人才推荐等方式，重点将"有学识、有能力、有技术、懂管理"的人才纳入后备人才库，突出综合能力培养，作为区队班组长、机关科员和矿井技术员的人才高地。

"走出去"。实行动态储备，优胜劣汰，有计划地组织安排后备人员跨区队、跨班组、跨专业到重要岗位、关键领域进行轮岗交流；选派成绩突出、业务能力强的人才参加综合素质、业务能力提升培训等；推荐能力出众、业务精干的人才到机关、管理岗位工作，以此深化培养，丰富履历，提升素质；建立以能力、业绩为导向的人才评价机制，突出德行、能力、业绩为主导的人才评价标准，克服重学历、

资历，轻能力、业绩的倾向，做到以素质论高低，以能力比强弱，以业绩定优劣的用人导向。

自主培训。每年制订安全管理培训计划，依托五大阵地：支部阵地、班组阵地、红色阵地、网络阵地、实践阵地，打造四大课堂：固定课堂、现场课堂、流动课堂、实践课堂，定期组织党员及员工进行理论再学习、事故案例、标准作业流程、作业规程、安全生产标准化及各类专业技能培训。积极开展师带徒等传帮带活动，创建了党员安全环保示范岗，党员身边无事故，开展"安全大讲堂"、专业素养提升、安全教育等培训活动，组织工作经验丰富的"老员工"现身讲安全，专业技术过硬的技术人员现场教学。

### （四）两个"提升"，强化标准化意识和自主管理能力

为了提升安全管理整体水平，持续推进安全生产标准化运行实效，落实安全生产主体责任，防范和遏制安全生产事故的发生，运转队从抓标准化意识和自主管理能力入手，不断创新管理，加强现场标准化建设水平，稳步推进各项工作取得新成效。

#### 1. 标准化意识提升

对标学习找差距。运转队紧紧围绕安全管理目标任务，立足主责主业，分清主次、抓住重点，积极组织员工代表分批次到兄弟单位进行安全管理对标学习，通过"现场观摩＋照片采集"的方式，将亮点项目原原本本带回来，并组织相关人员进行研究学习，弥补本区队现场管理和安全管理的短板弱项，促进安全管理工作提升，提高安全质量标准化水平。

安全生产网格化。创建了"队领导—班组—员工"的安全生产标准化网格化管理梯队，队领导为第一责任人的"网格长"，班组为主体的"中网格"，员工为单元的"小网格"，将各条巷道、各个机头工作点进行责任划分，明确了岗位责任和工作职责，定期组织三级人员进行实时考核，严格奖优罚劣，将安全生产压力和责任传递给区队的每一个员工。

领导包片促安全。以日常业务工作为主体，以分管班组为单位，按照责任归属划分承包责任区，从"人、机、环、管"四个方面制订详细的标准化工作推进表，

由承包领导进行监督考核，确保责任区内工作的落实落细。

### 2. 自主管理能力提升

狠抓过程管理防风险。运转队以风险管控为重点，将 ERP 管理与队领导值班带班、基层管理精益化等工作相融合，充分利用云检修、执法记录仪等电子化手段，定期开展隐患排查、专项检查、安全性评价和现场安全文明标准化管理，强化区队不安全行为管理，细化岗位标准，规范作业流程，准确辨识危险源，形成事前辨识预控、事中管控落实、事后总结改进的闭环管理机制，达到风险超前控制和持续改进。

强化设备治理优系统。建立设备缺陷分析台账，对潜在问题超前预防和控制，开展预检修活动，提高消缺质量和消缺及时率；认真做好设备定期维护、保养、试验和轮换工作，提高设备健康水平；持续开展技术比武、科技创新、合理化建议、技术攻关等活动，多角度强化生产运行和班组自主管理，不断提升区队管理水平。

## 三、取得成效

随着"1322"安全管理模式在全队全面开展，各个班组管理新模式已初步形成，员工的工作积极性进一步提高，班组标准化管理愈发娴熟，党员、员工在安全管理中作用和积极性得到进一步提升，确保了运转队的安全生产不断创造新的业绩。

### （一）"党建引领"见成效，党员在安全中的示范作用有效发挥

通过强化"党建引领"作用，创建党员示范岗和党员身边无事故等，明确党员职责和标准，积极探索党建与业务工作两融合两促进的方法途径，党员在安全生产中的示范引领作用得到进一步发挥，党支部管理安全工作的措施也更加得力。2019年运转队被乌兰木伦煤矿评为优秀党支部，2020年被神东公司评为示范党支部，同时涌现出一大批优秀共产党员和先进工作者。

### （二）安全素养显著提升，自主保安意识明显增强

自创建实施"1322"安全管理模式以来，区队的执行力明显增强，全体员工的

安全素养显著提升。2019年以来，运转队实现了安全生产"零伤害"、岗位无失误、设备无事故，进一步夯实了安全生产根基，先后获得岗位建功先进集体，安全生产先进集体等荣誉。

### （三）安全机制不断完善，安全管理效能全面提升

运转队充分利用云检修、执法记录仪等电子化手段，规范机电设备检修标准化工作，加强安全生产标准化建设，规范作业现场动态达标，加快推进智能化建设脚步，升级各类保护等手段，取消了中夜班固定岗位，杜绝了"零敲碎打"机电事故，提高了设备运行可靠性，全队也由原来87人减少到64人。截至2022年7月底，运转队设备故障率下降了11.13%，开机率提高7%，助力了矿井通过国家安全标准化一级终审验收工作。

撰写人：白佩云　张慧龙　指导人：高登云

# 构筑"人本文化"四大支柱
# 助力企业高质量发展

图为锦界煤矿办公区全貌

图片来源：国能神东煤炭新闻中心

# 一、背景介绍

一年企业靠运气，十年企业靠经营，百年企业靠文化。企业发展壮大离不开人的参与，人是企业最有价值的资源和财富。对于煤炭企业来说，当前既面对严峻复杂的安全生产形势，又面对同行业竞争日益激烈，"内卷"现象相对普遍，想要在竞争中占得先机，不仅要在新技术、新工艺、新设备上做文章，更重要的是坚定落实"以人为本"理念，把人作为企业发展的核心要素，充分发挥人的积极性、创造性，推进企业安全稳定发展。

自2004年建矿以来，国能神东煤炭锦界煤矿始终把人作为核心资源和发展基石，坚持关心人、爱护人、理解人、尊重人、发展人，党政群团齐发力，通过打造安全工程、健康工程、幸福工程、人才工程，不断增强员工的凝聚力和战斗力，逐步形成了"一切为了员工，一切服务员工"的人本文化。

# 二、主要做法

安全健康是员工幸福生活的保证，成长成才是员工实现自我价值的愿望。锦界煤矿始终把员工的生命安全和身体健康放在首位，把员工的幸福生活和成长成才作为企业的责任，实施"安全、健康、幸福、人才"四大工程，助推企业高质量发展。

## （一）实施安全工程，守护员工生命安全

安全工作只有起点，没有终点。锦界煤矿积极构建"1457"安全管理模式，从"人、机、环、管"四方面入手，坚持安全管理不松懈，确保员工生命安全。

### 1. 抓好"人"，强化员工行为管控

一是加大管理人员查处不安全行为考核力度。实施管理人员最低指标量化考核、最高积分激励机制；严格落实结对帮扶、过关矫正、罚款返还正向激励等措施以及开展座谈会、抽奖等活动，多措并举，有效控制人员不安全行为。

二是全面实施岗位标准作业流程。加大标准作业流程的宣贯培训，制作可视化

作业流程，实现流程应用全过程监测与考核，促进岗位标准作业流程有效落地，进一步规范员工作业行为，有效遏制零星事故。

### 2. 抓好"机"，提升科技保安水平

一是大力实施智能矿山建设。加快推进智能采掘工作面、智能辅助系统等十大类155项具体实施项目力度，努力实现信息化、数字化、智能化与安全生产深度融合，形成完整的安全监控体系。

二是依托科技创新助力安全生产。完善创新大师工作室以及实操和教育基地建设，充分发挥"创新能手"示范带动作用，广泛动员职工进行团队技术专项攻关、小改小革、岗位创新等活动，驱动矿井安全高质量发展。

### 3. 抓好"环"，创建本质安全环境

一是生产系统安全环境。深入开展安全风险辨识评估工作，针对辨识出水灾、火灾、顶板、煤尘四类18项重大风险，制订管控措施，分级负责，逐级落实管控责任。

二是生产现场安全环境。加强高风险作业管理，制订了《高风险作业管理制度》，梳理高风险作业清单150项，根据工作性质、风险等级落实分管领导、业务科室、区队管理人员现场盯防责任；针对典型事故案例、新设备、新工艺、新技术等开展专项危险源辨识评估工作，指导作业规程和安全技术措施制订，保障现场的安全生产。

### 4. 抓好"管"，提升安全管理水平

一是加强安全风险分级管控。常态化开展危险源辨识和风险评估，每月分析安全风险管控情况，及时补充完善风险管控措施。

二是突出高风险作业管控。严格落实作业许可、审批、现场监管等规定，充分利用管理系统、视频监控等手段，提高安全生产防控能力。

三是深化隐患排查治理。定期开展专项整治、生产系统诊断等活动，消除各类安全隐患。

四是加强承包商安全管理。落实"无差别、一体化"管理要求，严格审核资质、规范签订安全协议，明确安全生产管理职责，持续提升安全管理水平。

## （二）实施健康工程，保障员工身心健康

人民健康是民族昌盛和国家富强的重要标志。锦界煤矿把健康理念融入矿井管理运行全过程，全面启动健康企业创建工程，通过强化职业病防治、环境改善、健康服务，提升健康管理和服务水平，打造企业健康文化，切实保障职工身心健康，促进企业健康可持续发展。

### 1. 强化职业病防治

一是加强职业病防治宣传教育。积极开展《职业病防治法》宣传周活动，充分利用公告栏、新媒体等普及职业病防治法和预防知识；开展"职业健康达人"评选活动，全面提升员工职业病防治意识。

二是加强职业病危害源头治理。以防治粉尘、噪声、有害气体为重点，严格落实建设项目职业卫生"三同时"、职业病危害因素检测评价、劳动者职业健康监护和培训等制度；完善职业病防护设施和员工个体防护，改善工作场所作业环境。

三是加强职业健康检查。按照"早预防、早发现、早治疗"的原则，每年按规定组织职业健康检查，对已确诊职业病、职业禁忌症等人员及时给予复查、诊断、治疗或调离岗位等措施，定期组织职业病人员参加康复治疗，切实保障员工健康权益。

### 2. 改善工作生活环境

一是改善工作环境。推进智能矿山建设，成功应用自动化割煤、连掘胶带机集中远程控制系统、水泵房、变电所、主运胶带机无人值守等技术，逐步实现"智能化、少人化、无人化"生产，降低员工劳动强度、提高健康保障水平。

二是改善生活环境。开展道路硬化、厂区绿化改造工程，打造了春有鲜花、夏有绿荫、秋有硕果、冬有常青的工作生活环境；实施职工食堂和公寓修缮改造工程，改善员工就餐环境和住宿条件，提升员工满意度。

### 3. 提升员工健康服务

一是注重身心健康服务。设立健康驿站，配置血压计、身高体重仪等健康检测仪器，开展"全员知晓血压"、现场义诊、健康科普等活动，便于员工及时了解身

体健康情况；设立健康理疗室，针对井下淋水大，部分员工身体湿气重，开展送健康活动，为员工提供祛湿理疗服务；设立心理健康辅导室，开展心理健康培训、评估、咨询等活动，有效消除职工紧张、焦虑等心理难题，筑牢职工"心灵防护墙"。

二是倡导健康生活方式。通过编制健康知识手册，创立健康文化长廊，打造线上健康服务平台，宣传健康知识，推送健康资讯，倡导员工健康生活；完善文娱设施，修建文体中心，配置篮球、羽毛球、乒乓球、健身等场所，满足员工日常活动需求；开展"控烟限酒"行动，营造健康文明生活氛围，维护员工身体健康。

## （三）实施幸福工程，提升员工幸福指数

"让员工共享企业发展成果、提升员工幸福指数"是企业的责任担当。锦界煤矿常态化推进"我为群众办实事"主题实践活动，切实解决员工的操心事、烦心事、揪心事。

### 1. 开展惠民服务

修建带家公寓，装修单身宿舍，改善员工及家属居住环境；修建行人天桥，保障员工出行安全；建设一体化矿灯房、候车室及智能检身房，让员工在入井候车时免受"风吹日晒雨打"的煎熬；增设厂区车位及停车棚，解决员工停车难问题。

### 2. 强化便民服务

在厂区内设立便民理发室、洗衣房、洗车房、快递柜、超市等场所，方便员工日常生活；根据员工家庭分布情况，开设锦界到榆林和神木通勤车，方便员工日常乘车；实行"一站式"服务，按照业务审批、生活后勤、费用结算等项目，制订"一站式"服务流程图，简化员工办事流程，提高办事效率。

### 3. 落实亲民举措

关注员工，打造"工友友好型"党支部，全面了解掌握员工工作、家庭、心理等状况，积极开展走访慰问活动；关心员工，定期开展困难员工慰问、金秋助学等帮扶活动；关爱员工，开展七月七"把爱带回家"活动，开设员工子女兴趣培训班，开展六一儿童节亲子活动等；关怀员工，做实做细节日、生日、冬送温暖、夏

送清凉等慰问活动。

### （四）实施人才工程，助力员工成长成才

人才是企业发展的第一动力，锦界煤矿始终坚持"以人为本、以才兴企、德才兼备、人尽其才"的用人理念，通过"三学一练"即：学理论、学业务、学技能、练体魄，不断增强员工综合素质和能力水平。

#### 1. 学理论铸信仰，提高政治能力

深入学习贯彻习近平新时代中国特色社会主义思想，用党的创新理论教育员工；持续开展党史学习教育、"青年大学习"等活动，采用线上学、现场学、活动学等方式，强化员工理论武装；开展革命传统和爱国主义教育，组织员工到周边爱国主义教育基地学习，教育引导广大员工坚定"永远跟党走"的信念。

#### 2. 学业务促提升，提高业务水平

加强业务培训。优化培训内容，更新培训手段，强化培训效果，制订员工培训方案，注重培训实效，做到学考结合，实现培训业务全覆盖、培训人员全覆盖、培训考核全覆盖。

加强知识积累。开展"每日一学"活动，及时发布安全法规知识、典型事故案例等实际需要的学习内容，并对每天学习情况进行抽查；有效利用员工业余时间，依托神东职工书屋、"樊登读书""得到"等读书App，开展读书活动，增强职工理论素养，树立勤学善思新风。

#### 3. 学技能长本领，提高综合能力

深入实施人才强企战略，采取扎实有效措施，着力培养员工"能说、会写、善干"的核心素能，带动员工全面提升综合能力。

提高"能说"能力。坚持开展员工上讲台、专题演讲比赛等活动，分类培养党建、团青、志愿服务宣讲团。

提高"会写"能力。开展读书、听书、征文等活动，鼓励员工"多看、多听、多写"，同时开展各类写作专题培训，提高员工写作能力。

提高"善干"能力。组织生产实操培训，针对不同岗位、工种的青年员工，由技术人员进行一对一指导；强化岗位练兵，定期开展职工职业技能大赛，营造"比、学、赶、帮、超"的良好氛围，培养岗位能手。

**4. 练体魄强意志，提高身体素质**

成立各类文体协会，常态化开展徒步行、体育比赛等文体活动，引导员工加强体育锻炼，增强身体素质；加强地企联动，鼓励员工加入地方民兵队伍，联合武装部开展军事训练，文明其精神，野蛮其体魄。

# 三、取得成效

## （一）提升了员工安全感，实现"身有所托"

通过打造安全、健康工程，矿井安全生产形势稳定，员工身心健康得到保障。锦界煤矿先后获得特级安全高效矿井、安全生产标准化一级煤矿，职业健康示范企业等荣誉称号。

## （二）提升了员工幸福感，实现"情有所寄"

通过打造幸福工程，修建带家公寓、行人天桥、文体中心，设立便民理发室、洗衣、洗车房，帮助40余名困难员工走出困境，切实为广大员工办实事、解难事，全力提升了员工幸福指数，增强了员工对企业的归属感。

## （三）提升了员工获得感，实现"业有所兴"

通过打造人才工程，近年来，锦界煤矿有4人在全国煤炭行业职工职业技能示范赛中获奖，7人获得陕西省技术能手称号，20余人在地方及两级公司职工职业技能大赛中获奖，8名新入企大学生走上管理岗位，为矿井高质量发展提供了人才保障。

撰写人：马鑫　指导人：李永勤

# 立足"开拓之大者"
# 以"文化+"筑牢软实力

图为开拓准备中心"安全好、质量好、形象好、效益好"四好文化部分内容

图片来源：国能神东煤炭开拓准备中心

# 一、背景介绍

国能神东煤炭开拓准备中心（以下简称"中心"）成立于2010年，是神东下属专业化服务单位，相较于其他生产单位，中心作业区队多、生产跨度大、业务转型快且多为急难险重任务，高风险作业多，安全管控难度大。为此中心以建设"安全好、质量好、形象好、效益好"的"四好"专业化队伍为目标，以开拓生存、发展、引领为立足之本，开辟了颇具开拓特色的"四好"文化子体系。在文化建设践行过程中，中心始终把保护员工生命健康，保证现场安全生产作为开拓生存之大者，始终把文化引领安全生产经营党建全面提升作为开拓发展之大者，始终把持续提高工程质量作为神东各矿井提供优质专业化服务作为开拓领跑之大者，极大地促进了各项业务整体提升，推动了中心高质量发展。

2019年神东创领文化"双维度"践行模式发布，为中心文化建设再添有力理论保障。在此基础上，中心积极推进文化建设工作，积极开展了"文化+"建设，统筹推进"文化+党建""文化+安全"，最终构建了"党建+文化+安全"三位一体融合模式，持续注入新的文化元素，提升"四好"文化品牌价值，发挥了文化的引领作用，为中心实现"内强素质、外树形象"全新企业文化建设目标做出重要贡献。

# 二、主要做法

## （一）夯实"文化+党建"基础，为中心高质量发展提供"软"保障

### 1. 支部"三双"建设，促进党建与文化互融互促

为充分发挥支部战斗堡垒作用，进一步提高党的先进性、纯洁性和执政能力，中心在"1234"党建模式运行的过程中，坚持把基层党组织建设与文化建设高度统一，充分发挥党建引领作用和文化"软"优势，狠抓"三双"建设。

狠抓"双同步"建设。中心坚持每月安全生产例会与政工例会同步召开，并在月度安全生产政工例会的基础上，增加了月中例会，着重对上半月工作进行总结和对下半月重点工作安排部署，弥补了集中例会要一个月开一次的空档期。此外，中

心积极树立"抓党建从生产出发，抓生产从党建入手"理念，正确处理抓党建与抓生产的关系，将思想政治工作和中心工作同研究、同部署、同检查、同考核，有效发挥了党建引领作用，也极大促进了党建与安全生产经营等工作的融合促进。

狠抓"双健全"建设。一是健全组织体系。现中心党委下设38个党支部，分散在公司各个矿井，为实现企业发展到哪里，党的组织就覆盖到哪里，思想政治工作就开展到哪里，中心严格按照公司党委要求，严格把关换届程序，健全组织机构。二是健全领导班子。在换届过程中，按照区队长、支部书记党政一肩挑的原则优配人员，并设专职副书记，协助完成日常党建工作。

狠抓"双沟通"建设。让"四种形态""红红脸""出出汗"成为常态，充分利用批评和自我批评武器，找差距、补短板，不断自我净化、自我完善、自我革新、自我提高；制订组织生活会召开程序模板，指导各基层支部认真做好年度专题组织生活会和民主评议党员工作，让每位党员切身感受到了党内政治生活的政治性、时代性、原则性、战斗性。此外，为加强中心领导与基层支部多渠道交流沟通，通过领导班子赴基层调研会、内网意见征求飘窗、主任信箱、匿名问卷、设置意见箱、谈心谈话、电话、电子邮件等7种方式征集个人和班子存在问题，以及基层员工的意见和建议，畅通党群交流、意见反馈渠道。

### 2. 新媒体助力，"党的建设+文化建设"齐头并进

构建教育培训考试系统。针对开拓队伍多，人员少，分散广，跨度大，不易集中的特点，给党员教育和员工业务能力提升培训带来的困难，中心开发了一套跨平台（PC+移动）、跨区域、跨网络的教育培训考试系统。该平台具有教考结合、题型多样、考试形式灵活等特点，并且可以实现自动判卷、区队排名及个人排名等功能，还可宣传中心党委党建工作新进展，服务党员干部教育管理，不断提升党建工作信息化水平。该系统现已稳定运行，可以承担多项常态化工作。通过构建"互联网+党建"模式，促进党建与企业文化的形象融合，得到员工一致好评。

开设"图书开拓"微信服务号。2017年年底，"图说开拓"微信服务号上线，开设了"党建超市""党员模范"等多个专栏。近几年随着业务需求和群众建议，在充分考虑可行性和实用程度后又增设了"企业文化建设""党员示范岗""党报天天读"

等多个子专栏。该服务号能够双向互动，党员群众和家属可以随时发表意见和表达诉求并得到及时回复。

开通短视频平台。利用目前流量较大的快手、抖音短视频App，充分发挥短视频App时间短、内容丰富、受众广泛、传播性强等优势，建立开拓准备中心宣传窗口，将春节祝福视频、文化宣传视频等在App平台发布进行广泛宣传，不仅提升了文化传播力度，还大大提高了知名度，对开拓特色子文化建设发挥积极作用。

## （二）打好"文化+安全"组合拳，中心安全管控水平显著提升

### 1.强化理念文化传播

中心坚持底线思维，始终绷紧绷牢安全生产这根弦，坚持从安全文化的层面提升安全管理水平，树牢"管生产必须管安全、管业务必须管安全"的思想，加大对安全理念的宣传和执行力度。一是适时更新在厂区、办公楼等安全理念宣传牌板，并适当增设自动售卖机、办公楼大屏等宣传地点，以小视频的方式加大宣传力度，让安全理念以全新的形式深入人心；二是党委办及企业文化小组成员，在跟班、入井时，对井下员工就两级公司文化理念等内容进行突击抽查问询，并形成反馈机制，督促基层员工深入学习、了解安全理念、安全文化；三是在井下设立独立的企业文化牌板，并设立在交接班地点醒目位置，通过长期的宣传、熏陶，起到潜移默化的学习作用；四是大力开展安全文化知识竞赛，采用比赛打分竞技的形式，让员工进一步学习安全理念、安全文化知识。

### 2.完善制度文化建设

中心本着"重点在现场、关键在管理、要害在细节"的管理方针，建立了高风险作业和重大风险管控"两个清单"的闭环管控机制，制订下发了《开拓准备中心特种作业、危重工序管理制度》《跟班、带班队长考核管理制度》等制度。

2021年以来，针对施工现场点多、面广、战线长、变化快等特点，一是进一步完善标准作业流程，建立施工预案，实现随用随取；二是对临时性、突发性、非计划性工程，作业前必须进行安全风险评估，完善安全技术措施，实现作业现场风险分级管控，即一级风险由中心领导盯防，二级风险由机关部门盯防，三级风险由

区队长盯防；三是常态化开展班前安全风险再评估、作业前安全措施再落实，做到了危险源辨识到位、风险评估全面、措施跟进及时、现场管控有力；四是严格执行"红线"管理制度，加大责任追究，推进"有规可依、有规必依、执规必严、违规必究"落实落地。

### 3.促进行为文化养成

通过建立修订员工行为规范、岗位标准作业流程、不安全行为处罚标准等行为约束措施，引导员工提倡什么，杜绝什么。为确保各项措施技术上可行、执行上有力、安全上可靠，对员工近期作业过程中涉及的重点工作、重点环节、重点工序、重点场所、重点岗位、重点时段"六个"重点进行全面梳理，真正做到通过约束员工行为规范，构建良好行为文化。

在此基础上，为了大力弘扬劳模精神和先进精神，中心积极开展劳模宣讲、先进工作者座谈会等"学先进、赶先进"活动，积极宣扬劳模、先进事迹，充分发挥劳模带头作用，激励广大员工提升自身品行修养和业务素质，促进岗位争先建功。

### 4.优化物质文化环境

一是通过优化厂区办公环境以及井下工作环境，为员工营造轻松和谐的工作氛围，激发其工作积极性和创造力，提高工作效率；二是积极为员工谋福利，在重要传统节日以及关键时间节点，开展"新春祝福、夏冬清凉、金秋助学、冬送温暖"等主题文化实践活动，为员工送祝福的同时发放实用物品；三是在生产组织过程中，大力推进新工艺、新技术、新设备的使用，不断提升中心队伍专业化服务水平，树立中心品牌形象，提升专业化服务知名度、信誉度和好评度；四是为确保劳保用品发放及时到位，发放数量满足员工使用需求，利用跟班入井深入井下一线向员工了解劳保使用情况，将存在问题及时反馈、解决。

## （三）熔铸"党建＋文化＋安全"三位一体模式，全面强化基层支部管理能力

中心承担多项神东下达且挂牌督办急难险重任务，如综掘八队施工的布尔台矿2#副斜井工程进入二段掘进后，存在软岩复合顶板、独头巷长距离通风、大坡度

长距离运输三项重大危险源，在实际工作中时刻面临着通风困难、地质条件复杂、工作时间长、支护任务繁重、安全管理压力大的重重困难。综掘八队按照"党建引领、责任落实、机制创新、融合发展"工作思路研究各项工作的安排部署，党员干部带头冲锋，攻克三项急难险重任务。在明晰工作思路后，针对现场可能存在的问题，制订专项应急预案和现场处置措施，现场安全水平有效提升。

在中心党委的正确领导下，综掘八队逐步形成了集"党建引领、意识形态、组织建设、创新争优"四方面重点措施于一体的"党建+文化+安全"三位一体运行模式。一是将"党务工作、党支部建设、安全专业管理"三方面内容纳入支委会重点研究内容；二是充分利用班组建设，发现工作中的薄弱环节重点剖析；三是设置队内奖惩机制提高党员群众学习积极性；四是大力开展主题党日和安全文化活动，增强员工业务能力和保安意识；五是进一步明确分工，细化到具体工作，安全责任再压实。

"党建+文化+安全"三位一体模式的成功推行，使基层支部的战斗堡垒作用有效发挥，为圆满完成布尔台煤矿新建副斜井掘进工程任务提供了根本遵循。

## 三、取得成效

近年来，中心在建设"四好"文化的基础上，进一步将企业文化建设目标和党建工作目标有机统一，将企业文化工作与安全工作有机融合，最终形成"党建+文化+安全"三位一体管理模式，有效促进了三方面工作的持续提升。

### （一）党支部和党员作用得到充分发挥

通过选优配强基层组织班子，班子成员分工科学明确，党员和职工群众对新一届班子的认同度得到进一步提高，党支部的战斗堡垒作用明显加强；以中心党委"抓两头促中间"为工作思路，开展的季度达标考核和年度评定考核，以及支部每月评比"党员示范岗"活动，大大激发了广大党员争先创优、干事创业、岗位建功的热情。

## （二）员工安全意识显著提高

通过事故案例、安全文化的宣传贯彻，从思想认识上提高了全体员工安全工作的责任感和使命感，充分认识到安全生产的重要性、艰巨性和复杂性，帮助员工牢固树立了"不安全不生产"的理念，实现了连续两年员工不安全行为人次同比降低10%，连续6600多天无重伤人身事故，并在2021获得国家能源集团颁发的"安全生产十周年以上井工单位"，中心安全管理水平显著提升。

## （三）员工精神面貌焕然一新

企业文化建设过程中，中心三位一体管理模式的宣贯推广及应用促进了员工对企业文化活动的认知和理解，员工的精神面貌、干部的精神面貌、企业的精神面貌都发生了明显的改变，队伍素质普遍提高，并随着媒体的报道和服务矿井的宣传，社会好评度不断提升，员工文化自信进一步彰显。

撰写人：赵甫　指导人：牛啸天

# 探索"1+5+N"文化践行模式
# 塑造"神东维修"品牌

图为维修二厂四部员工正在组装链条

图片来源：国能神东煤炭设备维修中心

# 一、背景介绍

国能神东煤炭设备维修中心（以下简称"维修中心"）作为神东专业化服务单位，承担公司所属矿井各类综连采等大型设备的大项维修、小型机电设备维修、机械设备及零部件加工等，设备种类多、检修数量大。为此，如何将企业文化与中心工作有机融合、相互促进，用文化激活生产力，增强凝聚力、执行力，进一步提升软实力和硬实力，助推中心高质量发展，成为维修中心企业文化建设工作的一项重要课题。

对于维修中心而言，安全和质量是两条生命线。其中，安全是基础，质量是核心竞争力，创新是推动质量的前提，廉洁是中心高质量发展的必然要求和体现。安全、质量、创新、廉洁在中心发展中缺一不可、相辅相成、相互促进，为此，中心结合实际情况，在"专心、专注、专业"的"三专"维修子文化的基础上，积极探索企业文化建设"1+5+N"模式，打造技术硬、能力强，有创新力、有活力、有文化底蕴的维修队伍。

# 二、主要做法

"1+5+N"文化践行模式包括"1"即"专心、专注、专业"的"三专"维修子文化，"5"即形成"安全、质量、创新、人才、廉洁"五个专项文化，"N"即独具特色的铁艺文化、读书文化等系列特色载体。

## （一）厚植1个"三专"维修子文化

近几年，维修中心在集团、神东两级公司的企业文化引领下，从实践中探索出一条自主化维修加工制造的创新之路，积累了丰富的维修经验。在此过程中，形成了以"专心、专注、专业"为核心的维修子文化，即中心广大员工坚持专心、保持专注、铸就专业，耐心、执着追求维修工作的精细化，用实际行动践行"工匠精神"。

同时，在"三专"文化的指引下，维修中心以安全、质量、创新、廉洁为重要元素，大力提升维修质量，提高专业化服务水平、员工技能和创造力，为打造"神东维修"品牌奠定坚实的文化基础。

## （二）培育5个专项文化

### 1. 打造"不安全不生产"的安全文化

安全生产是一切工作的基础。多年来，维修中心牢固树立以人为本、安全就是效益的理念，以"不安全不生产"为原则，抓实"规定动作"，创新"自选动作"，大力培育安全文化，将安全基因牢牢注入企业文化中，潜移默化影响员工安全意识与行为，为中心高质量发展提供坚实的安全保障。

一是安全管理多元化。充分发挥党政工团各级组织的作用，调动广大党员开展"党员安全责任联保""党员身边无事故"等活动，工会和共青团组织开展群安员和青岗员抓安全、反"三违"、查隐患活动，形成党政工团齐抓共管，干部职工全员参与，家属群众群防群治的网络化管理模式。同时，深入推进班组建设，积极开展创建"无不安全行为班组"活动，筑牢安全生产防线，加强班组管理与考核，切实抓好班组长选拔、培训、任用、履职考核工作，抓住兵头将尾，全面促进班组安全建设和员工安全素质不断提高，形成安全生产的整体合力。

二是安全教育生动化。通过拍摄标准作业流程视频、制作安全动漫视频，组织安全漫画展、安全辩论赛、安全知识竞赛和班前宣誓等形式，开展丰富多样的安全教育。2021年中心举办的建党100周年"安康杯"安全生产漫画展，近百幅安全生产漫画生动地将安全心得、安全想法、安全经验形象地展示出来，帮助员工提高"消除事故隐患，筑牢安全防线"的意识。

三是安全管理亲情化。开展行为规范、行为示范、行为纠偏等"行为塑造"活动，克服以查代管的不合理现象，以培训学习和文化引领推动员工自主安全管理意识形成。此外，通过组织安全寄语、安全家书和亲情短信等活动，在家属和职工之间建立一条亲情化的安全纽带，以亲情的融入，促使安全管理变成员工的一种自觉行为。

四是安全氛围视觉化。在各厂、车间设安全专栏、张贴安全画报、悬挂安全标语横幅，通过LED屏循环播放安全标语等形式，让安全理念随处可见，营造浓厚的安全文化氛围，潜移默化员工行为。

## 2. 打造"修旧如新"的质量文化

企业文化与质量工作具有相互渗透性。维修中心积极响应公司高质量发展号召，高度重视维修质量提升工作，树立"修旧如新"理念，不断提升全员质量意识，积极探索新思路新方法，制订质量提升行动计划，下大力气做好质量管控工作。

一是增强质量意识。质量文化的真正接收者和贯彻者是中心的全体员工。维修中心要求各级领导和管理人员主动抓质量工作，切实把质量工作像安全工作一样来抓。车间内部充分发挥质量经理、质检人员及技术人员的作用，经常性对照质量问题加以研究改进和控制，消除质量隐患，持续提升维修质量。同时，将质量控制关键点纳入每日班前会，真正让质量管控意识进机关、进车间、进班组、进一线，入脑入心。

二是补充完善标准。进一步补充完善检修标准，细化设备拆解标准，采煤机、支架、掘锚机、连采机、刮板机等重要综连采设备入厂后按照标准进行拆解，并根据拆解检测结果和大修相关标准确定修理方案，确保设备大项修质量，努力做到"修旧如新"。中心组织各车间拍摄标准作业流程视频，在采煤机、支架、连采设备、"三机"等设备维修现场循环播放，确保安全生产标准作业流程执行到位，强化员工标准作业意识。

三是发挥QC小组实效。根据重点难点质量问题，大力组织开展QC活动，运用QC小组活动的方式和创新思维解决现场生产中存在的实际问题，在质量发展的道路上精益求精，不断降低设备维修故障率，打造优等质量品牌。2020年，中心"超越"QC小组参赛的课题《降低掘锚机液控单向阀出厂故障率》喜获第45届国际质量管理小组发表赛最高铂金奖，质量管理工作的行业影响力稳步提升。

四是引入客户评价。中心通过开展质量调查分析，及时跟踪解决矿方反馈的问题，加强与矿方相关人员协调沟通，提升"不遗余力为矿方服务"的思想意识和责任感。安排大修车间技术人员主动到公司矿井单位，通过面谈或发放调查问卷的方式，了解连采机、掘锚机、"三机"等各机型设备检修存在的质量问题，采取有针对性的改进措施，从而提高矿方满意度，为打造"神东维修"品牌赢得好口碑。

## 3. 打造"从被动到主动"的创新文化

创新涉及中心工作的每个环节，与每一位职工息息相关，只有把创新意识注入员工思想，在中心形成倡导创新、鼓励小改小革的氛围，才能有效激发员工源源不断的创新思维、创新智慧和创新活力，才能实现企业的创新目标。2021年开始，维修中心围绕高质量发展主题，自我加压，自我革新，促进员工的创新意识由被动向主动转变。

一是升级创新奖励力度。维修中心不断激发员工创新意识，保障创新环境。2022年以来，维修中心把每半年征集评选一次优秀"群众创新创效"成果、论文、专利改为每季度征集一次，且加大奖励力度，极大地激发了员工创新创效积极性。

二是建好创新小阵地。维修中心目前有电、钳、焊三个青年工匠创新工作室，以开展理论创新、管理创新、方法创新和科技创新作为主要任务，将先进管理经验、方法和成果转化为实际应用的措施。三个工作室除了日常培训外，定期收集车间反馈的技术难题，并在设备维修和井下业务出现问题时，召开工作室成员座谈交流会，寻求最佳解决方案，共同攻克技术难题。同时，成立两个星火志愿神东青年工匠网络工作室，线上沟通交流钳工、电工难点，分享相关知识，激励广大员工积极创新，形成浓厚创新创效氛围。

三是推进智能化建设。维修中心不断探索如何发挥技术创新作用，从自动化和信息化两方面入手，分析中心自动化现状，部署了自动化重点工作，并对部分具体工艺制订了智能化解决方案。主要以提高设备检修能力为目标，以自动化项目为抓手，从设备的喷漆、除锈、涂装、组装、焊接等各环节探索自动化、智能化的实现手段，维修智能化建设全速推进。目前维修一厂智能化多用炉热处理生产线、维修二厂一部锚索托盘流水线、维修三厂焊接机器人等智能装备和自动化流水线已投入使用，维修工作正在不断迈向智慧化。

### 4. 打造"厚德为先，人尽其才"的人才文化

人才是企业发展第一资源。维修中心坚持党管人才原则，贯彻人才强企战略，坚持德才兼备，以德为先的选人用人导向，畅通员工职业发展通道，统筹推进管理、技术、技能三支人才队伍建设，着力打造维修行业人才高地，为建设一流矿井设备维修制造基地提供坚强的人才保障。

维修中心建立了员工培养实训基地，建成了国家级焊工技能大师工作室，建成

了煤炭行业技能大师工作室、煤炭行业焊工技能大师工作室，建成了以王永成聚能创效、王飞青年工匠、李建明创新创工作室。培养了一支以顾秀花、刘战英、暴红星为代表的精干高效、勇于创新、适应变革的技能人才队伍。斩获国家级、行业级、省部级、地市级等技能类大奖160项。

### 5. 打造"崇廉尚洁"的廉洁文化

廉洁在企业文化中有着不可替代的重要作用，维修中心促进企业文化和廉洁文化有机结合，共同作用，以健康向上的廉洁文化保障中心的高质量发展，为中心营造良好的崇廉尚廉氛围。

一是营造廉洁文化氛围。维修中心通过"一栏两端三进入"营造廉洁文化氛围，"一栏"即各车间开设廉洁文化宣传栏，对廉洁知识进行宣贯；"两端"即在中心内网和微信公众号，推送节前提醒、违法违纪通报等内容；"三进入"即廉政教育进党委理论学习中心组、进支部"三会一课"、进班前会。

二是强化廉洁教育。将廉政教育纳入中心全年培训计划，大力开展廉政警示教育，邀请内外部专家进行廉政专题讲座，通过典型案例分析，对广大党员领导干部起到警示作用。依托周边党风廉政教育基地，通过参观学习、观看警示教育片等方式，筑牢拒腐防变思想道德防线，形成良好的精神风貌。

## （三）搭建"N"个文化载体

维修中心立足文化落地践行职责定位，在文化建设助力公司高质量发展上主动作为，不断探索和创新文化实践路径，创新载体、丰富内容，形成了丰富多彩的文化载体。

### 1. 变废为宝，铁艺文化独具特色

各车间在维修过程中会产生大量废料、边角料，车间员工便巧动脑、妙设计，将废旧料制作成精美、富有内涵的铁艺作品，既提高了员工双增双节意识，又提升了员工创造能力。同时，中心还建立铁艺作品台账，组织"匠心杯"最美铁艺作品评选，进一步传承中心铁艺文化，打造中心特色文化品牌。在2021年，为庆祝中国共产党成立100周年，员工结合主题，变废为宝，创作了20余件红色铁艺作品。

### 2. 线上线下，让阅读成为习惯

依托"深柳读书堂"读书活动，打造书香维修中心。"深柳读书堂"以"线上＋线下"形式开展，线上，每月由领读老师带领成员共读一本好书，全体成员在小程序上打卡分享每日读书心得体会；线下，每季度邀请领读老师在各厂、各车间开展一本或多本书的共读活动，一起交流阅读心得。领读老师来自公司内、外部读书爱好者，或爱读书、爱写作的名家，领读有历史类、人物传记类、业务类等多方面书籍。

### 3. 心灵之约，心理关爱传递温暖

为贯彻落实"健康企业"建设相关要求，关爱员工心灵成长，提升员工幸福力，维修中心积极开展员工心理健康管理工作，成立了"心灵之约工作室"，全面了解员工心理健康状况，开展心理咨询及心理健康讲座，组织各种形式的心理学知识宣传学习活动，及时为员工排解心理困惑及工作生活压力。同时把心理健康管理深入车间班组，将维修二厂四部巾帼班定为班组心理健康援助活动的试点班组，定期在班组内开展全员心理压力测试、全员集中培训、答疑分享会、针对性问题辅导、个体咨询、班前会学习应用等活动。中心还积极开展EAP（员工帮助计划）工作，探索EAP项目在企业的实际应用。

### 4. 维修之歌，唱响企业文化之音

维修中心结合工作实际，组织有专长的内部人员谱写了《神东维修人之歌》，曲调高昂奋进，铿锵有力，展现了维修人自信自强、勇于拼搏的精神风貌。在中心组织各类会议、活动、红歌比赛中，《神东维修人之歌》都是必选歌曲。维修中心努力用企业文化歌曲感染人、影响人、激励人，让维修精神感染每一位员工，让维修子文化凝聚每一位员工。

## 三、取得成效

### （一）"神东维修"品牌更亮

维修中心通过探索"1+5+N"文化践行模式，厚植"三专"维修子文化，积极培

育安全、质量、创新、人才、廉洁专项文化，让文化成为打造"神东维修"品牌的内生动力。据统计，2021年，维修中心支架检修同期多完成837台，设备大修质量问题得到有效控制，大修故障率同比下降25%，内部顾客满意度评价117.46分，同比提高2.2分。同时，发挥内部专业化服务单位作用，与三道沟煤矿、国能包头能源公司、国电建投察哈素煤矿等9家集团内部单位在设备维修、抢修、加工制造和设备升级改造方面开展业务合作，在维修品质、服务态度、专业素养等方面获得一致好评。2022年年初，由维修中心二厂三部负责大修的1-53和1-42套液压支架共计146台，在大柳塔煤矿活鸡兔井12下207工作面运行，为该工作面节省300多万元材料费，矿井反馈使用效果良好，被誉为"支架标杆"。

### （二）队伍创新能力更强

维修中心通过强化奖励机制、创新管理方式、积极发挥QC小组成效等一系列行之有效的举措，极大地激发了员工的创新意识。仅2021年，中心完成"群众创新创效"成果208项，通过审核的专利41项，发表论文68篇（核心期刊4篇），涌现出全国三八红旗手顾秀花、全国技术能手刘占英、国家级技能大师暴红星、全国煤炭行业技能大师王飞、中央企业技术能手纪晓鹏等100多名优秀技能人才，铸就了一支综合素质过硬、践行工匠精神、敢闯技术难关的创新型团队。

### （三）企业书香氛围更浓

通过深入推进学习型组织建设，大力营造"爱读书、读好书、善读书"浓厚氛围，并及时组织学习交流，让员工学有榜样，做有目标，进一步打造了书香维修中心、人文维修中心。2021年，中心共计开展了12期读书活动，做到了员工"月读一书"，累计831人参加，坚持全勤读书打卡人数469人，打卡人次达到4836次；完成了《维修中心系列图书》的设计和印刷，该套图书共四册，分别为《出彩维修人》《铁艺画册》《维修成果集锦》《维修人作品集锦》，全书约42万字。

撰写人：蔡亚　指导人：孙胜利　阮雯雯　李俊枫

# 以军魂淬炼精神
# 筑"煤海特种部队"

图为生产服务中心开展岗位技能大练兵活动现场

图片来源：国能神东煤炭生产服务中心

## 一、背景介绍

神东肩负着"能源供应压舱石，能源革命排头兵"的职责使命，深入贯彻落实国家能源集团"一个目标、三型五化、七个一流"发展战略，坚持以高质量发展为主题，以改革创新为动力，累计生产煤炭30多亿吨，采掘机械化率、原煤生产效率和直接工效都已达国内第一、世界领先水平。

国能神东煤炭生产服务中心（以下简称中心）是助力神东高质量发展组建的一支专业化服务队伍，主要承担着神东内部矿井和周边国家能源集团兄弟矿井综采工作面设备的安装与回撤，胶带机的安装与回撤，皮带硫化与连采设备搬家等任务，是保障神东正常生产接续的"先遣队"和"后卫师"。

生产服务中心从一个45人的安装队，发展到拥有2个基地、3个处、25个科队、1208人的强大专业化服务队伍。中心人才队伍由高校毕业生和复转军人组成，高校人才将专业理论知识融入实践，不断进行科技创新，多年来为中心在技术创新领域发展提供不竭源泉；复转军人为团队塑造出艰苦朴素、令行禁止、敢打硬仗的优良作风，锻造了一支听党指挥、能打胜仗、作风优良的煤海特种部队。

中心坚持制度塑形、文化铸魂，以"安全、优质、快速、低耗"为价值观，以强大的专业化服务力量为支撑，以"特别能战斗、特别能吃苦、特别能奉献、特别能创新"为精神动力，紧密围绕公司高质量发展的目标任务，迅速推动综采设备安装与回撤、胶带机安装与回撤等工作，成为神东最成功的十个专业化服务单位之一。

## 二、主要做法

中心不断探索专业化发展新路径，依托复转军人占比高、特种设备多和专业化服务强的优势，以专业精神、首创精神、亮剑精神、担当精神为特征，打造独具特色的"煤海特种部队"文化，逐步历练出一支"听党指挥、能打胜仗、作风优良"的队伍，助推神东2亿吨煤海巨轮破浪前行。

## （一）锻造铁军风骨，塑造中心人员的战斗精神

### 1. 发挥军人优势，打造品牌文化

中心人员队伍主要以大中专院校毕业生和复转军人组成，其中复转军人比例约占三分之一，尤其在三个特种车队，复转军人约占队内总人数的80%。复转军人在工作中以独立作战能力强、艰苦奋斗精神足、纪律作风比较硬、服从执行能力强、协作奉献精神好的优良品质，克服"点多、线长、面广、流动性大"的工作难点，形成了"特别能吃苦、特别能战斗、特别能奉献、特别能创新"的团队精神，打造出独具生产服务中心特色的"煤海特种部队"。中心大力倡导复转军人将敢于吃苦、敢打硬仗，服从指挥，战无不胜的优良传统和优良作风运用到安全生产中。中心在重点项目工程中都会安排复转军人驾驶第一台和最后一台特种车运输大重型设备，做到首尾兼顾；在运输超长和超大的设备时，主动安排两名心理素质好的复转军人配合运输，确保设备的运行安全；每年至少召开一次复转军人座谈会、慰问大龄复转军人和困难复转军人、开展复转军人素质能力提升训练；对安排新分大学生与复转军人签订"师带徒"协议，让新分大学生更好地学习传承弘扬复转军人的优良品质。

### 2. 优化考核机制，激发干事活力

中心坚持以"一领三创"考核为基础，推行单项工程考核机制，每一项工程对安全管理、材料消耗、风险评估、工程质量、成本控制等28项内容进行考核，并召开单项工程施工总结会，通报各项考核结果，总结经验，查找不足，保证施工质量。在员工工资分配上，中心实行全面定额量化管理，把每个工种的具体工作任务量化成标准分，每天根据工人的劳动技能、现场安全管理和完成任务情况对照标准进行打分，实现多劳多得的分配，极大地调动了员工的劳动积极性和主动性。

### 3. 注重服务质量，打造精品工程

中心把高品质服务作为中心使命。为了保证施工质量，在每次安装回撤任务中严格执行项目经理责任制，由一名中心领导担任项目经理，全面负责生产组织、安全管理和作业协调等工作，全程参与项目开工准备会到竣工总结会，使安全生产和

各项工作形成闭环管理，真正做到了精细化管理，现场安全管控取得显著成效。对于每个综采工作面安装都是在打造一次精品工程，不但按照标准化要求进行安装，还要割三刀煤的试验后，才能交给矿方，实现接收就可以投入生产，被服务矿井贴切地称为"领包入住"的交钥匙工程。

## （二）深化改革创新，激发高质量发展内生活力

### 1. 勇当技术创新排头兵，推进核心技术攻关

中心大力推动辅巷多通道回撤工艺、探索"锚索+钢带+多排垛架"联合支护方式、开发多掩护支架回撤工艺、创新带面更换工艺、研发不同型号的蓄电池式特种车、升级特种车辆故障自动检测系统和特种车辆数据存储上传系统等创新工作，坚定走"安全、高效、绿色、低碳、智能"高质量发展之路。制订下发《生产服务中心科技创新管理办法》，成立了以中心主任为组长、中心总工程师为常务副组长的科技创新领导小组，组织研发运用液压支架远程控制系统，应用于综采工作面的安装和回撤，让员工从复杂危险的劳动环境中解放出来；推动搬家倒面专用设备升级和工艺技术创新，提出"特种车辆+掏槽机、特种车辆+机械臂、特种车辆+专用工装"升级方案，减轻一线员工的劳动强度，实现机械化减人；成立项目攻关小组，及时解决在生产现场遇到的技术难题，缩短综采工作面安装时间，助力矿井顺利完成生产接续和增产保供任务。

### 2. 发扬劳模精神和工匠精神，鼓励群众创新创效

中心始终保持敢闯敢试、敢为人先的精神，弘扬劳模品格、传承工匠精神，激励员工刻苦钻研、爱岗敬业，形成人人参与创新创效的新风气。成立工匠工作室、青年创新工作室和"金点子"工作室、开展劳模大讲堂、每季度组织群众创新创效评比，教育引导员工不断打破固有模式和路径依赖。同时要求领导干部和基层管理者要善于发现创新、支持创新、鼓励创新，要勇于为创新担难、担责、担险、担重，真正支持创新，让创新意识在中心蔚然成风。

### 3. 锻造高素质专业人才队伍，激发员工学习热情

中心坚持"既要政治过硬，也要本领高强"的人才理念，以培养"高精尖"人才为目标，注重在生产一线和攻关项目中发现和培养人才，中心持续加大员工技能培训的投入，创建胶带机安装调试、发动机检修和综采电工等10个实操培训基地，制作动漫教学视频，每年组织20多个工种的技能大赛，激发员工学习热情，逐渐建立一支能担重任的高素质专业人才队伍。

## （三）强化市场意识，提升核心竞争力和价值创造力

### 1. 敢于亮剑，主动迎接外部市场考验

在煤炭行业黄金十年结束、经济进入新常态的严峻挑战面前，神东秉承"奉献清洁煤炭，引领绿色发展"的使命，提出"立得住、走出去、强后劲"工作要求。生产服务中心将艰苦奋斗刻在心中，将开拓务实扛在肩上，实施"走出去"战略，充分发挥自身专业化服务优势，积极与服务矿井沟通，主动接受外部市场经济的挑战，积极走出神东承接周边矿区兄弟单位的生产服务业务，短时间内为神东创造了良好的经济效益。为了树牢神东专业化服务的品牌形象，发挥好核心区一体化队伍和管理优势，提高特种装备使用效率，中心执行"五个统一"，即统一设备协调、统一矿务工程、统一服务标准、统一劳动定额、统一后勤管理，有序保障对外服务单位生产接续，在"走出去"完成任务的同时，展现了"煤海特种部队"的品牌形象。

### 2. 铸魂增效，释放行稳致远的精神动力

中心走出去，不仅仅是创收经济效益，更是迎接挑战，提升自我的机遇。一方面，走出去，客户的服务项目不一，设备型号，技术参数，有些是前所未见，需要"摸着石头过河"，探索经验。另一方面，走出去，服务对象就不再是神东内部矿井了，在与客户的沟通协调方面，要适应甲方的管理方式，用优质服务完成任务，赢得客户的满意，展现神东"煤海特种部队"的战斗实力。同时，中心运用"简道云"平台实现生产成本、人员组织和材料消耗等信息化管控，及时分析"走出去"过程中存在的问题，并有针对性地制订整改措施，在经受住外部市场环境考验的同

时为员工增加了收入。

### （四）胸怀"国之大者"，彰显央企责任与担当

#### 1. 党组织"共建＋消费"帮扶，创新产业振兴新模式

中心始终胸怀"国之大者"，秉承"推进产业扶贫、消费帮扶和因地制宜选择富民产业"的理念，申请精准扶贫款51万元筹建了五谷杂粮精细化加工厂和相关配套设施，申请了"伊金甄谷"商标，助力伊金霍洛旗札萨克镇道劳窑子村走上产业兴村的幸福之路。同时，积极响应"消费帮扶"的号召，累计投入79.2万元购买道劳窑村五谷杂粮细化加工厂生产的"伊金甄谷"等农副产品，切实扛起助推乡村振兴的政治责任和社会责任。

#### 2. 发挥突击队作用，奋战抢险救灾最前沿

为充分发挥复转军人在安全生产及应对急难险重任务中的突击队作用，中心成立了以复转军人为主力的"应急救援队"，弘扬革命军人服务人民的优良传统，发挥复转军人优良的身体素质、部队锤炼的过硬作风和掌握的专业技能，以及反应快、集结快、救助快的优势，参与到安全生产及各种应急救援、急难险重任务中。

为提升中心"应急救援队"成员的能力素质，根据复转军人在原部队掌握的专业技能情况，设置了不同的应急小组，并定期组织应急演练，检验队伍配备、工作机制、物资储备和小组协调的情况，增强突发事件应急反应能力。

中心"应急救援队"先后参与了"4·19"板定梁塔煤矿透水事故，6名被困矿工全部生还；参与了陕西省榆林市子洲、绥德"7·26"特大洪灾抢险救援工作，经过十四天连续奋战，赢得了绥德县36万人民和各级领导的认可，被当地人民亲切地称为"新时代的八路军"。

#### 3. 保障矿井生产再接续，打赢能源保供攻坚战

中心始终坚持党的领导、加强党的建设，积极践行"社会主义是干出来的"伟大号召，通过"一支部一品牌"创建、"四有四无四帮四带"党员主题实践活动和党建责任制考核等融合载体，促进党的建设与安全生产、经营管理和技术创新等中心

工作融合发展；成立党员突击队，发挥党组织战斗堡垒作用和党员先锋模范作用，有序保障了服务矿井的正常生产接续。

为助力打赢能源保供攻坚战，保障能源安全稳定供应，中心成立了大学生智能调试班组，发挥员工专业优势，缩短综采工作面安装调试时间。在完成哈拉沟煤矿22303-2综采工作面加面任务时，班组成员用仅13个小时，就完成了综采工作面加面设备的调试任务。

### （五）提升服务意识，打造有温度的"煤海特种部队"

#### 1.完善单位健康管理机制，保障员工身体健康

中心积极践行宗旨意识，以"创享共富美好生活"为目标，把为员工办实事、解难事作为工作出发点，把员工满不满意、答不答应作为检验工作的成效。中心投入10万元，建立生产服务中心员工健康档案室，及时掌握员工健康状况，先后对排查出的218名疑似心脑血管病人员、8名听力障碍人员、6名疑似尘肺患者进行了复查。建立"小小血压站"，配备了血压计，安排专人为上岗员工进行血压测量和登记，确保员工安全上岗。为全体员工购买了"家庭健康包"，配备血糖仪、温度计、急救包等医疗器械，把对员工的健康关怀延伸到家庭。

#### 2.健全关心帮扶机制，切实发挥"娘家人"作用

中心持续巩固"党史学习教育"成果，深化"我为群众办实事"，站稳人民立场，树立为民情怀，常态化开展新春送祝福、盛夏送清凉、金秋送助学、寒冬送温暖的"四送"服务，做到"安全、文化、健康、思想"到一线的"四到"关怀，持续打造有温度的"煤海特种部队"。持续开展"金秋助学"活动，累计发放金秋助学金超过45万元，共有120名考取本科大学的职工子女获得金秋助学金的资助；持续开展困难职工帮扶救助，建立了困难员工档案，每年春节期间走访慰问20余名困难职工，共计发放慰问金超34万元。同时，积极为职工申请大病救助金，把组织的关怀和温暖送到了员工家中，温暖员工的内心，提升员工的获得感和幸福感。

# 三、取得成效

## （一）凭借专业装备优势，推动安全生产高质量发展

截至目前，生产服务中心已经累计完成综采工作面951安871撤428支护、953部胶带机安装，搬运设备总重量1300万吨，安装更换皮带227.1万千米，能够绕地球57圈，安全生产超5000天，并以优质的专业化服务有序保障了神东高产高效矿井的生产接续，是神东两亿吨绿色智能矿区建设的重要支柱，连续3年荣获集团公司授予的"安全生产十周年以上井工单位"称号和公司安全先进单位称号。

## （二）以科技创新为动力，智能化搬家倒面技术充分升级

中心树立"专业化服务也可以出先进生产力"的思想，先后完成集团首个8米大采高工作面和世界首个8.8米工作面的安装回撤，完成国内首套等高工作面和纯水液压支架综采工作面的安装回撤，完成智能化采煤工作面和"矿鸿+"沿空留巷综采工作面安装回撤，在矿井综采工作面安装回撤领域掌握了核心技术。积极探索开发支架远程回撤技术，让员工从复杂危险的劳动环境中解放出来；开发车辆GPS定位管理，特种车辆人员接近报警系统，特种车辆故障自动检测系统，提升特种车辆驾驶智能化水平；深入研究探索特种车辆无人驾驶技术，推动搬家倒面行业向智能化发展。

## （三）面向市场"走出去"，充分发挥自身专业化服务优势

中心积极发挥核心区一体化队伍和管理优势，提高特殊装备使用效率，解决制约一体化核心区煤炭稳产的突出问题。在全力保障神东内部矿井正常生产接续的同时，积极对外承接搬家倒面业务，"走出去"创效益，圆满完成集团国电电力、国神公司、包头能源、榆林能源所属核心区煤矿的搬家倒面任务，助力国能内部兄弟单位增产创收超5.1亿元，树立神东专业化服务的品牌形象，敢于做推动神东从煤炭生产企业向煤炭生产运营服务型企业转变的"隐形冠军"。

## （四）提高政治站位，履行央企政治责任和社会责任

积极践行国家能源集团"为社会赋能，为经济助力"的企业宗旨，贯彻落实神东各项决策部署，在能源保供、乡村振兴和应急救援中彰显央企的责任与担当。在能源保供期间，通过科学组织生产，优化作业工序，提升工作效率，完成的66个安装工作面实际工期比原计划工期提前32天，14部带面更换计划工期比实际工期提前5天，按单面日均出煤5万吨计算，助力矿井增产185万吨，为打赢煤炭保供做出了积极贡献。中心先后荣获"鄂尔多斯市伊金霍洛旗2021年度企地合力助推消费帮扶突出贡献企业"荣誉称号；荣获救援一线党员集体"抗洪抢险党员突击队"光荣称号。

撰写人：王福虎　张飞　佟金浩　指导人：李文君

# 谱好培训"三部曲"
# 奏响人才培育新乐章

图为2022年新招聘大学生"薪水相传"宣讲活动现场

图片来源：国能神东煤炭新闻中心

# 一、背景介绍

我国煤炭工业经过几十年的发展取得了长足进步，新时期随着大数据、人工智能、工业物联网、云计算、智能装备等新技术的迅猛发展，煤炭行业需要适应经济社会发展新常态，积极应对新形势下的诸多挑战和不确定因素。新形势为煤炭产业的转型升级带来了战略机遇，新形势也对煤炭行业人才素质提出新要求。

国能神东煤炭教育培训中心（以下简称"中心"）是神东专职培训机构。教育培训中心始终秉持"严谨、创新、博学、卓越"的理念，以"努力建成行业领先的现代职业教育培训基地"为目标，年均办班350期，培训2.7万人次，为神东战略目标的实现提供了智力支撑和人才保障。

为了有效贯彻落实中央、集团、公司的人才培养精神，中心牢牢把握为企业全方位培养好人才这个重点任务，按照"三个维度、五位一体、四步创新"培训模式，着力建设"行业领先的现代职业教育培训基地"，在神东"稳健、协同、赋能、提质"发展进程中，最大程度地发挥"培训"价值和作用，助力神东人才展翅翱翔。

# 二、主要做法

## （一）三个维度培训体系，建设合理人才梯队

立足于提高培训的针对性和实效性，分层次、分岗位、分工种实施模块化精准培训。对接受训群体，以及他们所掌握的知识、技能程度设计不同的培训项目和课程。对接企业需求，针对不同层次的专业技术人员、管理人员、操作技能人员，开展精细化培训，建立了新入企员工、专业技术技能人才、管理干部"三个维度"的层级化员工教育培训体系。

### 1. 以"融入"为方向，帮助新入企大学生完成角色转换

通过走进企业、走进专业培训，让新员工融入公司文化、适应公司，对公司及岗位有初步了解。

通过入企后的培训学习、师带徒等方式，使新入企员工完成角色转换，积淀丰

富的专业知识，技能水平达到熟练程度。

通过大学生智能化创新工作室、智能化大学生采煤班、班组大讲堂、金牌班组长评比、神东工匠培养项目、井下特种作业取证培训、煤矿其他从业人员取证培训、地面从业人员取证培训、现场应急处置能力提升培训等形式，多方协同、共同培养，为神东打造一支一专多能的复合型人才队伍奠定基础，使其逐渐成长为班组长、技术员的后备人选。

### 2. 以"工匠"为目标，帮助员工实现个人价值

落实公司"双千"人才工程，着力培养高水平专业人才、高技能工匠人才。

实施青年工匠培养项目，形成学徒工、初级工、中级工、高级工、技师、高级技师、特级技师、首席师的八层阶梯式技能人才培养模式。

与煤炭工业协会合作开通煤炭行业技能师远程教育，为公司200余名技能师拓展学习渠道，丰富公司技能人才网络学习资源，极大提升了神东技能人才队伍综合素质。

紧跟神东需求，针对智能化矿山、碳达峰碳中和、煤炭科技创新等学科前沿技术，组织神东数字化转型及鸿蒙操作系统应用技术培训班，拓宽员工行业视野与前沿知识。

为技能人才搭建平台，成立创新工作室、技能大师工作室、劳模工作室，积极组织、参与行业技能大赛、技术比武等赛事，为广大技能人才提供了展示精湛技能的平台，让专业技术人才在神东广阔的事业天地中茁壮成长，展翅翱翔，向精英进阶。

### 3. 以"精英"为标杆，提升管理人员能力素质

落实公司"1121"优秀年轻干部培养工程，着力培养优秀管理干部人才队伍，按照处级、科队级、班组级、优秀青年人才四个层级进行针对性专项培训。培训通过培养高潜质基层管理干部，使其成长为神东中高层管理干部后备人才。

分层分类对助理级以上领导干部、科队级领导干部、班组长培养培训，多角度、全方位提升干部人才队伍素质。如开展了煤矿安全生产管理人员知识更新培训、企业文化建设能力提升培训、各层级管理人员履职能力提升培训、高级研修外出培训、国家能源集团优秀年轻干部培训、煤矿负责人履职能力提升培训班、集团

子分公司处级干部履职能力提升培训等一系列针对性培训。

副总工竞聘"赛马"揭榜、"相马"挂帅，为科队长畅通发展通道，同时不断补充优秀年轻干部到中高层干部队伍，带领神东在如火如荼的干事创业中"鹰击长空"般勇毅前行。

### （二）"五位一体"建设，夯实培训根基

#### 1.整合各单位资源，全面建设实训基地

整合神东二级单位的实训基地，并按地方监管部门要求高标准建设完善，建成"一点三矿五中心"的公司级实训基地，逐步实现"围绕中心，多点开花"的实操培训格局。

#### 2.紧跟智能化趋势，夯实培训硬件支持

陆续更新改造3间中心大型集中培训教室，装修科技大厦3间会议室以满足教学需求；扩建升级计算机教室，增加120个计算机工位；引进先进教学设施设备，购置教学电脑、智慧黑板、手机柜，开发教学质量测评系统、职称评审操作系统，不断提升学员培训体验。

#### 3.培养选聘相结合，建设"双师型"教师队伍

选聘基础素质好的内部兼职教师择优进入师资库，对教师实行优胜劣汰动态管理。为考核合格的内部讲师办理企业内部讲师培训合格证，评定分级，形成教师培养与选聘有机结合、良性互动的局面。打通"走出去、引进来"的外培通道，拓宽外部师资选聘渠道。推动业务精英、技术骨干向企业实训指导教师转型，培养符合神东特色的"双师型"教师队伍。

#### 4.立足企业职业教育，开发模块化培训教材

教材开发遵循企业职业教育发展规律，坚持以需求为导向，以助提培训质量、助推企业培养高素质技术技能人才为目标，围绕煤炭生产企业技术技能需求与特点，深挖细研短板缺项。对接中心"建设行业领先的现代职业教育培训基地"两步走规划，教材开发第一步是分批次逐步推进各工种教材开发，第二步是形成按工

种、按专业全面开发的模块化岗位培训教材体系，全面体现神东职业教育培训特色。

### 5. 以最终需求为导向，优化教学管理服务

教学管理以满足学员需求为原则，以促进教学计划落地见效为目的，将"严管厚爱"的教学管理理念融入班级管理，推行教学回访工作责任制，反向驱动内部工作方式改进；开展员工轮岗交流，补充新生力量到班主任队伍中；实行班主任标准岗全程跟班管理，加强教师"十不准十做到"规范与监督，提高教师的责任感和胜任力，促推教学质量提高，保证了近三年年均培训满意率超98%。

## （三）四个方向同步发力，不断寻求创新与突破

为了实现教育培训的高质量发展，中心刀刃向内展开自我革命，持续为神东高质量发展"续航"。

### 1. 紧跟趋势，勇于突破，创新课程设置

在课程设置前，摒弃过去按照经验的传统做法，通过向现场学习、向能源局培训大纲学习、向被培训群体学习，来提升课程设置的针对性。组建模块化岗位培训课程体系建设项目组，以岗位标准作业流程、安全操作规程、应急管理预案、设备检修与故障处理等为基础，构建完整的模块化课程体系，以适应不同专业、不同层次员工的培训需求。

### 2. 开放包容，兼容共享，创新培训方式

与全国煤炭远教网、技能大师教学平台、融智平台的深度合作，大力开发"神东培训在线"特色网络课程，作为传统培训方式的补充与丰富。网络课程建设上，注重各种课程类型及具体科目的组织、搭配，形成合理的关系与恰当的比例，进而构成有机的、完整的统一体。为保证课程内容的科学性、规范性、合法性和安全性，制订了网络课程管理办法。注重智能化赋新能，运用网络教育、视频直播等方式，用好互联网、大数据、人工智能等信息化手段，增加培训吸引力。

### 3. 丰富形式，检验成效，创新培训评估方式

通过简道云问卷调查、与参训学员开展非正式交谈，获取学员真实的反映；通

过随机交流、针对性访谈等方式收集参训学员的主观感受与评价；通过组织结业测试检验学习成效；通过针对性跟踪调研学员在接受培训后行为改变情况，评估培训的实效性。通过对以上数据的汇总、分析和整合，为制订培训计划、优化教学过程提供数据支撑。同时，加强对基层单位培训工作的日常检查督导，强化调查研究，改进培训检查方式，助力基层培训管理规范化、标准化水平提升。

### 4. 刀刃向内，强基固本，创新素质培养模式

根据业务能力需求和员工能力短板，"量身定制"培养计划，开展公文写作、PPT制作、简道云操作等内部培训项目，补齐员工能力短板；改变传统计划管理员、实训师、教学管理员的业务划分，实施从培训计划制订、课程设置到班级管理、资料整理归档、培训费用报销的"一条龙"工作模式；通过将业务相近的科室设置联合支部，选拔最优秀的科长担任支部的书记、副书记，形成合理的干部梯队；通过内部轮岗交流让员工多岗位历练，提升其综合素质，为人才展翅翱翔助一臂之力。

## 三、取得成效

### （一）培训分层分类，助力了人才持续成长

通过三个维度培训项目精准施培、五位一体培训根基夯实、四个方向创新驱动，教育培训中心人才培养初见成效。近三年，累计开展技能培训160余期，1.2万人（次）参训；安全培训800余期，4.6万人（次）；管理培训1.3万余人。开展网络培训班约70个，网络考试约800批次，累计访问量近80万人次，累计学习时长50万余小时。近三年，通过职业技能等级认定，为神东评价选拔出初级工约1300人、中级工约170人、高级工200余人人，技师、高级技师约800人，技能大师十余人。近三年，通过职称评审选拔出初级与中级职称2700余人人，副高级职称约330人，正高级职称20余人。通过持续培训培养、人才评价认定，神东全体员工的能力素质得到了全面的提升，煤炭行业人才高地成效初步显现。

## （二）激活团队活力，教学相长促提升

鸡蛋从外面打破是食物，从内部打破是生命。在精益求精提升培训质量过程中，如实训基地建设、培训硬件升级、"双师型"教师队伍建设、模块化培训教材开发、教学管理服务改进、网络教育等开创性工作，教育培训中心员工自我加压、自我锤炼，在职业道路上寻阶而上、逐步提升，实现了个人的历练与成长，实现了团队素质的突破性提高。

## （三）行稳致远，培训长效发展根基逐步强健

按照基层实训基地专业分工、实训设备、教学设施、交通住宿等特点，建设了9个神东级实训基地，建成煤矿特殊工作作业实操考核点11个，有效支撑职业教育发展目标；累计18本实训指导书、13本实操培训教材的编写，逐步形成工种齐全、专业务实的安全、技能培训教材体系。同时，内训师培养成效显著，神东国家级技能大师顾秀花、刘占英、李桐坡等内部讲师，入驻煤炭行业技能大师教学平台，作为首席教师参与线上授课，"双师型"教师队伍日渐壮大，持续贡献煤炭行业人才培养。

## （四）双赢共进，谱写高质量发展新乐章

在神东各单位和中心的共同努力下，目前，神东现有国务院政府特殊津贴专家、大国工匠等科技领军人才50余人，获"省级技术能手""五一劳动奖章"等荣誉人才50余人，聘任各级专业技师近2000人，各级技能师900余人。人才队伍建设水平的不断提升，为公司高质量发展提供了智力支撑。

撰写人：白俊芳　尚　婷　党志娟　指导人：李锋

# 两化一活动　助力打造
# 一流企业后勤服务

图为伊旗维修中心服务部职工食堂全体员工合影

图片来源：国能神东煤炭矿业服务公司

# 一、背景介绍

国能神东煤炭矿业服务公司作为神东后勤保障工作专业化管理单位之一，主要承担着神东矿区各矿井、生产辅助单位、职工宿舍公寓的后勤服务工作。服务内容包括：餐饮、洗衣、洗浴、公寓、楼宇保洁、环卫、绿化、净水供应、直饮水供应、复用水供应、浴水供应、污水处理、供暖、供热风、消防监控、电梯管理、维修、特种车辆、物资管理19项内容。其管理主要特点是点多、线长、面广，服务业务较为繁杂，员工队伍庞大，文化层次不一，职工队伍年龄结构差大，管理难度较大。

随着神东发展水平不断提高，员工、群众的生活质量逐步提升，品质化、个性化需求越来越强烈，对矿业服务公司的管理改进、服务提升提出了迫切要求。同样，后勤管理工作，也需要与时俱进，不断创新，为打造一流的企业提供一流的后勤保障服务。

针对神东创领文化践行的要求，矿业服务公司结合单位未来发展需求，自我加压，在管理中总结经验、梳理不足，结合实际需要，逐步实施了"两化一活动"后勤服务品牌打造工作，为神东发展提供了坚强的后勤保障。

# 二、主要做法

"两化一活动"即在不断深化开展"强纪律、改作风、树形象，创文明优质服务"主题活动的基础上，重点进行"食堂、公寓星级化，车间、场所标准化"的"两化"创建，以问题为导向，以创建为契机，以活动为抓手，以满意为目标，解决后勤员工履职尽责、服务意识、工作纪律、工作作风等方面存在的突出问题，形成常态化机制，"软硬"结合，通过主题实践与文化管理相结合，促进"创领"文化的践行落地。

## （一）以"两化"创建为依托，推进评星达标

打造精益化管理模式，进一步推进矿业服务公司标准化建设工作，切实履行好保障生产、服务生活、促进和谐的三项职能。

### 1. 提出"两化"创建目标，明确创建思路

以"两化"创建工作为载体，实施所属食堂的亮化改造，所辖场所标准化提升改造，着力提升场所标准化水平。同时，在各运行服务场所实施定置化管理，加强设施设备的标准化配置，实现服务场所硬件升级，亮化工作环境，有效改善员工工作条件的目的。

### 2. 出台"两化"评级办法，细化创建标准

"两化"创建包括食堂、公寓两项，从管理标准、技术标准、工作标准三个标准类别出发，设置基础设施及配置、人员管理制度、标识标牌及记录管理、班组管理、保洁及卫生管理、流程及定置管理、人性化服务、食品安全、否决指标等25大项120个检查项目，按照验收得分，将创建结果分为五星级至一星级五个级别。

车间场所标准化场所包括浴室、洗衣房、消防监控室、净水厂、污水厂、锅炉房、换热站七类。标准化场所分为三个等级，从一级到三级。

### 3. 开展"两化"创建工程，改善硬件条件

以"两化"创建为契机，解决神东后勤服务场所建成投入使用年限较长、基础设施陈旧落后，后勤管理智慧化、精细化、可视化水平低的问题。

一是打造智慧餐饮硬件、餐饮大数据透明化。通过收集食材采购、入库、出库、库存管理、加工制作、人员行为、后厨环境、能耗、菜品销售、健康饮食、外部评价、食品安全管控、食谱编排等多维度数据，对这些数据进行分析、管控，实现将餐饮业务数字化、可视化。通过安装厨房环境检测设备，实时掌握厨房各操作间温湿度、烟雾环境数据情况、水电燃料能耗情况，确保工作人员身体健康、操作合规。在售饭窗口通过刷脸自助取餐、自动结算、线上点餐、线下取餐，实现智慧餐饮运营。

二是打造公寓智能化运营、智慧化管理。利用互联网平台对神东各区域现有公寓的入住情况、空闲情况等信息进行收集与分析，减少工作中公寓使用不均衡、服务不到位的情况，实现员工线上办理入住、VR看房、审批、缴费、退房等功能，让"数据多跑路，员工少跑腿"，最大限度提高公寓利用率和管理工作效率。在公寓单

元门安装人脸识别门禁，入户门安装智能指纹锁或密码锁，员工可远程掌控房间的电灯、电视、空调、窗帘等设备，实现智慧硬件升级。

### 4. 抓好"两化"验收，夯实创建成果

为了简化工作流程，提升创建效率，实行"创建验收一张表"，创建标准即验收标准。各单位结合自身实际情况，制订创建达标计划，完成创建计划后，向神东验收组提出达标验收申请。神东验收组接到验收申请后，按照标准严格验收确定该单位星级/标准化级别直至下一验收年度。同时对存在问题提出整改要求并形成整改督办清单，创建单位按照时间节点完成整改并反馈，所有问题闭环管理，夯实创建成果。

## （二）以"一活动"为载体，打造过硬工作作风

"两化"创建需要过硬的作风、强力的执行作为支撑，为此，中心开展"强纪律、改作风、树形象，创文明优质服务"活动，引导员工积极参与，矿业服务公司将此项主题活动纳入了组织绩效考核，使其与内部管理有机结合，与后勤服务质量提升工作充分融合，确保服务质量全面提升。

### 1. 对表查摆问题，整改提升有目标

矿业服务公司各部门、各所属单位通过深入细致地现场检查和广泛征求被服务单位意见，并对照《矿业服务公司组织绩效考核标准》《矿业服务公司运行（服务）标准》《神东公司员工行为守则》等规章制度，全面查摆存在的问题。针对存在问题编制了"问题整改清单"，逐项分析问题存在原因，制订整改措施，明确整改时限，落实责任人。

### 2. 逐条梳理问题，对照整改有落实

按照矿业服务公司"强纪律、改作风、树形象、创文明优质服务"主题活动方案，按照"边查摆、边整改、边提升"的原则，每月定期召开督办协调例会，对存在问题及整改情况进行全面梳理。

对未能按时整改的问题进行分析，进一步调整整改措施。对由于责任心不强，执行力差导致未能按时完成整改任务的责任人，提出通报批评或做出相应处罚，并

于每月30日前将《存在问题整改落实清单》报领导小组办公室。

### 3. 引入客户评价，服务升级有方向

矿业服务公司通过向各基层单位定期开展满意度调查和职工意见建议征集活动，对服务质量、管理模式、特色服务等方面的意见进行征集，让被服务单位职工参与到"客户评价"工作当中，及时收集自身的不足和短板，形成常态化的监督机制，不断探索良好的服务方法，更好满足广大职工的需求。

### 4. 严格考核评比，工作提升有实效

矿业服务公司各直属单位每月对本单位活动开展情况进行一次考核，考核结果与本单位绩效工资二次分配相结合。公司活动考核组每季度对各单位综合业务、专业业务开展情况进行考核，并将对外委服务场所考核所扣分数的三分之一计入监管单位的考核扣分中。季度考核成绩排名在最后一名的直属单位，公司将进行一定的处罚。

## （三）创新"两化一活动"品牌建设，聚焦物业服务品质提升

矿业服务公司持续聚焦矿区员工群众后勤服务需求，以深入推进"两化一活动"为契机，不断创新"两化一活动"品牌建设。

### 1. 延伸服务内容，点亮品牌特色

与兄弟单位及外部单位对标，增加星级化特色服务项目：创办"厨师夜校""美食天天秀"活动、厨师技能比武大赛，提升厨师岗位技能；通过微信公众号推出《健康好餐谋》栏目，通过菜品制作展播与广大矿区居民形成良性互动；为污水处理站的地沟罩和设备基座上铺了绿油油的"人工草坪"，美观亮化员工工作生活环境。

### 2. 及时沟通交流，提升品牌影响

征求各服务单位伙委会伙食改进意见，以需求为导向，按员工口味和喜好制订菜谱及班中餐搭配，提供个性化精准服务；公寓服务员利用废旧纸箱自制了"心语屋"，为住户搭建了表达诉求和沟通交流的"窗口"，服务人员会定时查看其中的内容，尽力满足员工入住公寓的需求。

### 3. 做好服务宣传，传递品牌价值

在做好"两化一活动"工作的同时，注重活动亮点宣传，营造浓郁的活动氛围。矿业服务公司上湾煤矿服务部推出"把美味带回家"活动，不仅丰富了员工和居民的业余生活，也提高了烹饪技能，拓宽了居民的就业渠道，引领了矿区百姓看节目、学厨艺的热潮。

## 三、取得成效

### （一）营造浓厚氛围，强化了全员服务意识

矿业服务公司在"两化一活动"开展过程中，把各类管理服务问题的及时解决作为抓手，促使各单位根据实际情况，以评星晋级为手段，将活动开展与党建、经营、日常运行管理等工作紧密结合，并定期联合被服务单位组织开展"场所开放日"活动，让被服务单位员工帮助查找问题和不足，把握服务提升的方向，营造了基层单位比业绩、比服务、比管理的氛围，干部员工履职尽责，强化了全员服务意识。

### （二）激发内生动力，提升了后勤服务水平

开展"两化一活动"以来，通过主动查找问题，积极进行整改，进一步激发了基层单位服务改进的内生动力。

2021年年底，运行管理部组织机关10个部门分两次对各单位2021年上、下半年"强、改、树、创"活动开展情况进行了全面检查，总计查出工作纪律、服务态度、环境卫生等方面的问题460余条，奖励近40万元。经过边查摆问题、边宣传动员，各服务岗位的标准得到了细化和规范，引起了广大员工的高度重视。截至2021年年底，各单位掀起了"大整改、大提升"的热潮，呈现出许多"亮眼"的服务场景，有95%的问题得到整改，同时涌现出五星级食堂6个，四星级公寓6栋；共打造一级标准化场所28个，二级标准化场所45个，三级标准化场所52个。

### （三）创新贴心服务，赢得了职工群众好评

在"两化一活动"开展的过程中，矿业服务公司各单位在做好服务的基础上，开展了形式多样的贴心服务，如夏季送清凉、微信点餐、免费针线包、服务便利贴、每日天气一报、低糖窗口、回民餐桌、孕妇窗口、单点订餐、微心愿征集等贴心服务，让矿业服务公司为主业单位提供的服务走进了职工群众的心坎里，得到了职工群众一致好评。2021年10月底，"把美味带回家"项目获得了中共伊金霍洛旗委组织部颁发的"2020年度社区优秀共建项目"奖杯。

撰写人：徐颖　指导人：武鹏

# "四新"特色文化实践
# 助推企业智慧发展

图为工作人员正在对皮带机公司成功研制出的国内首例"1.8米无人值守智能胶带机"进行调试

图片来源：国能神东煤炭皮带机公司

# 一、背景介绍

国能神东煤炭皮带机公司（以下简称皮带机公司）是神东唯一带式输送机设计研发、生产制造单位。作为一家专业化服务单位，皮带机公司以承担生产、制造带式输送机，保障煤炭正常安全高效运营为使命，致力于带式输送机整机智能化研发，努力建成国际领先的带式输送机整机集成技术供应商，将最好的产品奉献给用户。

在神东创领文化的指引下，皮带机公司坚持创新发展，紧随公司发展的前端需求不断前行，秉承"质量第一、用户至上"的企业宗旨，确立了"智能、高效、绿色、品质"八字方针，将创新文化融入管理实践，落实到生产一线，聚焦智能化工厂建设，打造"专、精、特、新"拳头产品，走出一条以创新为"原动力"的高质量特色发展之路。

# 二、基本做法

创新是引领发展的第一动力。神东30多年的发展历程，实践出了没有创新的自立自强就没有出路的硬道理。因此，皮带机公司着力推进"四新"实践，即党建创新、管理创新、机制创新和科技创新，积极探索促进公司高质量特色发展的新路子。

## （一）党建创新提质量

### 1."三精"工作法提升党建质量

皮带机公司党委认真落实集团公司党建工作要求，以补齐党建工作短板、提升党建工作质量为方向，创新工作思路，形成了"三精"党建工作法。一是精细"五有"举措，总结提炼出"党建工作任务清单""党委工作任务清单""党支部工作任务清单"等10项清单，将党建考核与"一领三创"深度融合，确保取得实实在在的效果。二是精准支部建设，针对党支部发展不均衡、队伍素质能力参差不齐等实际情况，从"精"处着眼、从"实"处发力，分层分类加强基层党支部书记、党务工作者、党员三支队伍建设。结合"每周一课"学习班、"党课开讲啦"活动，充分利用线上学习强国，营造"及时学、随时学、长期学"的氛围，引导党员立足岗位更好地发挥先锋模范作用。三是精益融合生产，为牢固树立"党建是主业主责""抓党建就是抓发展"的理念，用"党员突击队""党员示范岗""党员责任区"等载体，推动神东新发展。

### 2."党建+"主题实践增强业务融合

皮带机公司党委常态化策划实施"党建+"主题实践活动，用心搭建发挥党组织与党员作用融合载体，围绕党建+安全生产、科技创新、提质增效、小改小革、志愿服务等，将党建工作与业务融合，与创新工作结合，发挥方向引领、精神塑造和服务保障的合力。机关第二党支部通过"党建+科技创新"党建活动，有效将党建工作和科技创新工作深度融合，以胶带机产品的科研技术攻关成效检验党员的工作能力，使得科技创新、自主创新能力稳步提升。秉承"一群人一件事一条心一起拼一定赢"的理念，皮带机公司领导与员工共同创业、一起成长、携手共建创业创新的事业平台。

## （二）管理创新强能力

### 1."双维度"践行落地质量文化

在宣贯践行维度，充分利用各区域多媒体、新媒体、宣传栏等载体，通过班前会、集中学习培训、党委理论中心组学习、支部"三会一课"、早调会"每日一题"等宣贯践行神东创领文化和皮带机公司质量文化理念。设立产品质量"管控人"党员示范岗，开展质量管控合理化建议，质量提升小改造创新激励活动，采取慰问、座谈等方式了解员工思想动态，成立QC小组、开展员工技能比武等，让员工从内心认可皮带机公司质量文化。

在融入管理维度，围绕质量文化建设，以人岗匹配为基础，针对不同层次人员进行有针对性的质量技能提升培训，运用6S现场质量标准化管理、精益化管理、全面定额量化管理等加强产品工艺过程管理，严格材料入厂四级检测机制，确保成品出厂合格率100%。对标国际先进标准，补齐企业质量发展短板，对接国家质量倡议，推动整机自动化集成、托辊低阻长寿命等优势、优质产能输出。

### 2."加、减、乘、除"保障安全

皮带机公司对于安全管理不断自我剖析、总结特点、调整思路，特别是仓储安全管理探索出一条以"加、减、乘、除"管理法为特色的安全管理道路。

"加"指加强定位管理，即所有物资必须实行定位管理，所有物资按目录记账，按划分区域定位存放；专人负责做好定置管理，确保物资能够精准定位。"减"指减少人员不安全行为，即通过现场检查、事故案例培训、安全教育等"组合拳"提升人员安全意识，减少不安全行为。"乘"指乘上安全直通车，推进"简道云+"物资管理系统建设。利用简道云搭建模块建设物资管理系统，将物资储存位置、数量、入库时间、出入库状态等各类信息录入系统中，以辅助作业人员进行物资管理。建设智能化仓储，减少人员现场作业，阻断危险源。"除"指除去不良风气。树立"人人都当安全员"的安全管理理念，强化安全生产责任制考核，规定所有人员包括非操作岗人员每月必须下现场、排隐患，若不下现场检查或下现场不到位，则进行扣分并且在工资绩效中予以兑现。

## （三）机制创新增活力

### 1.创新人才机制，搭建成长平台

一是建立"基层培养锻炼"和"专业能力提升"相结合的培养模式。将人才培养分萌芽期、成长期两个阶段。萌芽期普及培训，由胶带机专业技术对相关人员展开培训。培训人员覆盖全员，将人才培养由基础操作型向技术提升型转变。

二是在专业技术人员管理中推进人才队伍梯队建设，完善专业技术人才成长机制。制订专业技术人才职业发展管理办法，成立皮带机公司员工职业发展领导小组，协调落实专业技术人才工作。结合各层级岗位和各专业实际，修订完善岗位说明书，为专业技术人员履职尽责提供依据。成立QC攻关小组，开展"师带徒"活动，专业技术结对，加强考核，将考核结果与业绩兑现，选拔任用挂钩。

三是畅通员工职业发展通道，推进人才队伍建设。统筹推进经营管理、专业技术、技能人才三支队伍建设，打通各类人才职业发展通道，鼓励人才立足岗位成长成才。实施专业人才分类管理，明确生产技术、经营财务、安全环保、机电技术、党群管理等各序列人才职级职务的对应关系，实现各类人才在专属通道中纵向晋升、横向互通，并与薪酬激励机制挂钩，实现通道内员工职位能升能降、薪酬能升能降，优化人力资源配置。

### 2. 优化激励机制，实现"量化价值"

构建覆盖主要核心业务的劳动定额体系，以劳动定额为基础，深入推进操作岗位全面定额量化管理改革工作，逐步推广非操作岗位量化管理，建立健全内部市场化薪酬分配机制，实现薪酬能升能降。结合岗位评价、定额量化，持续推动员工绩效管理，采取物质和非物质等多元化手段，构建部门协同、上下联动的员工综合激励体系，增强激励人才的凝聚力向心力。

## （四）科技创新促效益

### 1."简道云"促进管理智能化

运用简道云进行车间工时计算，财务账簿记账交易记录。分层分类编制下达各岗位工作任务计划，根据岗位分工和岗位实际，将所有组织绩效考核指标逐项分解至每一个岗位，确保每一项组织绩效考核指标均有相应的岗位进行承接。在组织绩效指标各考核主体实施考核评价的过程中，经过对所有指标权重的赋分进行分析，在绩效工资分配过程中，不设上限与扣分或加分值相对应。可视化掌握部门工作动态总览，观察各岗位绩效考核指标完成情况，做到"人工智能"化应用。

### 2."自主创新"打造带式输送机品牌

皮带机公司努力提高自主创新能力，以提高自主创新带式输送机能力为主线，形成了独具特色的科技创新文化。在原有产品的基础上，对科技创新文化深度挖掘，将科技创新贯穿经营全过程，加强科技创新奖励机制，营造浓厚的科技创新氛围。在设计理念、技术手段、能力方面加大力度，提升核心竞争力。历经三次自主创新探索实践，打造出了带式输送机品牌。

皮带机公司成立初期，并不具备胶带机整机及部件的直接设计能力，仅托辊产品设计都是由唐山公司负责，皮带机公司只是从事托辊生产制造和胶带机部分结构件测绘加工。但是作为一个胶带机生产制造企业却没有自己的设计产品会不利于长期稳定发展，于是组建团队，吸纳人才，开启自学之路，自学设计，从工程力学，机械制图到机械设计基础、电工与电子技术以及CAD软件制图，一步步学起……就这样在探索过程中自主绘制的3000米顺槽胶带机图纸诞生，自主研发设计3000米顺槽中部驱动装置中部驱动顺利完工，并在井下试用取得良好的效果。

初尝首例独立自主产品的甜头后，皮带机公司不断对所有客户进行调查回访，经过半年的调研，拓宽工作思路、优化设计流程，研究设计出了2500米连采配套可伸缩带式输送机的设计图。将设计图变成"实物"并在试用成功后，又紧锣密鼓地开始了3200米胶带机的研发。3200米胶带机正式投入生产使用取得良好效果。这一成果首次突破了国产连采胶带机千米千吨的1000米运送距离的限制，成为国内首创，其集成控制理论水平也达到了新高度。随后，神东对皮带机公司提出了新的要求：进一步研发设计单点驱动6000米的顺槽胶带机。为此，皮带机公司潜心研究解决最核心的技术，最终成功设计6000米可伸缩顺槽胶带机，成为世界首创。

## 三、取得成效

### （一）自主研发能力持续提升

自主研发的"6000米超长运距低阻智能机头集中驱动矿用顺槽胶带机研究与应用"获国家能源集团科技进步奖一等奖，中国煤炭工业协会科技成果奖一等奖，并通过中国煤炭协会科技成果鉴定，鉴定结果为达到国际领先水平；"高性能芳纶输送带及节能输送系统关键技术"获得中国石油与化学工业联合会科技进步奖一等奖；"快速拆装自固定模块化带式输送机项目"获国家能源集团首届创新创意大赛一等奖；"快速拆装自固定模块化带式输送机项目"获中国煤炭工业协会科学技术奖二等奖。

### （二）促进了文化与管理的深度融合

充分发挥出企业文化的导向作用和渗透作用，促进企业文化入眼、入脑、入心，凝聚全员力量，激发创新活力，营造高效执行的工作氛围。通过文化建设吸纳人才，提高员工素质，企业经营业绩持续向好，企业文化管理的活力逐步显现，有效助力了皮带机公司高质量发展。

撰写人：訾妮　指导人：马晓旭

案 例

# 27

# 构建"四化"格局
# 打造智慧供电新模式

图为调度员和监控员正在利用调度一体化平台对当天各变电站检修作业现场和设备进行实时监控

图片来源：国能神东煤炭供电中心

## 一、背景介绍

国能神东煤炭供电中心（以下简称"中心"）作为神东最早成立的专业化服务单位，肩负着神东13个矿井、27个地面厂处单位的生产生活用电工作。由于发展起步早，"先发优势"已经逐渐转变为"先发劣势"，老旧的电气设备和落后的操作系统大大降低了安全供电的可靠性。主要表现在：现有变电站设备不具备"五遥"功能，部分变电站保护不具备信息上传功能，中心调度室无法实时掌握运行状态；变电站通信网络未实现全覆盖，且为单网单通道，可靠性差；已投用的电能量采集、变电站测温、视频监控等自动化子系统各自独立运行，无法实现信息共享与综合利用；调度平台已运行多年，功能缺项严重，且系统运行缓慢，无法满足当前神东安全生产需求。

以上问题的存在，在一定程度上是企业发展思维固化，创新文化缺失的表现。十八大以来，党中央提出实施创新驱动发展战略和新发展理念，神东创领文化明确创新、创造是企业发展的引擎。为彻底解决以上问题，中心以创领文化为引领，按照"创新驱动，价值创造"的思路，成立了供电智能化建设领导小组，制订了专项实施方案，全面启动供电智能化建设工作。针对建设中遇到的重点难点技术攻关，积极与行业内部单位开展对标交流，深入学习借鉴、先进典型经验，大力推动智能化升级转型。通过全面的系统升级和设备改造，保障了神东供电系统可靠性运行，降低系统运维成本，减轻工人劳动强度，提升供电系统自动化智能化水平，为建设世界一流示范企业提供了稳定的供电保障。

## 二、主要做法

人的生命高于一切，安全工作重于一切。为更好地进行风险防控，消除系统隐患，提升安全供电的可靠性，供电中心在"三零"安全工作理念的指导下，以"一体化、单元化、自动化、信息化"为中心智能化转型方向，持续深入推进供电系统和设备改造，建立调控一体化平台，引进先进智能设备，实现设备状态"全面感知"、倒闸操作"一键顺控"、设备异常"主动预警"、人员行为"智能管控"、主辅设备"智能联动"等智慧功能。通过"两改"建设，形成了以"一体化"指挥为大脑、"单元化"管理为手足、"自动化"操作为筋骨、"信息化"建设为血脉的神东智慧供电新模式，为神东生产生活供电提供坚强有力的保障。

## （一）建设"一体化"调控平台，打造智慧供电大脑

中心按照现代化的电力综合调度建设标准，建设成国内先进的电力综合调控一体化平台，解决了诸多应用系统之间出现的运行独立、可控设备接入程度低等问题，实现变电站自动化数据集中采集和共享，让各种数据资源能够在应用系统间实现互联互通，该平台的投入使用为神东供电智能化发展提供有力支撑。

### 1. 总揽全局科学指挥

调控一体化平台的建设全面打开了中心发展的新格局。过去，调度员们要通过打电话的方式来跟变电站值班员确认设备的运行情况。面对中心70座变电站的千余台电气设备，这种方法效率不高，且很难精确掌握设备实时运行的精准数据。调控一体化平台的应用，有效地解决这一问题。该平台以电力设备智能监控系统为主导，结合视频联动、集成热成像、机器人联合巡检等一系列智能化配套设施，全面实现了远程视频联动、设备远程操控、杆塔线路实景可视等调控一体化功能。调度员可利用调控一体化平台及时有效地了解和掌握变电设备的运行状态和仪表数据，并根据平台所提供的数据，更加快速地下达运行指令，指导现场检修人员全面准确地处理设备故障。

### 2. 全面感知主动预警

以前，中心使用的信息系统五花八门，且这些系统互不兼容、信息不共享、业务不融合，调度人员在日常工作中要不断切换。调控一体化平台的投入和使用成功解决了诸多应用系统之间出现的运行独立、可控设备接入程度低等问题，实现变电站自动化数据集中采集和共享，让各种数据资源能够在应用系统间实现互联互通，保证电力系统稳定、可靠、高效地运行。

目前，平台已经接入了智能巡检机器人、热成像红外测温系统、电子围栏和烟感、温感报警器及火探管感温自启动灭火系统等信号，当变电站电力设备发生故障

或者出现异常情况时，监测系统可及时将发现的电力设备缺陷和异常情况实时上传至调控一体化平台，并发出告警信息，让调控员可以及时了解现场情况，合理安排人员进行检修。调控一体化平台的应用，全面提升电网态势感知评估水平，有效提高了电网运行风险抵御能力。

### 3. 智能管控快速响应

实行调控一体化管理和运作模式后，进行开关分合操作时，调度人员不再需要电话指令变电站人员，可直接在调度室远程控制，实现了"秒"处理。在事故发现、汇报、分析、判断环节，调度人员由以前的被动等汇报，变为主动了解故障情况，调度员、调控员信息共享，事故分析处理沟通无障碍，给事故处理上了"双保险"。在事故处理过程中，调控双方有分工、有融合、有沟通，大大缩短了故障查找和事故处理时间，实现了故障的快速发现、反应和处理。同时，调度人员还可利用视频监控系统，对变电站人员倒闸操作、事故处理过程进行监控，对检修人员的不安全行为、应急值守情况进行监督。

## （二）构建"单元化"管理体系，疏通智慧供电七经八脉

供电中心不断将数字智能新技术应用到调控一体化平台中，通过把智能巡检机器人、智能云台轨道摄像头、智能红外测温系统、架空线路绝缘包覆机器人等先进技术嵌入到调控一体化平台相应模块，将调度运行指挥的"大脑"，向设备运行的"眼耳鼻"和"手脚"延伸融合，实现了各类技术资源的有机整合、协同高效，形成以"单元化"管理为基础、"一体化"指挥为支撑的神东供电新模式。

### 1. 机器人巡检减员增效

变电站的巡检工作之前都是人工完成，费时耗力不说，还有可能遗漏设备隐患，而且人员在变电站高压设备区内工作也会存在一定的危险。为了进一步提高工作效率，确保人身安全，中心在呼和乌素110千伏站和五当沟35千伏变电站等2个重要枢纽站点投入使用了智能巡检机器人代替人工巡检。智能巡检机器人在工作时，可以灵活自如地在高压设备间穿梭，巡视时可以做到不留死角，能捕捉到人眼不易观察到的地方，同时能将巡视数据实时发送到后台以供分析，大大减轻了人工巡视

负担。起到了减员增效的作用，有效推进了变电站无人值守进程。

### 2."千里眼"监测消除死角

为了让调度人员实时掌握设备运行状态，更直观地观察到设备仪表数据，中心在46个变电站安装了智能云台轨道摄像头，全面实现了远程智能监测、调控。

当变电站内的配电柜发生故障时，故障信号通过综合调控一体化平台，将故障指令发送给云台轨道摄像头，轨道摄像头自动调整角度，自动锁定故障点的位置，将故障点的图像信息传输至后台视频界面，调度人员可以控制摄像头对故障进一步分析诊断，实现远程可视化操作。同时，智能云台轨道摄像头，可以抓拍现场操作人员的违章行为，通过视频回放的方式，倒查和追踪人员的不安全行为，督促人员按章操作，让"三违"无处可藏。

### 3.智能"哨兵"及时预警

之前，变电站运行人员测量电气设备温度时，必须要手持测温仪，点对点对设备进行测量，不仅费时费力，而且还不能实时掌握其温度。为了进一步减轻运行人员的工作量，提高工作效率，中心在10个核心变电站安装了热成像智能巡检系统，运行人员可在后台上直接查看到所有设备温度信息，且该系统还可以快速筛查出设备区的高温个体并发出警告，提醒调度员第一时间进行紧急处置，消除设备隐患，保障电力系统安全运行。

### （三）推进"自动化"操作改造，锻造智慧供电强健机体

调控一体化模式的建设和运行，不单单是系统的改造升级，还需要对大量的硬件设施进行改造，才能确保其作用发挥。目前，中心大多变电站的电气设备"服役"年限均超过了15年，设备老化严重，且智能化水平较低，后台数据无法通过调控一体化平台统一采集，安全供电可靠性面临严峻考验。为了适应智能化建设的发展，全面提高设备供电可靠性，从2019年开始，中心对所辖变电站设备运行情况进行全面梳理，逐步开始对运行较差的电气设备进行了升级改造。

## 1. 智能开关柜新投运，电网运行更安全

为全面提升供电设备安全可靠性，使供电设备更加智能化，中心逐步对变电站进行开关柜智能化改造。改造后的智能开关柜可实现高压开关和手车远程一键操作控制，倒闸操作时间由原来的30分钟缩短至3分钟，大大避免了之前手动操作带来的安全隐患，进一步提升了操作效率，全面保障了人身安全。同时，在智能开关柜断路器的每个触臂和外接电缆头还安装了温度传感器，设备温度实时传输到智能检测单元感知温升变化，以便人员提前介入，预防事故发生。智能开关柜的投运进一步提升了设备运维管理水平，为"少人则安、无人则安"奠定了坚实基础。

## 2. GIS设备新投运，电网运行更稳定

改造之前，变电站使用的户外电器组合设备都是属于敞开式的，其触头极易受到环境污染、空气潮湿等因素的影响发生故障，这不仅降低了供电的可靠性，还为后期维护带来了很大的工作量。为此，中心大量投入使用了GIS组合电器，该设备把分散的设备或部件比如像断路器、隔离开关、互感器、出线终端等都集中到一起，用一个金属保护壳密闭起来，再从保护壳中充入绝缘的六氟化硫气体，从而保证带电设备之间虽然距离较近，也不会放电短路。GIS设备具有占地面积小、元件密封不受环境干扰的优点，可有效降低设备故障率及变电站运维工作量，全面提升了供电稳定性和电压质量。

## 3. 保安电源新投运，电网运行更可靠

供电中心主要职责是为矿井生产提供安全可靠的电源。目前，中心采用的是双回路供电模式，当一回路出现故障停电时，值班人员可通过切换电源，通过单回路运行模式来保障矿井安全生产供电。为了进一步提高供电可靠性，中心根据各变电站实际情况，积极引入第三方电源，通过在重要负荷线路上安装保安电源，从而确保两条线路都出现故障停电时，利用保安电源以保证井下风机等设备正常使用，有效保障了井下人员的生命安全。

### （四）推动"信息化"高效管理，促进智慧供电高质量发展

近年来，随着智能建设工作不断发展，"无人值守变电站""大学生智能运维班""监控员"等新名词、新岗位也随之涌现。为更好适应新阶段的管理需求，中心领导高度重视，统筹谋划，积极做到"三到位"，即：组织架构调整到位、制度建设到位、人员技能提升到位，确保中心智能化管理水平和工作效率得到全面提升，促进中心高质量发展。

#### 1. 优化机构设置，促进管理效率提升

当前各变电站逐渐向着自动化和智能化方向发展，变电运行人员也逐渐在减少。近两年，中心已经实现了12座变电站的无人值守，并建立以机器为主导、人为辅助的运行模式，全面提升了工作效率。无人值守变电站的运行更需要专业的工作人员来进行管理和维护，为了培养更多高技能人才和青年工匠，中心优选综合素质高、业务能力强的年轻大学生员工组建成立了"大学生智能运维班"，为后期智能设备运维提供了有力保障。同时，为了适应调控一体化运行模式，中心在原先调度员岗位基础上，重新设立监控员岗位，将原来的调度指挥中心值班模式整合成调度、监控一体化的新生产模式，实现电网调控一体化。

#### 2. 建立高效机制，引导业务协同运行

为了更好适应管理，中心按照"分级管理、重点管控、差异化运维"的原则，制订完善了《无人值守变电站巡视检查管理办法》，将无人值守变电站按区域分为五类，并根据无人值守变电站负荷供给重要程度，将之前每2小时的人为巡检分为1天巡检1次、1天巡检2次、3天巡检1次、7天巡检1次等4种巡检模式。中心依靠先进设备巡检代替人员巡视，将运行人员从偏远孤僻的变电站中解放出来，让运行操作人员转为设备监护人员，最大程度实现"无人则安"。除此以外，中心围绕智能化建设还建立了《供电中心调度监测控制管理办法》《供电中心大学生智能运维班管理办法》等机制，较好避免了在智能化运维模式下工作脱节和管理滞后等问题，有效推动了中心各项工作规范管理和高效运行。

### 3. 开展特色培训，推动人员一专多能

中心积极创新培训方式，针对管理、调控、检修运行人员开展了有针对性、实效性强的培训工作，由专业技术强、责任心重的生产骨干担任培训教师，利用实操培训基地、播放智能化建设宣传片等形式，分批次、分层次地进行一对一培训，让更多的员工了解、熟知中心智能化建设的发展。特别针对检修人员对新系统运维不熟悉的状况，通过与厂家技术人员进行沟通，组织人员到现场学习观摩，并结合实际工作讲解操作注意事项。同时，中心根据实际情况，实行监控员轮岗制，让监控员轮流当一个月的调度员，通过轮岗模式，培养一岗多能的"复合型"人才，实现电网调度和运行监控业务的完全融合。此外，中心还利用"师带徒"联动工作机制，让有经验的工作人员带领经验不足的工作人员开展工作，确保工作水平和效率得到更稳定地提升。

## 三、取得成效

### （一）中心智能化建设迈上新台阶

调控一体化平台整合了原有调度指挥和变电运行业务，实现了电网运行扁平化、专业化、集约化管理，全面提升了供电可靠率。该项目的建成，根本性转变了神东传统的供电管理模式，为建设变电站少人和无人值守的新型运维模式奠定了扎实基础。近年来，中心通过持续对调控一体化平台的建设和完善，通过对各变电站设备和设施的全面升级改造，通过对管理、调控、检修运行人员智能化技能的全方位提升，中心已经从供电智能化建设的初级阶段逐步转为智能化发展和功能完善阶段。

### （二）践行"无人则安"实现人尽其用

"无人则安"不是绝对不用人，而是运用先进技术和装备，最大限度地减少作业人员。通过智慧化转型，供电中心盘活了人力资源，实现人尽其用。在未实行调控一体化之前，供电中心少人值守变电站及有人值守变电站均需安排大量人员进行值守，还要设立班组长，人员需求量比较大。在调控一体化模式下，大柳塔洗煤厂35

千伏站、乌兰木伦1号箱变、铁东35千伏站、武家塔35千伏站、活鸡兔箱变等12个站点实现无人值守，由此节省人力成本支出，有利于盘活生产上的人力资源，把大量人员充实到其他的岗位上去，使人员进一步实现集约化，做到人尽其用，最终实现减员增效。

### （三）安全供电可靠性持续提升

智能化建设大大提高了中心事故处理效率和日常操作效率，使得供电安全更有保障。调控员可以及时、全面、准确地掌控电网、设备运行情况，为快速判断、处理提供了条件，提高电网安全运行水平，有力推进调度运行与设备运行监控的融合，减少中间环节，缩短业务流程，强化电网运行管理，提高运行工作效率，为下一步构建全面调度管控、区域集控、就地巡维三级电网管控模式提供有力支撑。

撰写人：白丽　杜玉录　指导人：单杰

# 以客户为中心
# 打造"神东设计"品牌

图为设计公司品牌建设及业务拓展事项专题会议

图片来源：国能神东煤炭新闻中心

# 一、背景介绍

国能神东煤炭设计公司是国家能源集团内部的设计专业化服务短名单单位，具有独立法人资格，是神东内唯一的设计专业化服务单位。设计公司承担着神东矿区、国家能源集团所属子分公司及周边部分煤炭企业的各类设计业务，为集团和公司安全、高效发展提供可靠的专业技术支持。公司自成立以来，始终将提供设计专业化服务、保障矿井高效安全生产作为使命，坚持立足神东辐射周边的发展战略，不断在实践中积极探索，改革创新，走出了一条适合设计公司实际的转型发展之路，实现了从无到有，从弱到强的转变。

随着煤炭行业设计市场的逐年萎缩，设计公司的发展遇到瓶颈期，面临诸多挑战。近年来，为了切实提升公司综合能力素质，打造公司核心竞争力，在神东公司创领文化"双维度"践行模式指导下，设计公司以强化价值观管理为重点，以品牌建设和理念深化为方向，积极挖掘整理自身在"艰苦奋斗、开拓创新、争创一流"方面的亮点，不断汲取精神营养，推进文化体系建设，通过打造具有鲜明特色的文化符号，推动"神东设计"品牌建设，赋能优质高效的设计产品和服务，走出了一条品牌建设的创新之路。

# 二、主要做法

## （一）坚持"两个聚焦"，提升公司核心竞争力

在"百年神东"愿景的感召下，设计公司结合自身业务特点与发展定位，确立了"争创区域一流设计企业"的发展目标，即通过聚焦企业发展战略，聚焦服务客户需求，为客户提供优质高效的设计产品和服务。

### 1.聚焦企业发展战略

战略执行力关乎企业成败。公司始终将立足神东作为发展的着力点，围绕神东在矿井、选煤厂及地面土建工程方面的多样化设计需求，积极探索拓宽专业化服务的方式方法，通过新员工入企培训、员工技能提升培训、师带徒等方式，不断引

进、吸收、消化和创新其他优秀设计院所的先进技术和设计经验，逐步提升在洗煤厂、露天矿、工业与民用建筑设计方面的技术水平，并将业务拓展至生态环境治理项目设计。在服务好神东内部客户的同时，神东设计公司"主动走出去"拓展设计业务版图，以零星设计任务承接为突破口，积极组织开展对外创收工作。围绕乌海能源、新疆能源、平庄能源、大保当等单位的设计需求，提前介入了多项外部项目设计，为业务拓展打下了坚实的基础。

### 2. 聚焦服务客户需求

客户的需求就是企业的追求。神东设计公司始终坚持以客户为中心，在服务需求上下功夫。一是提升设计质量，通过组织开展以提升服务质量、减少设计变更次数和提升设计产品符合度为主要内容的实践活动，通过强化技术交流破解设计中存在的急难险阻问题，为各矿井及选煤厂正常生产接续提供技术保障。二是提高服务效率，主动应对市场的变化，不断优化服务方式，通过开辟"预约"服务渠道、强化信息联络协调、推行电子化材料报送等方式，为甲方及建设项目有关单位提供有效的服务保障。三是提供个性化服务，围绕甲方的多样化需求，坚持多样化产品设计的原则，从技术差异化、功能差异化、文化差异化以及产品价格差异化几个方面，打造出设计产品差异化特色，从而满足被服务单位的偏好需求。

### （二）以服务客户为宗旨，深耕设计服务基层行

为了有效解决设计公司现场服务标准不统一、技术组织不完善、服务人员意识不强等问题，设计公司统筹考虑，从建立统一的现场服务标准、加强技术指导和管理、加大监督考核力度等方面来逐步规范员工服务行为，共同推动标准化在服务领域的落地应用。

### 1."三个第一"模式强化现场服务

制订下发现场服务管理办法，将客户需要和现场服务高效有机结合，通过开展高质量的现场服务，提高现场服务工作的针对性和实效。深化"提前介入、主动作为"的工作理念，积极推广"三个第一"的现场高效服务新模式。在现场服务期

间，设计人员第一时间深入进行踏勘和资料收集，确保设计产品与现场的符合度；对现场出现的问题始终能够做出第一响应，确保现场服务的及时高效；对所设计的产品承担第一责任，设计全过程按照精益化的理念开展各项工作，确保了产品质量。通过紧紧抓住重点领域、重点项目、重点环节，设计公司抓好了要素保障。

### 2. 党建共建促进业务交流

和工程管理部、生产管理部等部门及甲方开展全方位的党建共建活动，重点围绕公司业务部门的设计管控要求及甲方的设计需求，做好需求收集，实现设计公司业务范围内的项目全部承接，保证项目不被遗漏。实施党建+服务主题党日活动，将主题党日作为推动核心业务的有效载体，实现了党建业务工作同频共振。深入开展"一访二联三服务"主题实践活动，党组织访问党员群众；一名委员联系一名党员，一名党员联系两名群众；通过党建共建服务群众，服务神东，服务周边，提升了各方面的满意度。

持续组织做好生态环境相关项目的设计工作，高质量完成各类项目设计。重点围绕矸石充填方面的项目设计，以公司发展需求为导向，用创新思维解决问题，认真学习榆家梁煤矿矸石充填方面已经形成的典型经验，加大设计人才培养力度，掌握设备选型配套、设备运行维护、生产工艺等情况，力争实现各矿井矸石充填项目的独立设计。

### 3. 实施设计落地的全过程服务模式

本着"设计多一分沟通，客户少一分等待"的思路，多措并举从客户"烦心事""操心事"入手，开展"靠前对接、现场服务、全程跟进"的服务提升举措，让用户感受到贴心服务带来的"温度"。在项目个别现场服务的基础上，采取集中走访等形式，对设计服务企业的设计需求、方案优化和零星业务设计等方面的政策进行对接沟通，对用户有问必答，让用户对设计方案更明了；同时，项目负责人帮助甲方直观掌握当前设计业务的进展情况，对目前所处进度和每个环节的时间一目了然，为客户提供了"物流式"的进度查询服务，减少了客户跑腿次数，提升了设计效率，助力企业节本增效。

### （三）请进来走出去，打造高素质设计人才聚集地

设计公司的文化管理实践始终围绕"争创区域一流设计企业"的目标开展，极大调动了各科室、各层级员工对神东设计公司的自豪感、归属感，同时通过将企业文化实践又深植于设计公司实际生产和管理中，激发了员工的创新活力和工作积极性，呈现出同心共建、全面开花的良好局面。

#### 1."请进来"拓宽设计团队视野

深入推进"坚持问题导向，按需施教，学以致用"的培训理念，紧密结合设计专业需求与当前或未来工作上的难点热点，找准能力短板、知识空白和经验盲区，科学合理地设置培训内容和专题，制订符合自身发展需要的培训计划，打造以问题为导向的企业培训模式，在综采设备选型配套、矿井通风设备选型、三维设计、立井提升设备选型等方面拓展业务，为设计公司技术人才培养、队伍建设、对外创收发展提供了坚实的智力支撑及保障。通过邀请各合作院校专家教授前来授课，不断吸收外部先进设计经验、理念，拓宽员工视野，提升设计能力和产品质量。

#### 2."走出去"实现综合素质提升

安排设计人员参与外出联合设计培训活动，近距离聆听大型设计院所专家的专题讲座，参与联合设计的全过程，通过学员们与专家的互动交流实践，使大家更新知识储备，掌握新的设计方式方法，对提升设计公司的整体设计水平和产品质量起到很好的推动作用。外出培训内容涵盖各设计专业技术规范、资质管理、工程造价、经济评价等内容，大幅增加了员工走出去的机会，通过政策、标准、规范宣贯解读及系统学习，为今后设计工作指明了方向，开辟了途径，让培训与技能提升紧密衔接，促使员工能实现真正意义上的培训学习并有效提升专业技能。同时充分利用外培机会，将好的经验、做法学习吸收并加以利用，转化为能解决实际设计过程中各类问题的能力。

#### 3.全方位教育达到思想业务双提升

把员工的思想建设和岗位业务技能提升作为一项重要工作，要求各党支部、部门负责人对员工进行过程跟踪和定期回访，帮助员工实现思想、业务"双提升"。

组织全体党员及职工群众集中观看红色电影；开展企业文化宣贯会议和专题培训活动，让文化内涵在职工群众中落地生根；完成了设计公司企业文化及国家能源集团RISE品牌体系宣传阵地的建设工作；开展集团RISE品牌宣贯会议和专题培训活动，让品牌理念在职工群众中落地生根；在每日一题每周一考里加入企业文化和精神文明方面的知识，充分利用每日一题、设计公司网站、公众号、宣传栏等载体对社会主义核心价值观进行全方位宣传。开展了"书香设计公司""六五环境日""民法典"培训、"迎七一 唱支红歌给党听"、国家安全和保密宣传教育、《信访工作条例》宣讲、讲好神东故事、安全生产法培训等活动，提升了员工整体思想建设水平。

### （四）优化创新体系，用先进的理念促进业务提升

针对设计公司创新体系不完善、奖罚力度有限、创新成果少且质量不高等问题，设计公司认真研究，在建立健全规章制度、打造品牌设计项目、推广标准化设计等方面积极开展工作，取得了较好成效。

#### 1. 更新设计理念，夯实创新之路

进一步更新员工设计理念，牢牢把握"理念要更新、认识要革新、方法要创新、成效要出新"的"四新"要求，打造设计专业化服务新格局。重点对近年来在公司、省市及煤炭行业协会获奖的科技成果进行认真研究，对具有推广价值的制订推广实施计划，在各类设计中进行推广使用，实现了科技成果的高效转化。

#### 2. 打造品牌设计项目

每年组织开展优秀工程设计项目评选工作，总结公司年度设计工作亮点，为新产品新技术新工艺的推广总结经验，提高了广大员工争先创优和科技创新的积极性。积极参与各类报奖活动，打造设计公司的品牌设计项目，如榆家梁煤矿改扩建设计、大柳塔煤矿大柳塔井下水平开采项目设计、布尔台煤矿西南区开采可行性研究报告等，均已成为设计公司的品牌名片。

#### 3. 积极参与企标及行标制订

组织开展了智慧矿山设计、水泵房硐室、输变电等多个业务领域的标准编制及

宣传贯彻工作，提高了设计工作效率和质量。积极参与企业技术标准和能源行业标准的制订工作，加速了设计公司的技术提升和业务拓展，凸显了神东设计品牌在煤炭工程设计中的领先地位。

### 4. 搭建"党建+科技创新"平台

积极探索"党建+科技创新"工作的新模式，充分挖掘广大员工的创新潜力，持续做好亮点成果的推广工作，不断提升设计质量和工作效率，全力打造"神东设计"的行业一流品牌。同时以提升设计专业化服务水平为宗旨，探索建立"党建+重大部署、重大项目、重点工作"的实践平台，实现党建与中心工作深度融合。

## （五）营造文化氛围，凝聚发展合力

为了有效传递正能量，让职工主动参与到企业文化建设及实践中来，设计公司积极开辟新方法，为实现文化资源的充分开发、利用共享不断努力。

### 1. 典型经验故事化

注重挖掘大型设计产品和服务圆满完成背后的故事，总结成功点，赋予文化内涵。譬如完成一项大型项目设计后，通过座谈的形式，探寻重大设计任务完成背后的故事，比如党员群众在设计中发挥的作用，体现的创新实干精神等，将其总结成小的案例。通过长期坚持，一方面对下一步进行道德宣讲及设计故事编写提供了参考，另一方面也寻找出一些提高工作效率的方法，实现了文化与设计公司中心工作的有机融合，发挥了文化的引领和带动作用。

### 2. 榜样宣讲多样化

建成文化长廊，集中宣传各级榜样的先进事迹，示范带动全体党员群众学习先进，立足岗位建功立业。邀请新闻中心专题记者将设计公司的优秀党员及先进人物事迹录制成视频，在公司网站宣传的同时，将视频发放给各级各科室各支部，组织干部职工集中收看。把国家、两级公司及设计公司"榜样"的先进事迹放到设计公司企业微信群进行播报，积极发动全体党员群众阅读转发，扩大对身边人的学习教育。

开展多种形式宣讲活动，确保"榜样"事迹传递到基层。总支及支部分别举办"榜样"先进事迹报告会，通过主题宣讲、宣传海报、事迹宣讲等形式，将"榜样"事迹传递到基层，通过系列宣讲将设计公司的一些设计故事，还有开展的人文活动，通过多个平台多种方式及时地传播出去，凝聚全体员工合力，传递了正能量。

### 3. 文化传播立体化

搭建了设计公司网站宣传平台，充分利用神东公司、国家能源集团、新华网及新浪网等各类宣传媒体进行全面宣传，展示神东设计人的良好形象，传播好神东设计好声音，讲好神东设计好故事，通过宣传传递了设计价值理念，精准助力设计产品和服务的高效运行。围绕党建融入设计公司中心工作、精益化及群众性活动等的开展情况进行了全方位的宣传，每年各科室投稿300篇左右，宣传效果明显。尤其是针对设计公司成立20周年及党员先锋模范作用发挥等方面开展了系列宣传工作，取得了强烈的反响。

## 三、取得成效

### （一）培养了一支高素质专业化的设计人才队伍

近年来，设计公司1人被评为内蒙古"草原英才"工程青年创新创业人才；获得实用新型专利1项；发布神东煤炭集团企业技术标准17项，发布能源行业标准1项；发表论文48篇，其中核心期刊论文3篇；获得内蒙古优秀工程咨询成果3项，煤炭行业（部级）优秀工程奖20项，内蒙古自治区勘察设计行业优秀设计奖1项；获得神东煤炭集团科技进步奖一等奖1项，二等奖1项，三等奖3项，优秀奖励22项。

### （二）成为神东高质量发展走出去的排头兵

积极承担神东内部设计任务，切实发挥了设计专业化的保障作用。近三年设计公司累计承接神东内部设计项目716项，已经完成487项；其中大型项目55项，已经完成23项。通过积极协调，设计公司成为神东煤炭集团2020—2023年度生产接续及配套设施设计和咨询服务的专业化单位。

设计公司开展业务拓展及服务50余次，中标榆神公司郭家湾、青龙寺两矿井设计项目10项；与察哈素煤矿就设计专业化服务工作签订了合作框架协议；结合10余家公司的设计需求，承接了部分项目的设计工作。据统计，三年来累计承接对外创收项目37项，3353.12万元，其中榆神公司2533.42万元；乌海能源公司213.63万元；上榆泉煤矿169.49万元；黄玉川煤矿123.45万元。

## （三）打造了极具影响力的神东设计品牌

经过多年来在晋陕蒙三省区设计行业的深耕，凭借着高质量及先进的技术服务，设计公司不仅开拓了国家能源集团乌海公司、杭锦能源、平庄煤业、榆林神华、神延煤炭、晋神能源等内部客户资源，在集团提出"对外创收、提质增效"倡议之后，设计公司也积极协调周边煤炭企业，与天隆集团、伊泰集团、乌兰集团、神木煤业等周边知名煤炭企业保持着密切的合作。目前"神东设计"品牌已经成为晋陕蒙三省的闪亮名片，享誉公司内外，多次接待外部单位的参观学习，设计公司也被授予全国五一劳动奖状和内蒙古自治区勘察设计行业建国七十周年优秀设计单位。

撰写人：何利军　指导人：雷永平

# 29

# 精神溯源　文化传承
# 赋能矿井高质量发展

图为大柳塔煤矿新入企员工在党建矿史文化展厅了解矿井发展历程

图片来源：国能神东煤炭大柳塔煤矿

## 一、背景介绍

国能神东煤炭大柳塔煤矿是神东第一个按照"高起点、高技术、高质量、高效率、高效益"方针建成的特大型现代化高产高效煤矿，始建于1987年9月，地处陕西省神木市大柳塔试验区乌兰木伦河畔，由大柳塔井和活鸡兔井组成，拥有井田面积189.9平方公里，煤炭地质储量23.2亿吨，剩余可采储量8.72亿吨，生产能力3300万吨，是全球最大的井工煤矿，矿井安全、生产、经营等各项指标均创中国煤炭行业最高水平。

近年来，大柳塔煤矿党委以习近平新时代中国特色社会主义思想为指导，全面深入学习贯彻党的二十大精神，弘扬伟大建党精神，推进文化自信自强，强化矿各级领导人员企业文化工作责任落实，深入开展企业文化建设"五个一"活动，筑牢全体干部员工的共同思想基础，为神东助力高质量发展，为国家能源集团创建具有全球竞争力的世界一流示范企业提供强大的思想保障和精神动力。

## 二、主要做法

### （一）文化宣贯多措并举，文化理念深入人心

为深入学习好、宣传好、贯彻好国家能源集团文化核心价值理念体系，在广大干部员工中凝聚起广泛共识，自觉肩负起集团公司发展的宗旨使命，积极践行企业核心价值观，大柳塔煤矿制订下发了《关于做好国家能源集团企业文化核心价值理念体系学习宣传贯彻工作的通知》，制订了涉及党委、党支部层面的多项具体举措。

#### 1.党建引领，文化先行

大柳塔煤矿党委将集团企业文化核心价值理念纳入中心组学习内容，党员领导干部带头深入系统学习集团企业文化核心价值理念，做到先学一步、深学一层；同时，将集团企业文化核心价值理念纳入"四有四无四帮四带"党建活动中，强化了支部党员企业文化建设、学习的成效；各基层党支部以党员大会、党小组会、党课和支部主题党日活动等形式，组织党员集中学习交流。

### 2. 分层宣贯，理念入心

邀请企业文化中心专职人员，在全矿范围内广泛开展集团企业文化核心价值理念培训，帮助广大干部员工认知RISE品牌愿景、目标、定位、特质、价值观、口号、发展策略等，从而认同集团品牌价值；将集团企业文化核心价值理念培训纳入各层级、各岗位的日常培训计划中，在各类培训中融入文化核心价值理念内容；配合公司党建宣讲团到矿开展集中宣讲，矿领导、科队长以及员工代表积极参与，深化了学习效果；各区队、班组利用班前会、班后会、工余时间，积极向职工群众宣讲文化核心价值理念，并纳入班前会"每日一题"学习范围，扩大宣贯覆盖面，进一步了解掌握集团RISE品牌战略，熟知企业文化内涵。

### 3. 统一规范，营造氛围

按照集团要求，大柳塔煤矿全面排查了集团标识的使用规范情况，确保各区队统一、准确、规范使用国家能源集团企业名称、形象标识；利用厂区宣传栏、电子屏等载体，制作了集团企业文化宣传专栏，在厂区楼顶安设企业文化大字，充分展示了文化核心价值理念；设计制作了集团企业文化核心价值理念学习简图，方便广大干部群众学习，营造了良好的文化氛围。

### 4. 整合渠道，立体传播

大力开展新闻宣传报道，在集团内网、公司内网、图说神东、神东之声、文化神东等媒体平台发表了组织学习、特色文化实践等活动的宣传报道，充分展示学习宣贯的实践和风貌，增加了传播和接触频度，不断提升企业文化建设实效。


## （二）特色实践"五个一"，凝聚矿井精神合力

大柳塔煤矿通过开展特色活动、挖掘文化案例、弘扬实干精神、加强阵地建设、主题实践活动等"五个一"活动，不断探索、不断积累，大力推进企业文化建设，有效推动矿井高质量发展。

### 1. 开展特色活动，传播矿井正能量

开展了"党史百年 矿史百人"活动，引导全体党员群众感悟大柳塔煤矿先辈

们的奉献精神；举办了"送温暖 集祝福"征集活动，评选出了92部优秀作品，在矿内网、厂区宣传栏中进行了展示，其中22部作品获得公司"线上征集令"活动的不同奖项，充分展现了干部职工干事创业的精神风貌和时代风采。举办了"新员工 新力量 新希望"系列活动，包括"青春从奋斗开始"主题征文活动、"我的矿工日志"Vlog短视频征集活动和"迎新人 树新风"趣味运动会，丰富了大学生的业余文化生活，增强了凝聚力和归属感。

### 2. 挖掘文化案例，提高管理实效

大柳塔煤矿深入总结建矿35年以来的历史成就，编写了《筑梦之路》文化实践书目，印发了矿井企业文化手册。系统总结安全管理方面的经验与做法，形成了"1210"安全管理模式，促进了安全管理水平的提高，该案例获得了神东煤炭集团安全文化践行案例一等奖。撰写了《打造高质量发展"红色引擎"，促进党建工作与生产经营深度融合研究》政研课题报告，参加公司2021年度党建思想政治课题研究评选。撰写的《党建引领铸就大国重器》获得煤炭行业"讲党的好故事，把党的故事讲好"——矿区红色革命史征集活动三等奖，《"红色土壤"培育"世界第一大井工矿"》荣获2021年煤炭行业党建工作品牌案例征集活动优秀案例奖。

### 3. 弘扬实干精神，培养务实爱国情怀

大力弘扬劳模精神、工匠精神和创新精神，培养出了全国劳动模范薛占军、国家能源集团劳动模范呼绿雄等先进典型代表，成立了薛占军劳模创新工作室，培养了多位技术创新型人才。2015年薛占军同志走进人民大会堂被习近平总书记现场颁授了全国劳动模范称号，2021年呼绿雄同志在中共中央宣传部组织的中外记者见面会上作为能源行业优秀党员代表现场向全国、全世界展示了大柳塔煤矿形象。在每年国庆当天开展主题升旗仪式，激励和引导广大干部职工大力弘扬以爱国主义为核心的伟大民族精神。组织200多名党员观看了抗美援朝纪实电影《长津湖》，重温历史、缅怀先烈、铭记党恩，深刻体悟伟大抗美援朝精神。

### 4. 加强宣传阵地建设，扮靓矿井对外窗口

在活鸡兔井建设了"文化长廊"。长廊全面展示了矿井发展历程、重大成就和

员工风貌，组织开展了"重温建矿历程 感受企业文化"主题活动，组织员工参观活井文化长廊，重温建矿历程，聆听党史故事，激励广大员工坚定理想信念，以实际行动践行"社会主义是干出来的"伟大号召。在大柳塔井建成大柳塔煤矿党建矿史文化展厅。展厅翔实记录了大柳塔煤矿三十多年来的开发建设历程，激励广大党员群众不忘初心、牢记使命，继承发扬"艰苦奋斗、开拓务实、争创一流"的神东精神，踔厉奋发、笃行不怠，接力公司高质量发展，不断推动大柳塔煤矿高质量发展，以优异成绩迎接党的二十大胜利召开。按照集团企业文化核心价值理念的相关要求与规范，委托神东智能技术中心重新设计、制作了矿内部网站，优化了网页设计元素与板块布置，新增了新闻热点推送与视频展播功能，打造了全新的综合型矿井展示窗口。

### 5. 开展主题实践活动，营造浓厚安全氛围

依托"安全生产月"活动，在全矿范围内组织开展安全短视频学习讨论活动、《安全誓词歌》推广传唱、"安全有我 一站到底"安全知识擂台赛、安全语言类原创作品征集活动等主题实践活动，各区队、各班组积极配合，广泛参与，形成了人人要安全的浓厚氛围。

### （三）聚焦"一流"创品牌，提升矿井知名度和影响力

大柳塔煤矿紧紧围绕集团"品牌一流"建设目标，聚焦世界一流矿井建设，着力打造"世界第一大井工矿""智能化示范矿"两大文化品牌，不断增强企业的品牌知名度和美誉度。

### 1. 打造"世界第一大井工矿"，建设世界一流标杆矿井

大柳塔煤矿自成立以来，大胆进行高产高效矿井模式的探索和实践，矿井产能由最初的360万吨到如今的3300万吨，为神东"千万吨矿井群"建设奠定了基础，成为煤炭行业竞相效仿的样板。特别是在党的建设、安全生产、经营管理、科技创新、人才培养、绿色发展、履行社会责任等方面，集中精力展现作为、创造价值，"一盘棋"抓好各项工作落实，为国家经济社会发展和财政增收做出应有贡献，成为壮大综合国力、促进经济社会发展、保障和改善民生的重要力量。目前，大柳塔煤

矿年生产能力 3300 万吨，是目前世界上最大的井工煤矿。每天产煤 10 万吨，可装满 24 列火车。大柳塔煤矿史上的四次变革，第一次是对传统工业化井工煤矿建设模式的变革突破，其他三次分别是后来的单井 1000 万吨、2003 年以后的双井 2000 万吨、3000 万吨跨越式变革突破。

### 2. 打造"智能化示范矿"品牌，争当能源革命"排头兵"

大柳塔煤矿大力推进"机械化换人、自动化减人、智能化无人"绿色智慧矿山建设，建成全国首个亿吨级煤炭生产集中控制指挥中心，实现生产控制协同指挥；搭建万兆生产控制环网与一体化综合通信分站，依托大带宽数据高速传输通道，建成全国首个 5G+ 高级智能综采与智能掘进工作面，通过地面分控"太空舱"将工人从高粉尘、高噪声、高风险等恶劣的工作环境中解放出来，整体引领煤炭行业采掘装备的智能化转型。应用"矿鸿"操作系统，引进煤矿机器人集群及智能装备，全矿 34 部胶带机约 5 万米运输长度、21 个变电所、7 个供排水泵房实现无人值守，远程集中监控。以装备升级带动生产系统和劳动组织优化，每年节约人工成本 4000 多万，吨煤电耗仅 8.92 度，设备开机率达 90%，最高回采工效 504.97 吨/工，有效提高了煤矿管理效能、改善了井下作业环境、释放了发展活力，将传统的人与设备之间的作业模式，变革为机器与设备之间的协同作业，有效带动煤炭行业智能化转型发展。为促进煤炭产业转型升级和高质量发展提供了宝贵经验。

## 三、取得成效

### （一）安全管理持续向好

目前，大柳塔煤矿安全生产目标完成情况持续向好，未发生轻伤及以上事故，累计安全生产周期 2500 多天。实现重大风险管控方案 100% 落实，无重大隐患，一般隐患按期整改闭合率 99% 以上，形成了"要我安全"到"我要安全"的根本性转变。今年六月份，大柳塔煤矿两井顺利通过一级安全生产标准化验收初验。

## （二）智能建设成绩斐然

2021年12月，大柳塔煤矿以优异的成绩通过榆林市能源局智能化验收；2022年3月，配合神东煤炭集团完成国家智能化示范煤矿自验收工作，矿井达到Ⅰ类中级智能化水平；2022年7月，配合国家能源集团完成国家智能化示范煤矿验收工作，矿井达到Ⅰ类中级智能化水平。

## （三）绿色发展成效显著

入选国家绿色矿山名录，成为国家级绿色矿山试点单位。累计建设生态经济林34平方公里，建成全国唯一的采煤沉陷区"国家级水土保持科技示范园"。形成矿井水"三级处理、三类循环、三种利用"的模式与技术，实现全部污（废）水得到合规处理。荣获国家科学技术进步二等奖、中国煤炭工业科学技术一等奖、神东煤炭集团2021年度生态环境建设先进单位、神木市2021年度生态环境保护工作先进单位等荣誉。

## （四）文化自信更加坚定

大柳塔煤矿开展的每一项活动，处处彰显企业精神、理念和价值观，营造出浓厚的企业文化氛围，使员工时刻感受到鲜明的企业文化气息，在潜移默化中受到文化熏陶，增强了员工对企业的认同感、归属感和荣誉感，坚定了员工的企业文化自信。

撰写人：贺凯勃　苗慧强　指导人：张小龙

# 续力文化　推动矿井高质量发展

图为柳塔煤矿掘锚一队员工对现场设备运行情况进行安全测试

图片来源：国能神东煤炭柳塔煤矿

## 一、背景介绍

文化是一个国家、一个民族的灵魂。文化兴则国运兴，文化强则民族强。企业文化是企业的灵魂所在，也是企业凝聚力、创造力的动力源泉。国能神东煤炭柳塔煤矿把加强企业文化建设作为推动矿井高质量发展的重要抓手，与矿井中心工作深度融合，同谋划、同推进、同落实，筑牢广大干部员工的共同思想基础，增强员工的责任感、使命感，激发员工干事创业的活力。通过"续力文化"品牌的塑造，全面提升矿井自身发展的内生动力，为矿井顺利完成各项目标任务，提供强大的思想保障和精神动力。

对此，柳塔煤矿深入践行集团企业文化核心价值理念体系和神东"创领"文化，努力打造"续力文化"子文化品牌，在矿井、科队、班组、员工四个层面分别提出"创效""勤俭""聚力""奉献"四种精神内涵的柳塔煤矿"续力文化"，构建了"以矿井创效为目标、以科队勤俭为抓手、以班组聚力为导向、以员工奉献为引领"的子文化品牌体系，不断激发矿井安全高效发展活力，激发高质量发展新动能，推动矿井高质量发展。

## 二、主要做法

柳塔煤矿"续力文化"是在推动矿井接续奋进"十四五"、推动高质量发展的背景下，为走好创新驱动、安全高效、绿色低碳、智能发展新路子而提出的，"续力"寓指接续力量、凝聚合力、奋斗不止，代表着一种生生不息的精神，是矿井精神力量的传承，为可持续发展凝心聚力，为矿井实现高质量发展提供动力源。

"续力文化"的内涵概括为"创效、勤俭、聚力、奉献"。"创效"即矿井积极践行创领文化，以创新为源，推动矿井"安全高效、绿色智能"发展；"勤俭"即各科队充分发扬"艰苦奋斗、开拓务实、争创一流"的神东精神，实施精益管理、全面定额量化管理等，实现安全效益、生产效益最大化；"聚力"即充分发挥班组"前沿阵地"作用，统一思想、凝聚共识，提升组织凝聚力、战斗力、创造力；"奉献"即通过煤炭保供、智能化建设、党性教育、志愿服务等各类载体，激发员工干事创业热情，立足岗位再建新功，为矿井创造价值的同时实现自身价值。

## （一）聚焦创新创效，推动矿井绿色智能发展

创领文化是神东精神积淀的传承、走向未来的旗帜、永续发展的动力。柳塔煤矿把创新作为发展的引擎，在安全高效、绿色智能矿井建设上努力实现技术领先，积极开展关键技术攻关，加大科技成果转化，以"创效"目标，在绿色智能上"下功夫"。

### 1. 以创新为驱动，引领绿色智能

成立了以矿长为组长的科技攻关小组，定期召开工作推进会督促落实，制订了科技奖励制度，设立了以柳塔煤矿实操培训基地为基础的科技创新工作室，进一步完善了创新工作室管理制度。设立"专利之星""论文状元""群众创新创效项目状元"等荣誉称号，并进行评审奖励。推进智能矿山建设，成立智能化领导小组，成立大学生智能化采煤班和掘进班，持续打造智能化班组品牌，加大新工艺、新设备、新技术、新材料的探索，建立健全智能化矿山建设、运行、维护等方面的管理制度和激励约束机制，制订工作标准和考核指标，在矿井生产过程中实现成果转化和技术革新，为推动矿井绿色智能发展提供坚强保障。

### 2. 锻造过硬队伍，推动提质增效

深入践行"社会主义是干出来的"伟大号召，依托高学历、高素质、高技术的青年大学生人才，聚焦智能化建设，激发青年员工创新潜能。大力弘扬劳模精神、劳动精神、工匠精神，每半年度开展一次"柳塔工匠"评选活动，深挖在技能创效工作中的潜力，发挥工匠群体作用，进一步推动降本增效、提质增效工作。深入开展奋进"十四五"党员先锋队、党员示范岗创建活动，打造党员队伍新品牌，以"创造一流业绩、锻造一流队伍、展现一流形象"为目标，围绕安全生产、提质增效、科技攻关、节能环保等工作，在"急难险重"工作中攻坚克难，充分发挥党员在各个岗位上的示范、带动和辐射作用，凸显党员队伍的凝聚力和战斗力，团结带领广大职工群众共同奋斗，完成各项目标任务，确保矿井安全高效生产，实现经济效益最大化。

## （二）奉行勤俭理念，提升经营管理水平

"勤俭"是基于柳塔煤矿科队层面提出的管理理念。全矿发扬艰苦奋斗、开拓务实、争创一流的神东精神，克勤克俭，笃学勤思，务实重行，实现管理领先，以一流管理争创一流效益。

### 1. 做好成本管控，推进精益生产管理

以内部市场化为依托，以全面定额量化管理为抓手，从开源节流、提高工效、降本增效、员工绩效考核等方面寻求突破口，通过动态管理、内部加压、政策激励等措施，调动员工的积极性和主动性，激发企业发展活力。建立材料成本管控台账和回收利用台账，杜绝材料浪费，牢固树立过紧日子思想，让每一位员工都树立起"人人都是经营者，岗位就是利润源"的理念，让员工不仅实现自身价值，更能创造价值。

### 2. 优化劳动组织，激发员工责任意识

加强员工思想认识教育，树立主人翁意识，爱企如家，增强责任意识，做好本职工作。科队积极探索降低生产成本的措施，优化劳动组织，提高工时效率，在薪酬分配上坚持"效益决定收入、贡献决定分配、业绩决定任用"的导向机制，体现"多劳多得、有为才有位"的原则。通过岗位承包、场所承包和项目承包，解决了员工"等、靠、看"的涣散思想。通过优化劳动组织、提升设备运行效率、执行工序标准、严控工程质量等方面进一步提升管理效益。

## （三）打造"聚力"班组，激发基层队伍活力

"聚力"是基于柳塔煤矿班组层面提出的理念和精神。班组是企业内部最基层的劳动和管理组织，是一切工作的落脚点，所有工作都要通过班组来分配、执行和检验。

### 1. 加强班组建设，提高员工执行力

把班组建设作为安全管理的切入点和立足点，自下而上汇聚高质量发展的新动能。建立健全班组长选拔、培训、考核机制，最大限度发挥班组长在班组管理中的中流砥柱作用。有针对性地组织开展不安全行为座谈会、安全培训、岗位练兵、案

例教育、观摩学习、班组应急演练等，规范班组员工操作行为，上标准岗、干标准活，强化班组安全技能培训，加强现场安全管理，提升班组员工执行力。

### 2. 培育班组文化，增强班组凝聚力

培育班组文化，鼓励每个班组建立符合自身实际的特色文化，通过举办寓教于乐的班组文化活动，开展争当文明员工的竞赛，组织员工参加爱心捐助、扶贫帮困、亲情寄语等活动，积极开展班组竞赛、班组对标、班组大讲堂等活动，增强班组文化影响力，同时，加强班组安全文化培训，编制安全文化手册，树牢安全生产理念，营造班组团结和谐氛围，凝心聚力，打造安全高效班组，夯实矿井安全生产基础。

## （四）提倡奉献精神，挖掘人生价值

奉献精神是社会责任感的集中表现，是一种态度，是一种行动，也是一种信念。发扬和传承好神东人特别能吃苦、特别能战斗、特别能奉献的品质，"奉献"是柳塔广大员工的优秀品质，彰显柳塔煤矿广大员工的活力与激情，为矿井创造更多价值，从而实现自身价值。

### 1. 以明责创新为主题，常态化开展主题活动

广大员工围绕能源保供、安全生产、智慧矿山建设及疫情防控等工作，扎实开展岗位建功、安全宣讲、隐患排查、志愿服务等活动，积极参与"安全生产我带头、示范引领我先行"、安全生产月等各类主题活动中，带头争当安全生产标兵。同时，引导员工树立终身学习的理念，勤奋学习、刻苦钻研，积极参与到矿井小改小革、绿色环保、科技创新和智能化建设等各项工作中，通过管理、技术、技能三条通道，在岗位历练中成长成才，贡献智慧和力量。

### 2. 以道德教育为重点，引导员工参与志愿活动

加强员工社会主义核心价值观教育，推进员工思想道德建设，持续开展党史学习教育、革命传统教育，利用身边先进典型、模范人物成长成才的事迹，教育员工树立正确的世界观、人生观和价值观，弘扬正能量、传递新风尚。引导广大员工积

极参与到爱心捐助、义务劳动、志愿者服务队、"团青突击队""春草助学工程"等各项活动中，营造"爱企业、爱岗位、爱实践、爱奉献"的浓厚氛围，充分激发员工奋斗激情和奉献热情。

## 三、取得成效

### （一）凝心聚力，一流队伍建设见成效

"续力文化"品牌的精神内涵，明确了今后一段时间内，矿井各级管理人员和广大员工的奋斗目标和方向，引发了广大职工的内心共鸣，统一了思想，激发了员工干事创业的向心力和凝聚力，为推动矿井高质量发展提供了坚强思想保障。通过"续力文化"的引领，在矿井实现高质量发展过程中，柳塔人秉承神东精神，大胆尝试、勇于突破、齐心协力、迎难而上，再一次展示了柳塔人"不畏艰难，勇立潮头"的精神风貌，鼓舞了士气、振奋了人心、凝聚了人气、锻炼了队伍，连续多年，先后有15名员工荣获公司级二级优秀科队长、金牌（银牌）班组长等荣誉称号，有1名员工获得中央企业劳动模范称号。

### （二）提质增效，矿井安全高效上水平

在"续力文化"的指引下，柳塔煤矿实现了绿色智能开采，实现了智能开采+远程供电供液+沿空留巷工艺，沿空留巷单元支架滞后支护工艺彻底代替了传统的"一梁四柱"支护工艺，实现主运输系统和主通风机等多处无人值守，从根本上攻克解决了安全生产难题，真正落实了神东"无人则安"的安全文化理念。综采成套智能化系统得到成功应用，柳塔煤矿向"机械化换人、自动化减人、智能化无人"的目标迈出了关键一步，开启了建设安全高效、绿色智能矿井新的征程，2022年1月被集团授予"安全生产十周年以上井工单位"。

### （三）擦亮品牌，矿井科学管理再提升

在"续力文化"的指引下，完成"群众创新创效项目"110项，专利50项，推广应用近30项科技成果。连续四年，柳塔煤矿被评为神东安全先进单位，安全管理水

平显著提升。柳塔煤矿内部市场化管理和全面定额量化管理工作得到进一步提升，其中《煤炭企业可持续发展经营管理模式的探索与实践》项目，获中国煤炭工业协会"煤炭企业管理现代化创新成果（行业级）二等奖"。

撰写人：张永强　指导人：张登山　白光亮

# 守正创新　筑牢企业文化宣传主阵地——以《关注》栏目为例

图为新闻中心推出首期《关注》栏目，围绕安全生产主题，解读神东安全文化

图片来源：国能神东煤炭新闻中心

# 一、背景介绍

　　新闻宣传工作参与到企业安全、生产、经营、党建等各项工作的全过程，能够为企业高质量发展营造良好舆论氛围，新闻宣传工作也出生产力。2019年，国能神东煤炭新闻中心紧紧围绕企业发展热点，聚焦企业政策落实、改革探索，关注职工群众需求，充分发挥舆论监督作用，推出一档定位为解读政策、关注民生、追踪热点、畅通渠道的评论性电视专题栏目《关注》，对公司重点领域工作进行深度地挖掘、解读与分析，记录公司发展历程，总结了一批先进经验，传播了鲜明独特的神东文化，在神东内部形成了广泛的文化认同，并且得到鄂尔多斯电视台、榆林电视台以及一些中央媒体转载转发。

　　"明者因时而变，知者随事而制。"习近平总书记在全国宣传思想工作会议上强调，宣传思想工作创新，重点要抓好理念创新、手段创新、基层工作创新，为宣传思想工作创新指明了方向。在神东创领文化"双维度"践行模式指导下，新闻中心坚持"新闻宣传也出生产力"的理念，以栏目创新诠释新的新闻生产理念，使神东文化、神东故事、神东价值在一定范围内形成了广泛的影响。

# 二、主要做法

　　《关注》栏目在策划、采访、拍摄、剪辑、包装等过程中形成了完整的、可复制的、可推广的制作机制，在提升采编人员政治素养、专业技能以及提高栏目质量、扩大栏目品牌效应等方面具有较强借鉴意义。

## （一）强思想，把准导向定基调

　　《关注》栏目开办以来，始终坚持党对宣传工作的全面领导，旗帜鲜明坚持党管宣传、党管意识形态，自觉承担起举旗帜、聚民心、育新人、兴文化、展形象的使命任务，把宣传党的路线方针政策、公司的决策部署和员工的呼声有机结合起来，充分体现新闻工作的党性原则，在公司和员工之间，架起沟通的桥梁和纽带。《关注》栏目坚持正面报道和舆论监督相结合。把握正确舆论导向，提高新闻舆论传播力、引导力、影响力、公信力，巩固壮大主流思想舆论，让党的创新理论和公司决策部署"飞入寻常百姓家"。加强舆论监督，弘扬正气，针砭时弊，理顺情绪，化解矛盾，起到消除误解、平衡心态、鼓舞信心和维护公司发展稳定的作用。

### （二）严把关，分层审核出质量

作为一档公众电视节目，《关注》栏目针对内容制作确立了"七步三审核"机制，形成选题确立、报道策划、采访拍摄、文稿写作、剪辑制作、全员审片、二次发布七大步骤，对栏目采编全流程进行详细梳理总结，并对各个步骤的工作质量和完成时间都有严格的标准要求。如：在选题确定时对节目的播出时机有合理编排；拍摄过程有严格的构图要求；文稿写作有规范的格式要求；剪辑制作过程中有详细的包装要求等等，每一个步骤都有对应的要求，切实满足《关注》内容为王、内容制胜的栏目标准，持续增强内容提供能力，不断推出有思想、有深度、有温度的新闻内容。

此外，《关注》栏目坚持围绕中心、服务大局的基本职责，为了保证栏目的站位有高度、立意有深度、视野有广度、内容有温度。在栏目制作前期的报道策划期、中期的文稿写作期和后期的全员审片期分别由栏目部副主任、栏目部主任和新闻中心主任分层分级进行审核把关，把好采访关、组稿关、发稿关，实时把握栏目进展，把正报道方向，确保优质内容持续输出。

### （三）强能力，灵活组队育人才

媒体优势核心是人才优势。一期《关注》栏目的采编队伍由一个编导和两个摄像组成，为了适应全能型融媒体发展要求，新闻中心努力打造"三懂三会三过硬"（懂编导、懂摄像、懂后期；会解读政策、会协调工作、会总结经验；政治过硬、业务过硬、作风过硬）人才队伍。要求所有采编人员都能独当一面，成为"提境界、强作风、精业务"的业务能手，不断锤炼脚力、眼力、脑力、笔力，发扬脚底板底下出新闻的作风，深入生产一线、厂房车间，把镜头对准基层，到最艰苦的环境中去，实现政治、业务、作风"三过硬"。

在专业技能方面，《关注》栏目的编导和摄像并不设置固定人选，要求所有采编人员都基本掌握编导、摄像、后期这些基础业务技能，通过轮岗工作，推动采编人员由单一文字、摄影记者向全能型融媒体记者转变。在业务能力方面，要求所有采编人员深研细读指定学习材料和重要参考资料，紧跟热点焦点，在业务推进过程中，掌握解读政策、协调工作、总结经验的能力，便于栏目质量提升。在职业素养方面，新闻中心坚持用党的创新理论武装头脑、指导实践、推动工作，把习近平新时代中国特色社会主义思想和党的基本理论、中央重大精神作为《关注》栏目采编人员培训必学内容和首要科目，使理论武装更好地融入中心工作。

### （四）勤复盘，编后评点助成长

新闻工作者是政策主张的传播者、时代风云的记录者、社会进步的推动者和公平正义的守望者，肩上的社会责任重大。《关注》是一档深度的电视评论性栏目，需要栏目采编人员能够站在一定的高度进行宣传报道，对于采编人员的业务技能要求较高，所以新闻中心针对性地为栏目采编人员定制了经验档案和成长方案。

在每一期《关注》栏目在制作完成之后，要求所有部门成员和中心领导一起参与审片，首先由编导和摄像分别进行介绍、总结，谈思路、聊问题、找不足，复盘成片的整个过程，然后由其他部门成员一一做出点评、提出具体改进建议，最后由中心领导进行总结发言，从整体呈现上进行点评。当期栏目的采编小组成员可以通过自我分析和总结多方改进建议，积累经验，针对不同选题，形成量身定做的经验档案。而其他部门成员也可以学习当期栏目的优点，分析改进之处，形成自己的经验档案。

同时，所有栏目采编人员定期组织内部培训，轮流让部门成员分享自己的成长收获和擅长领域的工作经验，在内部形成相互学习、共同进步的良好氛围，使每个人都有明确成长的规划和方案。每做一期栏目总结一次、每个阶段再培训一次。认识提高了，理性思维也增强了，下一步怎么发展的思路也更清晰、措施也更精准，队伍更强了。

### （五）善创新，制作多元促转型

近年来，媒体融合进程不断加速，《关注》栏目响应宣传工作创新的号召，积极适应信息传播的新格局和传媒变革的新趋势，坚持"一次采集、多种生成、多元传播"的融合发展思路，在采编资源向新媒体领域集结"转场"的基础上，进一步加快自身体制机制的全面"转型"，构建适应全媒体发展的新型策、采、制、编、发、播流程，加快与新媒体融合的步伐，不断扩大受众群体、拓宽传播渠道，增加自身影响力、引领力、传播力。

《关注》栏目的采访综合运用全媒体方式、大众化语言、艺术化形式，制作出一期栏目、一篇通讯和若干微视频，在电视、网站和微博、抖音、快手等众多新媒体平台上多元发布，真正实现一支队伍服务多个平台的一体化运作机制，壮大了国能神东煤炭的声音，提高新闻报道的影响力范围，服务讲好神东故事大局，努力彰显神东文化的影响。例如，在讲述神东的能源保供故事时，关注栏目除了推出《砥砺攻坚 保供有我》15分钟的栏目，在神东电视台、鄂尔多斯电视台、榆林电视台播出，还以3000字长篇通讯的形式在国家能源集团神东煤炭官网、国家能源集团官网、中国煤炭网上发表，并以多个3分钟微视频形式发布在神东煤炭抖音平台、国家能源集团官网上，形成媒体报道矩阵，引发一定的社会关注。

## 三、取得成效

《关注》栏目围绕中心，服务大局，守正创新，转型升级，较好地完成了讲述神东故事、传播神东文化的目标任务，取得显著成效。

### （一）推出了一系列高水平、受欢迎的精品节目，文化输出有力有效

牢牢把握正确方向，主动顺应发展趋势，全方位、多层次、全媒体开展主题宣传，积极参与国内重大议题报道，展示真实、立体、全面的神东。围绕"改革开放40周年""新中国成立70周年"、党史学习教育、决战脱贫攻坚、绿色低碳发展等主题主线，推出了以《学党史、办实事》《强国复兴有我》等专题报道为代表的一大批品牌化节目，将神东文化、神东故事融入时代发展中。

深化媒体融合，推进宣传内容形式、方法手段、体制机制改革创新，将一期栏目二次创作，多元发布，形成广泛的舆论影响力，《关注》作为固定栏目在鄂尔多斯

广播电视台、榆林电视台播出，二次创作形成的30多件作品获中国煤炭记者协会一、二、三等奖，神东好声音得到进一步传播。

## （二）丰富了神东品牌的视觉表达，神东形象持续深化

以现实题材、矿工题材、历史题材为创作重点，涌现出一批思想精深、艺术精湛、制作精良的优秀作品，社会影响力不断增强，品牌形象持续深化。《关注》是一档以深度报道为主的电视新闻评论性栏目，每一期围绕"国家发展、公司政策、职工诉求"这些热点问题，从矿工群体入手，将奋斗在一线的矿工群体与企业发展、与时代进步联系在一起，推出以能源安全、国产化进程、智能矿山、绿色矿山等一系列承载时代使命的主题报道，弘扬特别能战斗、特别能吃苦、特别能奉献、特别能创新的新时代矿工精神，展现神东能源供应压舱石、能源革命排头兵的发展使命，传播神东实干、奉献、创新、争先的企业精神，神东文化品牌得到进一步深化。

## （三）增强了神东人的文化认同感，企业向心力进一步强化

《关注》是一档解读政策、关注民生、追踪热点、畅通渠道的栏目，民有所需，栏目有所应，聚焦并推动解决职工群众关心的事情，增强职工群众的获得感、幸福感、安全感，凝聚共识，提高职工群众对企业的认同度。推出大量惠民类选题节目《2019年，影响你我的惠民举措》《铺桥修路，让出行更便捷》《住房改造，让居住更舒适》，报道不同阶段神东的惠民项目、工程，不同单位的惠民措施，得到了广泛传播；完成一大批环保类选题节目《矿区新地标，打卡好去处》《生态神东》《践行两山理论 争做绿色先锋》，讲述神东为满足人民对美好生活的期待，不断努力生产更清洁的煤炭、实现更低碳的发展、打造更美丽的矿区；完成扶贫、乡村振兴类选题节目《洼里瓜果飘香》《塬上挂面延福》《学党史办实事 助力乡村振兴》，报道神东投入人、财、物的真帮实扶故事，体现神东将企业发展红利与百姓共享的社会责任感，把民心聚起来，让民心暖起来，进一步获得职工群众对神东文化的认同。

撰写人：郑虹 李晨露 指导人：麻葆钧

案 例

# 32

# 心力管理模式下
# 造价子文化的认同路径

图为单位员工参加全国第七期新能源工程造价培训

图片来源：国能神东煤炭工程造价管理处

# 一、背景介绍

国能神东煤炭工程造价管理处主要负责神东公司各类工程造价和服务类项目控制价的组织初审，这两大块业务造价标准高、质量要求高、工作压力大。近年来面对地方及行业定额更新快、服务项目造价无统一标准等压力和挑战，造价处围绕公司创领文化定位，结合工作实际，大力建设以"零失误、零延误"的工作目标和"精准高效、公正廉洁、一专多能、规范执行"的造价队伍建设目标为主要特征的造价子文化，以文化凝魂，以精神聚力，激发员工敬业爱岗、奋勇争先的上进意识，凝聚苦干实干、精益求精的信念追求，构建干事创业、顽强拼搏的坚强屏障。

造价处以加强企业文化建设为切入点，通过传承优良传统、弘扬优秀作风，在技术传承、作风锤炼、人才培养、难题攻关方面形成了特色鲜明的做法，在多年实践的基础上，总结形成"心力管理"模式，打造出了一支"召之即来、来之能战、战之必胜"的造价"尖兵"，不断夯实基层建设，努力提升员工向心力、凝聚力和战斗力，并取得了一定效果。

"心力管理"与其说是一种管理模式，不如说是造价处多年来精心打磨的企业文化。心力管理就是从知心、聚心、塑心三个方面塑造企业文化，通过实实在在的暖心举措，从点点滴滴细节管理抓起，注重员工心智模式的培育与思维方法的教化，培育员工对企业生存发展环境从认知到认识、再到认可，启发员工从源头思考、认识与解决问题的行为模式，实现从"人本"到"心本"，从"心本"到"心力"行为的飞跃，从而提升企业的执行力和竞争力。

# 二、主要做法

心力管理模式是构建一个以人为核心，形神兼备且遵循自然组织普遍法则，能够不断修正、自我调节、随机应变的，将中国人文国学（为人处世之道）与西方现代管理学（做事高效高量之法）相互融合进行企业人性化管理的一种新型企业组织管理运营模式。造价处通过总结经验、优化措施，在管理实践中力争做好"人"的工作，实现对员工的知心、聚心、塑心，使"心力管理"有效落地，增强团队软实力，并最终解决了把"心力"转变为"生产力"的问题。

## （一）以"熔炉"文化"知心"，构筑坚固保障

"熔炉"文化即通过多边沟通、凝心聚力等机制及时关注员工情绪，充分利用员工的优势，使不同类型的员工融入集体，劲往一处使，心往一处想，让员工能够全方位地发展，让团队能够发挥出最大的作用。知员工之心，与员工交心，尊重员工的人格，才能体现出人的主体地位。造价处提倡沟通交流为主导的企业文化，通过创新沟通方式、建立"熔炉"文化达到正向引导和激励的目的。

### 1. 思想认同，完善沟通机制

为促进文化理念的贯彻与制度的自觉执行，在制度建立过程中，运用全员参与的方式，使制度得到大家的认同，从而有效保障制度的自觉执行。通过建立建议质询机制，通过征求员工改进工作的意见来加强上行沟通，鼓励员工提出有益的意见，减少在指挥链条中被过滤掉的信息；通过问卷调查，了解员工确实关心的问题和解决问题的有效措施，样式的灵活性和内容的丰富性深受广大员工欢迎。通过有效的沟通和充分的调研，使造价处员工全体的思想高度统一，为打造"熔炉"文化提供了坚实的精神支撑。

### 2. 技能跟上，永葆实干初心

造价行业素来以其高规格的技术要求、高频次的革新要求、高标准的质量要求著称，为使员工的业务技能达到公司要求以适应行业发展，造价处持续开展分层次、高密度、全覆盖的技能培训，在提升员工队伍凝聚力、战斗力和创造力上下功夫，广泛开展"道德讲堂""造价大讲堂"等活动，通过领导班子讲措施、技术干部讲技能、员工群众讲认识等方式，让员工在课堂上讲、实操中练、攻关中验，不断提升凝聚力、增强责任感、激发战斗力，努力打造团队高标准、争一流、站排头、不服输的竞争意识。

### 3. 心理融入，树立造价品牌

在以人为本的企业文化氛围中，员工会产生强烈的荣誉感和自豪感，加倍努力

用自己的实际行动去维护团队的荣誉和形象。"造价零失误是我最大心愿、服务零延误是我最高追求"的造价子文化理念已经深入人心。这种文化理念将员工学习技艺、成长成才与锤炼作风有机融合，形成了"钻研一流的技术、培养一流的人才、提供一流的服务"的"熔炉"文化，促使造价处全体员工做到爱岗敬业，用使命诠释担当，自觉树立优质造价品牌。

### （二）以"家园"文化"聚心"，营造和谐氛围

造价处坚持"处室是我家、荣兴靠大家"的"建家"理念，在教育引导、制度规范、实践养成三个方面同向发力，努力构建规范严密的秩序家园、温馨祥和的实体家园和幸福暖心的情感家园。

#### 1. 以家规为抓手，秩序建家

造价处从完善制度入手，充分征求员工意见建议，先后对单位定额量化绩效考核、台账管理、安全管理、培训管理等多项制度进行修订完善，建立起职责明晰、运转高效、衔接紧凑的运行体系，形成管理有办法、操作有程序、过程有监管、失职有追究的良好格局。

#### 2. 以家风为载体，实体建家

针对员工反映的工作生活中实际问题，造价处积极与相关部门沟通，为员工培训提升、职业发展、办公环境设施改善做了大量工作。各科室还充分发挥员工特长优势，将科室文化理念、制度守则、警句格言等内容以多种方式展示，在科室内部营造了浓郁的家风文化氛围；在员工生日时，单位向员工赠送蛋糕和礼品，小小的礼物和仪式感拉近了员工的距离，增强了团队凝聚力，营造出了温馨和谐的家庭氛围。

#### 3. 以倾听为桥梁，情感建家

造价处领导班子常态化俯下身子开展调研，利用党小组及各科室集中学习时间，面对面倾听员工对科室管理运行方面的意见和建议，运用"五必访、六必谈"方法，心贴心解决员工工作生活上的困难，使干群关系得到进一步融洽。造价处各科室还定期组织员工交流分享工作心得，谈人生感悟，促进员工之间的互动，通过

交流分享会，员工的压力得到释放，工作劲头也更足了。

### （三）以"工匠"文化"塑心"，锻造造价尖兵

针对造价工作技术含量高、精度标准高、编审效率高的实际要求，造价处大力倡导"传技授艺、崇学精技、匠心匠人"的"工匠"文化，着力在人才培养方面下功夫、做文章，目前造价处多名骨干具备土建、安装、矿建、综合管理能力，真正让"一专多能"成为岗位"标配"。

#### 1.以"五学"授艺，培养一流造价工程师

造价处建立了"科室讲学、新老送学、实操练学、考试督学、交流互学"的"五学"机制，有效解决了传统培训冗长枯燥、形式受限，实效性差的问题，建立起形式多样、全面覆盖、跟踪保障的培训网络。科室讲学即科室利用班前会时间进行造价知识讲学，通过日积月累完善造价知识；新老送学即"师带徒"，通过老手带新手的措施，既提高了新手学习的效率，也使老手温故而知新，巩固了自己的业务知识体系；实操练学即定期开展技能比武大赛，比赛通过上机实操的形式，让大家在实操中检验自己的真实水平；考试督学即每月的月度考试，通过考试的方式强化大家的业务知识和政策理解水平；交流互学即跨科室学习，不同专业之间交流互学，充分发挥技能专家、工程师的作用，手把手传授技艺、一对一督促员工成长成才，培养出一流的造价工程师。

#### 2.以"手册"精技，磨炼技艺永无止境

针对工程技术更新换代速度快，造价质量要求高的特性，造价处专门制订了多种手册供员工查阅比对。《易出问题手册》主要针对日常发现、考核以及审计中提出的问题，主动出击补短板，分析原因找不足，措施共享，让员工轻松拿捏业务中的疑难杂症；《典型工程案例手册》主要汇总分析常见典型工程指标，不仅为建设项目决策、设计、招投标和施工各阶段提供了重要参考依据，还提高了员工的工作效率，取得了较好的经济效益；《造价制度汇编手册》旨在确保造价管理制度化、规范化，确保员工在执行时合理、科学、简洁、清晰，具有较强的可操作性，使管理有

效、政策落地。各种手册的建立被员工称为武功秘籍，其经验共享机制推动员工在实践中养成"磨炼技艺永无止境"的思想共识。

### 3. 以"匠心"铸魂，锻造工匠造价队伍

造价处始终秉承着"零失误、零延误"的造价理念，通过两人同时编制后对标、AB岗负责制、小组审核等机制，精益求精，发挥工匠精神，倡导"在处理造价问题时，要有在显微镜下手术时的精准态度；在判断复杂问题时，要有从微小信号中觉察问题的执着信念"等文化理念。在提升造价技术方面，以"精一会二三带头"工作理念为引领，发挥党员先锋模范作用、采取小组轮换、岗位轮流、专业轮替的方式加速员工技能水平提升，努力打造能算量、会组价、勤调研、善分析、精总结的一流造价队伍，坚持市场调研，保证材料信息价格调研符合市场水平，确保工程类和服务类造价业务正常有序进行，全力推进高质量发展，迎接造价发展"春天"。

## 三、取得成效

### （一）有效提升了造价管理能力

随着造价子文化不断深入人心，工程造价管理处管理水平不断提升，实现了造价管理精准高效。近几年造价处再创佳绩，结算编审误差率仅为1.683‰，远低于公司2%的允许误差率要求和行业3%的允许误差率。2022年工程造价管理处被中国煤炭建设协会授予2020—2021年度煤炭行业优秀工程造价管理企业称号。

### （二）有力凸显了造价品牌特色

作为神东工程造价管理服务"终端"，造价处始终秉承"零失误""零延误"的预结算编审理念和"精准高效、公正廉洁、一专多能、规范执行"的工作要求，全力打造造价品牌。随着秩序建家、实体建家、情感建家的一系列措施的施行，提升了干部员工的凝聚力和向心力，呈现出"一家人、一条心、一股劲"的喜人态势，品牌特色不断凸显。

### （三）显著提升了人才培养质量

造价处通过一系列特色培训理念和方法的推行，激发了员工岗位成才的自觉性，助力单位形成了"钻研一流的技术、培养一流的人才、提供一流的服务"的"熔炉"文化，员工队伍精神面貌持续向好，成为一支政治过硬、技术过硬、作风优良的造价尖兵。目前，全处土建专业轮岗9人次，安装专业轮岗3人次，矿建轮岗2人次，培养了多个一专多能人才，开启了用"专业技能包"武装自己的良好格局。

在先进文化的引导带动下，造价处将造价子文化建设成精准高效文化、公正廉洁文化，将科室建设成规范执行、高效执行的模范科室，让各级领导、全体员工争当团结奋进、担当执行的楷模！

撰写人：高项荣　指导人：廉守清　丁耀泉

# "修德 公正 责任"
# 特色子文化建设
# 开创工程质量监督新局面

图为工作人员正在对建筑外墙保温材料进行检查

图片来源：国能神东煤炭工程质量监督站

## 一、背景介绍

国能神东煤炭工程质量监督站是建设行政主管部门委托的工程质量监督机构，根据国家的法律、法规和工程建设强制性标准，对责任主体和有关机构履行质量责任的行为以及工程实体质量进行监督检查，主要承担着神东基本建设工程的质量监督，监督区域跨越蒙、陕、晋三省。

工程质量监督站现有人员29人，其中负责监督业务人员18人。这支监督队伍承担着年均600个单位工程的监督任务，自建站以来，致力于为矿区工程建设提供可靠质量保障。在工程质量监督实践过程中，为了纠正对监督标准认识、执行存在主观性、随意性的问题，提升监督人员道德水平，对如何提高监督人员的业务工作水平、如何切实履行监督职责、如何保证监督过程和效果的思考从未停歇，从而逐渐形成了"修德、公正、责任"的特色质监子文化。"修德"要求监督人员做到静以修身、俭以养德，"公正"要求监督过程持心如衡、以理为平，"责任"要求监督人员做到一份责任、一份担当。质监特色子文化对于员工，强调要有重品德、敢担当的职业素质；对于参建单位，强调监督与服务并重的意识；对于行业，强调负责、公正的良好形象。这种文化建设对打造过硬的质量监督队伍、提升监督管理水平起到了重要的作用。

## 二、主要做法

为树立工程质量监督队伍良好形象，打造一支标准化、专业化、科学化的监督队伍，提升工程质量监督标准化管理水平，工程质量监督站将"修德、公正、责任"特色子文化贯穿企业活动的全过程，全员高度重视、积极参与，切实提升监督服务质量。

### （一）加强德行教育，提升干部职工素养

"打铁还需自身硬"，质量监督人员只有不断提高自身素质，才能始终保持自身"干净"，才能够始终维护监督检查的权威。工程质量监督站始终重视员工德行教

育，围绕质量监督中心工作，通过抓好政治教育、廉洁教育和道德实践活动，努力提高干部职工素养。

### 1. 加强政治教育

通过政治理论学习、红色教育基地实践、拓展训练等学习教育活动，开展形式多样的爱国主义教育、法制教育和形势任务教育，弘扬社会主义核心价值观，教育广大干部职工爱国爱党爱企、遵纪守法、爱岗敬业。

### 2. 开展廉洁教育

紧紧围绕工程质量监督中心工作，紧盯日常质量监督、重大工程认证以及职工群众身边的"微腐败""小问题"，通过廉政警示教育、集体廉洁提醒、廉洁谈话等形式加强廉洁自律和责任意识教育，筑牢拒腐防变的思想道德防线。

### 3. 加强道德修养

广泛开展向先进典型学习活动、组织员工参加公益活动等，激发他们无私奉献、奋发向上、争创一流的精神，培养良好的道德习惯，提高道德修养。

## （二）强化标准建设，打造公正监督队伍

"公正"是监督员的工作准则，也是监督员的内心追求。要达到公平正直，没有偏私，必须按照同一个尺度、同一个标准，这样才能做到客观、公正和规范。通过强化标准建设，根据国家法律法规和工程建设强制性标准，质监队伍对矿区工程质量行为、工程实体质量进行监督检查。

### 1. 建立健全标准体系，打好公正监督制度基础

国家法律法规、工程建设强制性标准是实施工程质量监督的根本依据。工程质量监督站历来重视标准工作，适时淘汰体系内不适用的标准，及时补充新标准，做到不断优化标准体系结构。仅2021年站内就购置业内新标准规范32种99册，发布新标准73项，收集整理近三年内发布实施的工程建设国家标准、行业标准752项、常用建筑材料的相关标准28项，确保土建工程、矿建工程、安装工程的监督行为在标准体系内规范进行。同时还结合矿区工程建设实际，制订了内部《工程质量认证管

理办法》《工程质量监督管理办法》《监督注册手续管理办法》等管理制度，对工程质量监督各方面工作进行进一步的明确和细化，建立了一套符合国家标准、行业标准的内部管理标准体系。

### 2. 强化标准宣贯应用，实现公正监督能力保障

标准不是高高在上，而是针对实际工作的，将标准运用在实际监督中，真正做到用标准指导质量监督，规范监督行为。由站内对矿建、土建、安装等专业涉及的标准内容、责任人、培训要求等进行统一安排，开展各专业标准宣贯培训学习。培训中不只局限于标准本身，还将标准所涉及的专业技术经验和诀窍进行分享。各专业人员发挥本专业优势，结合标准应用情况、标准技术水平、实际工作经验亲自宣讲，强化了业务人员学习标准的意识，也为实际应用提供了理论支撑。

### （三）实施全过程管理，全面落实监督责任

以全面落实监督责任为目标，从工程监督注册手续办理、过程监督、竣工验收到工程质量认证，推进质量监督全过程、各环节标准化工作，解决工程质量监督标准化实施过程中存在的实际问题，规范建设各方责任主体的质量行为，确保工作有序推进，责任全面落实。

### 1. 内强管理，外抓协调，压实质量监督责任

坚持问题导向，健全内部自查机制。通过监督例会对监督注册、日常巡查、验工计价、整改反馈以及工程认证等环节存在的问题进行汇总，明确责任人和整改期限，做到立行立改；对需要外部解决的问题形成清单，由分管领导主抓落实，确保工程质量存在问题得到解决。同步建立外部协调机制，组织检测机构、施工单位等召开问题协调会，疏通监督过程中的难点堵点，做好监督业务对接与协调，为规范落实全流程工程监督责任打通瓶颈。

### 2. 以点带面，点面结合，强化现场监督管理

现场监督是工程质量监督的主要环节。从监督员个人来说，每个监督员都要严格按照专业工程分工，贯彻"每个重点部位监督必须到位、每个分项或分部的施工

方法必须执行标准规范、每道工序施工必须有验收"的工作要求，日常监督检查中严格落实"三个必须"，把对工程实体质量的监督工作落到实处。从站内层面来说，按照检查程序"全面把控"、检查问题"全面落实"的要求，站内每年要组织专业力量对矿区所有在建工程进行全面"体检"，开展工程质量大检查、工程资料与实体同步性检查、工程质量专项治理等活动，以便了解工程整体情况。既抓统筹也突出重点，提升矿区工程质量安全管理水平，确保工程质量安全，促进矿区工程质量持续健康发展。

### 3. 紧扣重点，上下联动，凝聚质量监督合力

通过明确"三级审核权限"、规范"四项会议程序"、修订"五大监督工具"等手段和做法，优化监督流程管理，打好工程质量监督管理基础，促使监督效力、监督质量与监督结果三者相互验证、相互匹配。同时，根据监督工作量拟定年度重点监督对象，在监督检查过程中由站领导带队，对重点工程进行重点监督巡查，针对在工程建设中易发生、难消除、影响安全使用的工程质量问题，制订切实可行的监督方案，落实具体监督人员，明确工作目标、监督重点，实现每个重点工程领导必须清楚、必须巡查、必须解决问题的目的，以上率下促履责凝聚监督合力。

## 三、取得成效

### （一）打造了一支能监督、会监督的工程质量监督队伍

工程质量监督站的监督队伍平均年龄36岁，本科学历占比83%，中级职称12人，高级职称6人，是一支综合素质过硬、能打硬仗、敢闯难关的质量监督队伍。工作中认真贯彻"修德、公正、责任"的监督理念，克服监督覆盖面广、路程远、监督量大的实际困难，坚持做到工程验收按时到位，做好工程实体质量和参建各方的质量行为监督，监督覆盖率100%，全年无质量投诉。近年来监督工作获得了煤炭工业建设工程质量监督总站充分肯定，站内共计16人次获得优秀质监人员荣誉称号，2人获得优秀质监站站长荣誉称号，单位4次获得先进质量监督矿区站荣誉称号。

## （二）优化工作流程，形成了一套标准工作机制

以"修德、公正、责任"子文化为指导，以"工程质量监督标准化"为抓手，站内优化监督工作流程，建立了综合管理标准化、监督注册标准化、过程监督标准化、竣工验收标准化、质量认证标准化的工作体系和要求，抓好员工修德、监督公正、责任履行落地，做细做实工程质量监督标准化各项工作，形成了一套适合内部发展、易于掌握、便于操作的标准化工作机制，指导标准化工作在质量监督各环节、各层面落地落实。

## （三）聚焦监督主业，提升了监督管理水平

在持续"修德 公正 责任"子文化建设、落地的过程中，把文化建设与提升监督水平、改进工作作风、日常运行管理等工作紧密结合起来，各级干部职工在履职尽责、服务意识、工作纪律、工作作风等方面有了明显改观。主动监督、靠前监督、精准监督的意识有了较大提升，监督中更加注意抓早抓小促进问题发现和整改，对参建单位监督工作指导更有针对性。

撰写人：董静　指导人：温治强

# 三定三比三促　文化建设与业务工作深度融合

图为煤炭经销中心员工参加2023神东煤炭集团10公里路跑赛

图片来源：国能神东煤炭经销中心

# 一、背景介绍

文化建设是企业想要长期发展的重要基础。文化理念要更深层次地发挥引领指导作用，就要落脚到具体工作中去，与中心工作深度融合、相助相促。

国能神东煤炭经销中心（以下简称"中心"）自2015年5月成立以来，始终把文化建设放在各项工作首位常抓不懈，在面临新形势、新任务、新机遇、新挑战下，逐步打造形成了"贴合市场发运、科学组织煤源、快速精准结算"的文化理念，提升了中心基础管理能力、科学组织能力和提质增效能力。以建党100周年为契机，坚持党建引领，坚定文化自信，为深入推动文化建设与业务工作深度融合，中心创新性地提出了以党建工作为切入点的文化引领业务"三个三模式"即三定三比三促，为全面提高中心的创新力、形象力和核心竞争力提供不竭的文化动力。

# 二、主要做法

## （一）以"三定"为工作思路，加强文化建设顶层设计

### 1. 精准定位，发挥文化建设的引领作用

中心注重发挥文化建设的凝聚、激励作用，以开展多样性的主题活动为载体，不断提升干部职工的凝聚力。坚持以文化建设引领发展，让广大干部职工能够以全面的、辩证的、发展的眼光看待公司改革发展过程中存在的一些问题。通过树立正确的文化理念、推进员工思想教育，统一员工思想，激发员工进取心、责任心、自尊心、自信心，为员工赋能，形成人人担责、人人参与、人人管理、人人成长的文化氛围，为中心发展注入清泉活水，为神东高质量发展提供强大的支撑和支持。

### 2. 分层定责，强化文化建设的责任落实

中心党支部对文化建设进行了整体构想，超前计划，成立了中心文化建设领导机构，明确支部书记、分管领导、科室负责人、普通人员四级责任清单，并督促落实责任。

支部书记为支部文化建设工作第一责任人，负责贯彻落实党中央、上级党组

织、上级各部门各项安排部署要求，确保党中央、两级公司的决策部署在中心全面准确贯彻落实。

各分管领导负责分管领域和分管科室的全面从严治党、党风廉政建设责任、意识形态工作、文化建设，以普通党员身份参加所在党小组的小组会，并在小组会上讲党课，每半年听取分管科室负责人汇报一次落实"一岗双责"情况汇报；对分管领域意识形态工作、文化建设工作，每年至少开展一次调研，形成调研报告。

各科室负责人根据党中央、上级部门部署要求，结合中心党支部工作安排，每月召开1次党小组会，在组织好政治理论学习的同时，促进文化建设与业务融合，调动全员的工作积极性，对科室人员提出工作要求，制订相应的工作提升措施，将党小组会打造成本部门学习理论知识和促进业务提升的思想阵地。

普通员工坚持学习，增强文化落实能力。中心倡导每位员工要树立终身学习的理念，把学习当作一种习惯、一种责任，不断丰富学习内容，拓宽学习途径，创新学习方法，制订行之有效的学习计划。通过学习和实践，不断增强自己的高效服务、依法行事、求实创新、团结协作的快速应变能力。在日常工作中，要立足本职岗位，认真履行岗位职责，高质量完成分内工作，与同事相处融洽，积极为中心发展建言献策。

### 3. 量身定制，推进文化建设与业务深度融合

中心内部6个业务科室，职责和业务均有差异，为推进各科室文化建设与业务融合机制，根据各业务科室核心工作，结合实际，打造6个不同的文化建设小组，带头引领示范，助推中心各项工作再创佳绩。

一是在党政办公室成立"党建攻关小组"，进一步夯实支部党建基础工作，扎实开展支部党建和文化建设，丰富活动组织方式，增强中心党建工作及文化建设的向心力、凝聚力，奋力向神东标杆党支部迈进。

二是在煤炭经营部设立党员示范岗，做好煤款结算工作、合规化管理和三项制度改革工作，为保障供煤单位资金周转，做出积极贡献，确保合规文化和各项改革任务扎实落地。

三是在煤质管理部成立"党员攻关小组"，加快推进"神东智能化煤质管理"项目，实现煤质管理业务转型升级，实现质量文化在中心落实。

四是在煤质技术部成立"提质增效工作室",努力实现"两个转变",提升神东商品煤价值创造能力。

五是以集团挂牌成立"奋进十四五、党员先锋队"为契机,以运营协调部为主导,发挥先锋作用,进一步强化外购煤组织领导、统筹安排部署,奋力完成年度外购煤任务目标,保障集团一体化高效运营。

六是在市场营销部成立"党员创新工作室",结合神东自身生产实际,深入研究分析、逐步探索构建以精准化生产、精益化销售为核心产运销模式。拓宽发展思路,发扬创新文化理念,主动走向市场、贴近用户,及时将市场龙头信息传导在配采、配装、配销等整个链条上,实现产销同频共振、有机融合。

## (二)以"三比"为工作方法,增强文化建设的广度深度

### 1. 理论比深,夯实思想根基

在政治上、思想上、行动上始终与以习近平同志为核心的党中央保持高度一致,中心广泛持续开展党的政治理论知识学习、专业知识学习、廉洁警示案例学习、安全生产知识学习、普法学习、保密知识学习等,打造学习型组织,建立健全常态化、全覆盖的理论学习制度,引导党员干部旗帜鲜明讲政治,不断创新学习形式、丰富信息内容,提升全体党员干部和广大员工的理论素质水平;坚持支委、党小组每月开展政治理论学习,把专业知识学习、廉洁警示案例学习、安全生产知识学习、普法学习纳入到党小组月度、季度学习计划中,确保支部学习教育常态化、规范化;采取专题读书班、领导讲党课、班子研讨学、党员交流学、微党课、理论学习微课堂等丰富的学习形式,提升全体党员及广大员工的政治素养、政治定力和专业理论水平,每半年组织开展一次党的政治理论知识竞赛,检验全员的学习效果。

### 2. 业务比强,锤炼过硬铁军

在工作中处处以履职能力提升作为文化建设的重要着力点和人才队伍建设的主要抓手。立足本职岗位,不断挖掘岗位优势,在智能化煤质管理、提质增效、品种煤增效、燃料煤向原料煤转型、外购煤资源组织等方面,持续努力创新创效,实现课题攻关,打造特色工作案例,努力多出成绩、出好成绩,在实战中促进能力提

升，同时实现个人职业生涯的提升和党组织锻造高素质人才队伍的建设目标。

### 3. 履职比先，发挥模范作用

注重头雁效应，既充分发挥骨干先锋在文化建设中的模范带头作用，又注重发挥其在业务工作中的骨干引领作用，传承好作风、弘扬正能量，促进文化建设和业务工作同频共振；中心每年度对涌现出的各类先进进行表彰，通过宣传先进事迹、开展各类荣誉申报等方式，激发广大干部职工积极性、主动性、创造性，激励全员比技能、比业绩、比贡献，展现新作为。

## （三）以"三促"为工作抓手，展现文化建设的力度温度

### 1. 文化建设促能力，提升全员理论素养

一是加强文化阵地建设，打造职工精神家园。中心紧紧围绕满足职工对美好生活向往的目标，不断提升职工精神文化生活需要，将丰富职工业余文化生活当作为职工办实事的一项重要任务。

二是打造"两微"理论学习课堂，将理论学习教育融入日常、抓在经常。微党课聚焦时政热点、党史知识、两会精神等内容，通过短、小、精的课件学习，加深重点理论知识的学习。每周二进行微课堂学习活动，将党史学习教育、意识形态、纪检监察、低碳环保、普法教育、安全教育、综治信访、保密工作、网络安全等相关内容融入其中，提升全员的理论水平。

### 2. 文化建设促服务，提升员工幸福指数

一是积极开展丰富多彩的文体活动，活跃职工业余文化生活，利用好国庆、元旦、春节等节日，开展教育职工、慰问职工、关心职工，帮助职工、服务职工的各项活动，增强职工群众获得感、幸福感。

二是实行内部轮岗交流工作制，加强员工多岗位历练，培养复合型人才，实现员工岗位成才目标。

### 3. 文化建设促效益，促进中心业务提升

中心6个业务科室，以文化建设为切入点，切实转变思想观念、转变工作作风，

解放思想、实事求是、与时俱进，积极面对新困难，解决新问题。紧紧围绕中心的发展，坚持在"做"字上下功夫，把精力集中到做实事上，把功夫下到落实上，着力破解业务工作中的难题。

一是党政办公室坚持文化建设引领提质效，着力提升中心教育培训水平、先锋引领示范水平、业务指导服务水平等，切实将文化建设工作融入业务工作。

二是煤炭经营部将文化建设融入经营管理中，不断深化"五个一"建设和中心"121122"实施路径，进一步提升全员绩效考核管理工作，以"三项制度"、定额量化管理、煤款结算、合规管理为主线，以"创新驱动"引领高质量发展，以"实干高效"彰显担当作为，不断提升中心经营管理水平，助力神东在高质量发展格局上迈出新步伐。

三是煤质管理部坚持煤质管理上水平，强化现场源头治理，采取动态稽查、过程管控、结果考评等方式，确保各项煤质指标稳步提升，煤质管理业务人员要创新管理思维，积极推进煤质管理方式向智能化转型。

四是煤质技术部在全面精准施策和全面发挥提质增效作用上展现更大作为。结合公司各矿井生产接续变化和洗选生产工艺，通过分析不同生产方式的效益和提质优势，全面分析、测算及比对洗选生产工艺、系统能力、矿井构造、效益增减等情况，制订最优生产组织方式，实现商品煤适销对路。

五是运营协调部持续激发管理体制机制创新，不断增强外购煤增量保供能力。

六是市场营销部坚持营销管理谋发展，持续提升市场化营销组织能力和区域市场开拓能力。坚持创新驱动促转型，推进重点科研项目再发力，推进关键科技创新再突破，推进智能化煤质管理再提升。

## 三、取得成效

### （一）凝聚群智，提升了文化软实力

中心注重亲情管理、人文关怀，坚持把和谐理念、和谐精神融入文化建设，培育机关和谐精神、创建和谐环境、打造和谐团队，坚持把尊重人、关心人、理解人、培育人、发展人作为文化建设的出发点，形成了"心齐、气顺、风正、人和"的和谐人

文环境，教育引导干部职工快乐工作，幸福生活，志存高远。坚持"五必访"制度，对生日、患重大疾病、遭遇困难、退休职工进行走访，关心干部职工工作和生活。

### （二）以主题活动为载体，丰富了工作内涵

结合全年各类主题活动，不断增强全体干部职工的荣誉感、使命感和责任感。通过组织开展庆祝建党系列活动，传承红色经典，弘扬时代旋律，做到寓教于乐，寓教于情，寓教于趣。

### （三）鼓励创新，建立了完备的激励和考评体系

大力实施管理创新、经营创新、技术创新战略，建立了分梯次的各类人员激励机制和考核评价体系，在专业技术人员、管理人员和普通职工等层面，设立不同的考核办法，起到了积极有效的激励作用。

### （四）精心打造活动阵地，提升了职工幸福感和归属感

按照"六有"党员活动阵地标准，打造党员固定活动场所，配备桌椅、视频会议设备、投影设备等，做到一室多用；将办公场所、会议室打造成中心文化墙和党建墙，使之成为宣传党的路线方针政策和中心文化建设的前沿阵地，大大提升了职工的幸福指数和单位凝聚力。

### （五）文化建设融入中心工作，激发了职工队伍活力

把文化建设活动融入中心工作的各个环节，并不断加强精神文化的锤炼，制度文化的创新，行为文化的提倡，逐步树立起党建为切入点、本质为出发点、精神为着力点、群众为落脚点的文化建设体系。正是文化的力量深深熔铸在每位职工的凝聚力和创造力之中，才有了富有朝气、充满活力的经销中心。2019年中心党支部被评为"公司示范党支部"荣誉称号。2020年8月运营协调部被集团公司评为"奋进十四五党员先锋队"；2022年煤质管理部被神东评为"党员示范岗"荣誉称号、市场营销部被神东评为"党员先锋队"荣誉称号。

撰写人：刘云霞　杜星宇　指导人：白云峰

# 五型班组家文化
# 构建企业与家相融互促的桥梁

图为"五型班组家文化"文化墙

图片来源：国能神东煤炭布尔台煤矿

## 一、背景介绍

国能神东煤炭布尔台煤矿隶属于国能神东煤炭集团有限责任公司，井田面积192.63平方公里，地质储量33.03亿吨，先后荣获"全国煤炭工业特级安全高效矿井""全国煤炭工业双十佳煤矿""全国煤炭工业先进煤矿""国家级绿色矿山试点单位""煤炭工业节能减排先进企业"等10多项国家级荣誉称号。布尔台煤矿在发展过程中，秉承神东"艰苦奋斗、开拓进取、争创一流"的企业精神，形成了特别能吃苦、特别能战斗的优良品质。

随着智能矿山建设工作快速推进，神东高度重视班组建设工作，以成立大学生智能化班组为抓手，形成品牌引领示范效应，为高质量发展增添新的动能。为了认真贯彻神东关于班组建设工作新要求，切实把"一切工作到班组"理念落在实处，布尔台煤矿在推进班组建设过程中探索融入文化元素，根据五型班组建设内涵，结合安全生产实际情况，总结提炼了"五型班组家文化"，在家庭和企业之间搭建起了有效的沟通桥梁，不断增强员工归属感、荣誉感，激发班组活力和广大员工干事创业热情，助力班组建设工作落实落地。

## 二、主要做法

"五型班组家文化"聚焦行为习惯养成，以情感连接为纽带，倡导员工个人小家庭和班组大家相融互促。通过学习宣贯、文化践行、激发创新等举措，让班组大家庭为个人小家遮风避雨，个人小家庭为班组大家庭的建设添砖加瓦，从而实现共同成长，使"五型班组家文化"在布尔台煤矿落地生根。

### （一）加大学习宣贯力度，让"五型班组家文化"深入人心

品牌形象宣传。制作"五型班组家文化"手册，详细介绍了logo组成及寓意，展示了安全宝宝形象、亲情寄语、安全三字经等内容。通过在班前会上学习，让员工知其然也知其所以然，在思想上取得广泛共识，从而更好地指导行为。

案例总结推广。将各班组践行"五型班组家文化"案例总结提炼，汇编成"案

例集"，促进各班组间相互交流学习，典型做法相互借鉴，助力"五型班组家文化"入心入行，及时推广好经验好做法并落实落地。

建设活动载体。建成了"五型班组家文化"走廊、班组风采展示平台、班组现代教育培训室、兴趣小组活动室、班组安全警示教育室、大学生智能化班组创新工作室等活动场所，为班组学习、交流、展示搭建了良好的平台。

构建展示平台。在井下主要作业场所和地面生活区域重要位置展示"安全宝宝""亲情寄语""安全三字经"，提醒员工时时牢记安全，营造良好的学习氛围。

### （二）聚焦"五型"班组建设，畅通五条践行路径

"五型班组家文化"立足实际，着眼长远，以培养员工良好习惯为目的，结合五型班组建设内涵，构建了五条践行路径，通过具体可操作性措施，切实把文化元素融入具体工作中，体现在员工行为上。

#### 1."闭环五步法"，夯实班组安全根基

高风险作业管控的重点在现场，难点在班组。为了全面加强高风险作业管理，布尔台煤矿采取作业保障、人员安排、到岗提示、安全确认、重点监管的五步法，切实做到高风险作业的全过程、无死角管控。

第一步，作业保障。通过结合现场实际，梳理完善了高风险作业安全技术措施，形成了涉及综采、掘进、辅助三大板块、111项内容的《高风险作业安全技术措施汇编》，为现场的安全作业给予可靠的技术指引。

第二步，人员安排。每日由分管领导组织各科队就次日高风险特殊作业项目的安全重点、管理人员到岗情况进行详细布置安排。

第三步，到岗提示。借助高风险特殊作业管控平台，按照风险等级将作业信息以短信的方式推送给需要现场到岗到位的管理人员，同时再通过电话通知的方式进行确认。

第四步，安全确认。每日早调会前通过碰头会的方式，对当日高风险作业项目存在的安全风险和管理漏洞进行再次补充确认。

第五步，重点监管。针对高风险作业内容，在矿领导跟班工单中进行明确体现，作为矿领导跟班期间的重点管控方向，让高风险特殊作业过程确保万无一失。

## 2."MCVA"流程多元化学习模式，激发班组学习热情

为切实提高《岗位标准作业流程及危险源执行手册》的应用实效，让流程成为员工作业的"有效工具"，布尔台煤矿根据神东《岗位标准作业流程》，结合本矿作业现场实际情况，制订并实施了流程"MCVA"多元化学习模式。MCVA为手册（Manual）、图册（Charts）、视频（Video）、应用程序（App）英文的首字母，表示标准作业流程以流程手册、流程图册、流程视频和流程手机应用程序多元化模式呈现给员工。流程手册对作业流程、技术标准以及作业过程中的危险源进行了详细的介绍，解决了年龄偏大、文化基础薄弱员工学习作业流程的实际困难，提升了学习效果。

## 3.班组绩效大pk，提升班组经营质效

建立"英雄榜"，培养竞争意识。矿里建立了班组长"英雄榜"，一线班组长为"龙虎榜"，二线班组长为"风云榜"。班组长英雄榜考核共计分为四大模块，分别为基础信息、职业素养、业务考核、功能扩展。实行常态化考核评价，每月实时公布班组长英雄榜考核得分情况，让班组长清楚地了解到自己的不足，从而找准自己提升的方向，有效地激励班组长不断提升，实现自我成长。

划分"业务区"，实现精细管理。根据生产业务及职能将班组分为核心型作业中心、辅助型作业中心、管理型作业中心，对应班组建立成本库，确定材料费、人工费、电费、设备使用费、车辆费等标准，实行常态化考核，实现差别对待，形成了工资向一线倾斜，向多劳多得、技术含量高、危险系数大倾斜。通过分解成本和材料消耗管控指标，将生产任务和成本管控指标分解到班组和员工，促使节约有计划、有目标、有跟踪、有写实、有分析、有评价，制订严格的验收、考核和激励办法并按月考核，努力创建精干高效的"绩效型"班组，有效促进了比学赶帮超的氛围形成。

## 4.积极倡导正能量，助力班组和谐共赢

正能量小故事分享，营造班组和谐氛围。积极健康的氛围能够让员工身心放松，是员工安全生产的前提。为此，布尔台煤矿在班前会上推出了正能量分享活动，班前会由每位员工轮流讲述一个正能量小故事。该活动推广4年来，深受广大员工喜爱，减轻了员工安全生产思想压力，有效疏解员工的负面情绪。

"员工大讲堂",搭建员工学习交流平台。为了充分展示员工才艺、安全经验和工作心得,布尔台煤矿自2019推出"智慧分享 我登场"员工大讲堂,每周一晚19:00准时开讲,内容由基层区队推荐,党委办统一审核,为基层员工搭建了一个良好的学习交流平台。

常态化家属联谊活动,构建家与班组的桥梁。班组每年至少在寒暑假开展一次家属联谊活动,方式丰富精彩。组织家属下井参观工作面,实地了解矿工的工作环境,通过节日包饺子聚餐、户外团体游戏等方式进行联谊,不仅促进了矿工家属和睦,更加增强了矿工家属对班组的归属感和忠诚度,让矿工家属自发地参与到班组大家庭的建设中来。

**5. 调动全员创新积极性,增强班组发展新动能**

培养创新思维。将班组创新工作室的主要功能,由原来的成果展示改为创新思维训练,由专家组成员讲解创新思维导图,创新思维模型,不断提升员工的创新能力,激发员工的创新热情。

提供项目支持。矿里围绕"智能开采""安全生产"等主题开展科技攻关时,充分吸收班组高技能人才参与进来,既锻炼了人才又扩展了思维。

提供资金保障。为了充分调动员工创新的积极性,矿里建立了"百万工程"奖励机制,为创新创效先进班组提供资金保障,表彰在创新过程中做出突出贡献的先进集体和个人。

营造创新氛围。为充分调动全体员工的创新积极性,布尔台煤矿从2018年开始,每年举办一次科技创新表彰大会,让员工充分认识到创新对于自己职业发展进步的重要性,营造浓郁的创新氛围。

## 三、取得成效

### (一)班组亲情氛围浓郁,建好"小家"兴"大家"

"五型班组家文化"的成功实践,使"安全型、学习型、绩效型、和谐型、创新型"五型班组建设内涵成为助力员工成长有效抓手,为员工营造一个和谐的班组大家庭，让家属们充分了解矿工每天的工作生活。阳光透明的沟通方式，将个人小家和班组大家紧密地团结在一起，让家属也能参与到班组大家的建设中，促进了"家""企"有机融合。该矿2022年度班组建设工作排名公司第一。

### （二）筑牢安全生产根基，提升了安全生产效率

"五型班组家文化"聚焦员工行为习惯养成，通过抓标准作业流程，员工养成了上标准岗、干标准活的好习惯，员工安全意识不断提升，生产效率持续提升。至今已有两个班组获得"全国安全管理标准化示范班组"荣誉，一名班组长获得"全国安全管理标准化示范班组长"荣誉称号。2022年上半年，实现安全生产零伤害，圆满完成时间任务双过半。

### （三）智能矿山加速推进，减人效果显著

综采形成"一中两初"智能采煤新格局，掘进形成"一中五初"智能新构架，采掘单班作业人数由原来的11人减少到5人，员工功效成倍提升。供电、排水、主运输及瓦斯泵站岗位全部实现无人值守，累计减员164人。

### （四）大学生智能化班组发展迅速，打造专业人才的蓄水池

分批次创建了11个大学生智能化班组，覆盖矿井采掘机运通、智能运维等不同专业队伍。截至目前上报科技创新创效项目28项，新型实用型专利2项，撰写论文12篇，其中综采二队大学生智能化采煤班成员王炜撰写的论文《建立基于FTA的事故案例分析模型，切实强化安全型班组建设》获得中国煤炭工业协会论文评比一等奖，通风队大学生智能化抽放班成员崔永杰撰写的《基于PLC控制技术的"智能化瓦斯抽放班组"建设》获得中国煤炭工业协会论文评比二等奖，综采一队大学生智能化采煤班成员付钟保撰写的《加强煤矿基层班组建设的方法研究》和大学生智能化运维队成员刘彦辉撰写的《智能化信息系统与煤矿智能化班组建设分析》获得中国煤炭工业协会论文评比三等奖，以上论文均被《全国煤炭企业班组建设与管理》一书成功收录。

撰写人：张海云　李振友　指导人：邢文祥

# 六化建设　以文化
# 凝聚神东精神力量

图为神东创领文化践行应用项目成果审核会暨优秀案例交流分享会现场

图片来源：国能神东煤炭新闻中心

## 一、背景介绍

文化兴则国运兴，文化强则民族强。习近平总书记在党的十九大报告中指出，"文化自信是一个国家、一个民族发展中更基本、更深沉、更持久的力量。"党的二十大报告中，习近平总书记再次提出："全面建设社会主义现代化国家，必须坚持中国特色社会主义文化发展道路，增强文化自信，围绕举旗帜、聚民心、育新人、兴文化、展形象建设社会主义文化强国，发展面向现代化、面向世界、面向未来的，民族的科学的大众的社会主义文化，激发全民族文化创新创造活力，增强实现中华民族伟大复兴的精神力量。"随着我国社会经济快速发展，文化建设被提升到一个新的历史高度，新时代对文化建设也有了新的要求。企业作为社会运转不可或缺的细胞，企业文化建设已经成为新时代文化建设的重要组成部分。

国能神东煤炭企业文化中心（以下简称"中心"）主要负责公司企业文化建设实施、文体惠民活动统筹组织、文体场馆运维管理等工作。作为文化建设与实施的主责单位，新时代下，中心如何聚焦问题解决和管理水平提升，从文化的视角思考和探索企业文化建设路径和方法，将既有要素重新组合，推动文化落实落地是中心亟须解决的问题。

为此，中心坚持"党建引领、文化聚力、共创共惠"的工作理念，聚焦两级公司发展战略、聚焦职工群众对美好生活的向往，突出"精神引领、形象展示、文化交流、素养提升、会务服务、健康生活"六项功能，统筹实施"文化建设、文体活动、文化服务、场馆管理"四大工程，深入推进"文化建设系统化、文化惠民品牌化、文化产品精品化、文化活动常态化、文化服务精准化、场馆管理智能化"六化建设，努力营造强大的文化磁场，让文化建设更有实效，文化服务更有温度，文化自信更加彰显，为神东高质量发展提供了强大的精神力量和文化支撑。

## 二、主要做法

在以上工作思路引领下，"六化建设"以创领文化"双维度"践行模式为指导，宣贯路径与管理路径并行，创新实施了文化建设与实践路径，充分发挥了文化塑造人、文化促进人、文化服务人的作用。

## （一）文化建设系统化，要素重组推动文化深植应用

针对神东企业核心价值观引领力作用如何发挥、文化理念与企业管理不够融合互促、文化品牌建设不够系统等问题，中心把解决问题作为提升企业文化建设工作质量和实效的着力点，坚持系统观点，将既有要素重新组合，以企业文化"四+"方式，系统化推动文化建设。

"调研座谈+考核指导"，推动文化践行。以线上线下相结合的方式对各单位企业文化践行情况进行调研，深入各单位进行企业文化宣贯培训和研讨交流，推动各单位文化宣贯践行，确保文化深植落地；同时针对创领文化"双维度"践行模式应用效果，从多个维度开展问卷调研，通过专业数据分析发现问题，研讨制订解决方案，有效推动企业文化践行应用。

"宣贯培训+研讨交流"，凝聚发展共识。秉持"文化宣贯抓两端"的工作思路，常态化组织企业文化宣贯培训和研讨交流，有效提升企业文化主管人员业务水平，凝聚党员领导干部思想共识；常态化开展文体及传统文化类公益培训，持续提升矿区职工群众的文化素养，形成高度文化认同。

"季度考评+主题活动"，助力文化保安。在安全文化建设上持续发力，修订完善安全文化考评指标，按季度参与神东安全风险预控管理体系检查指导，同时开展《安全誓词歌》传唱、安全可视化作品学习讨论、安全知识擂台赛、安全文化作品创研、安全文化宣传教育等系列活动，让安全理念更加入脑入心，以文化促安全。

"科技项目+课题研究"，提升管理融合。汇聚科技创新硬核力量，参与组织神东多项文化建设科技项目和管理课题研究，不断探索提升公司企业文化软实力的路径和方法，在提升路径和双向互动文化惠民新模式等方面形成了一系列文化成果，从理论层面科学解释文化与管理的关系，进一步打通了文化与管理有效融合的路径。

## （二）文化惠民品牌化，增强文化感召力和引领力

中心始终以是否有利于企业安全生产、是否有利于满足职工群众精神文化需求、是否有利于提升职工文化素养的"三个有利于"作为提供文化产品和服务是否

有效的检验标准，针对文化品牌建设不够系统、品牌缺乏影响力的问题，打造了多元文化惠民服务品牌，通过品牌建设不断满足职工群众精神文化需求，提升文化素养，以文化凝聚人心，不断增强文化的感召力和引领力。

做实"公益培训"品牌，满足职工精神文化需求。常态化推出"蓝海豚游泳"、"蒲公英计划"和场馆"培训日"等公益培训。积极打造线上公益微课，根据中心的特色优势项目，提供健身、声乐、广场舞、剪纸等课程。2019年以来，累计组织线下公益培训84期，参培近5万人次；推出线上公益微课64节，关注与互动近3万人次，极大满足了职工群众日常的精神文化需求。

做新"书香神东"品牌，提升职工文化素养。中心搭建线上+线下职工书屋。线下品阅书屋集借阅、分享、自习于一体，是书香神东品牌建设的重要载体和平台。线上书屋集看书、听书和朗读于一体，让职工享受到"一人一书屋，无处不阅读"的数字阅读新体验。依托书屋开展了"品读经典·悦享人生""讲好神东故事 传承神东精神""共读好书·红色骑行伴书香"读书沙龙主题系列读书活动，参与互动近3万人次，阅读时长近500万小时。推进矿区全民阅读，有效提升了职工文化素养。

做亮"主题汇演"品牌，以文化凝聚人心。中心以满足职工群众精神文化生活需求为原则，引导职工树立健康生活、快乐工作的理念，赋予文艺汇演主题，如庆祝建党100周年主题文艺汇演、庆祝新中国成立70周年主题文艺汇演、班组建设主题汇演等；聚合文化资源，结合"我们的节日"推出"线上+线下"相结合的主题音乐会、抗疫当先锋、爱国爱企等主题文化服务活动。通过主题主线的贯穿，让每一次汇演都有灵魂和生命力，以文化凝聚人心，为企业安全持续发展保驾护航。

### （三）文化产品精品化，讲好神东故事、输出神东价值

坚持以矿工为中心的创作导向，精心创研了一批有温度、有筋骨、有生命力的文化精品，并联合媒体宣传推广，充分展示了煤矿工人的良好形象和神东人的优秀品质，以文化精品铸魂育人、凝心聚力，讲好神东故事，持续输出神东价值。

精心创研文化精品，生动讲好神东故事。中心坚持文化精品创研，通过推出《托物寄语　筑梦神东》文化剪纸作品、精心创研《绿水青山美》实景MV，歌颂神东生态环保建设成果，用文化作品传递神东温度；推出《神东人　神东魂》情景

剧，充分发挥文艺作品鼓舞士气、振奋精神的作用；开展"社会主义是干出来的"主题原创歌曲征集活动，并以建党百年为契机，创作了一批优秀文艺作品，讲述神东故事，充分展现了神东人投身中国特色社会主义新时代的生动实践，用文化作品展现神东生命力。

联合平台展示传播，持续输出神东价值。中心借助行业及地方宣传展示平台，加强文化沟通和作品交流，持续输出神东价值。原创歌舞情景剧《矿工兄弟》代表集团走进国资委宣传局、北京卫视联合举办的《放歌新时代》栏目；原创歌曲《平安是福》荣获第八届全国煤矿职工"十佳原创歌曲"，《决不放弃》等7首原创抗疫歌曲全部入围"汉语MV"奖；《我爱你神东》《让我们为爱加油》分别荣获"第七届最美企业之声"金、银奖。

### （四）文化活动常态化，提升职工群众获得感和幸福感

积极推动文化活动常态化开展，培育多层次、多渠道的文化传播方式，用流动的文化符号串联起职工群众的获得感和幸福感，获得了普遍认可和广泛好评。

常态化开展线上线下文化活动，提升职工群众获得感。为营造新中国成立70周年浓厚氛围，开展了企业文化宣贯"五个一"主题宣贯活动，通过举办一场创领文化践行应用交流分享会、一场庆祝新中国成立70周年主题汇演、一次企业文化管理能力提升专题培训、一次优秀语言类剧本评选、一次"与祖国同行 铸神东辉煌"企业文化宣贯，收到了良好的效果；为庆祝建党100周年，大力推动党史学习教育，组织了"5个100"系列主题活动，收获了近35000人次的点击关注；为喜迎"党的二十大"，开展了"喜迎二十大 同心向未来""5·20"主题系列活动，截至目前获得了近10000人次的点赞和关注。

常态化开展企业文化基层行，提升职工幸福感。中心始终坚持文化送一线服务，用脚步丈量矿区每一寸土地，用文化传递关心和温暖。2019年以来，以"送餐+点餐"的方式开展"企业文化基层行"近80场次，集文艺演出、电影放映、图书漂流和健身指导于一体，把文化文艺送到井口、送到班前会、送到边远站点，打通文化服务最后一公里，解决了一线职工及边远矿井文化供给的辐射难题，丰富了一线及边远矿井的业余文化生活，极大提升了职工的幸福感。

## （五）文化服务精准化，为每一个有爱好的人提供交流提升平台

从供给侧发力，积极开展文化服务供给诊断评估，明确文化供给提升方向，并构建"互联网+"的智慧文化云服务模式，进一步提升文化服务供需匹配度，为每一个有爱好的人提供展示和交流的平台。

系统诊断评估，精准定位文化供给提升方向。进一步深化文化服务供给模式，启动一流企业文化服务供给模式研究项目，从供给端的有效性和需求端的满意度等多个维度进行文化服务供给诊断评估，形成了一套科学系统，有方法、有路径、有载体的神东文化服务供给新模式。

强化智能服务，精准匹配职工群众文化需求。围绕实现文化服务均等化的目标，搭建智慧文化云服务平台，打造集需求调研、服务供给、质量评价、优化改进为一体的"一站式"智慧文化云服务路径和方法，为职工群众提供了"可读、可看、可学、可约、可评、可听"的一站式综合文化服务平台，打通融合各项服务功能，让文化服务更精准。

## （六）场馆管理智能化，最大限度发挥文体场馆价值

持续推进智慧场馆建设，不断提升职工入馆体验，结合所管辖的中心区大小近30个文体活动场馆，创新"场馆+"模式，让既有要素组合联动，最大限度发挥场馆价值。

打造智慧场馆，提升入馆体验度。大力推进智慧化场馆建设，精准场馆导视系统应用，积极打造4D场馆管理，实现活动场馆的安全管理信息化、活动场馆的智能信息化、活动场馆的数据信息化，极大提升了职工群众入馆体验度。

创新"场馆+"模式，提升场馆利用率。创新采用"场馆+活动""场馆+培训""场馆+赛事"相结合的方式，依托场馆开展集中公益培训、文化惠民暖心清单·培训日、"运动达人挑战赛"等活动，建立以场馆资源为基础"场馆+"体育活动生态链。仅2021年推出的8个场馆"培训日"文化惠民暖心清单，惠及职工5000余人次，入馆109766人次，同比增加37403人次，极大提升了场馆的利用率。

## 三、取得成效

### （一）文化资源整合更具优势，文化建设更有实效

立足职责定位，以"人尽其才、物尽其用、互联互动""有什么、用什么，缺什么、补什么"为原则，发挥文体专业人才及活动场馆优势，利用"文化神东"微信公众号、企业文化网站等文化传播平台，充分发挥了各类文化文艺资源价值，提升了文化服务供给质量，职工的综合素养得到进一步提升。企业文化中心各项工作逐步迈上了新台阶，先后荣获"十三五"企业文化建设优秀单位，榆林市文明单位。

### （二）文化宣贯路径更加系统，文化服务更有温度

在推动企业文化宣贯落地过程中，将既有要素重新组合，打出了一套集企业文化建设、文体活动组织、文化惠民工程实施、活动场馆管理等有机结合的组合拳，文化服务供给更加精准有效，职工群众的获得感、幸福感进一步提升，增强了企业的凝聚力和向心力。

### （三）文化建设路径更加科学，文化自信更加彰显

"六化建设"路径以创领文化"双维度"践行模式为指导，将宣贯路径与管理路径相向而行、协同发力，为各单位企业文化践行提供了科学的理论指导和路径指引，也为其他国有企业的文化建设工作提供了思路和启发。在企业文化软实力研究及文化品牌建设方面都取得了相应成绩，其中《世界一流企业文化软实力提升路径研究》课题荣获2020年集团优秀思想政研论文一等奖，《传承企地文化，打造煤海"乌兰牧骑"文化品牌》案例代表国家能源集团荣获国资委国企品牌建设典型案例，形成了广泛的影响力。

撰写人：王玉丽　　指导人：韩浩波

# 后记

优秀的企业文化是企业持续发展的精神支柱和动力源泉，是企业核心竞争力的重要组成部分。神东文化建设史就是一部我国煤炭行业踔厉奋发、砥砺奋进、改革发展奋斗史的缩影。党的十八大以来，神东在集团党组的坚强领导下，创新推动文化建设，积极进行理论研究，认真编写文化案例，精心打造文化品牌，用心创研文化文艺作品，涌现出了一系列文化建设成果。为更好地传承神东精神、彰显神东价值、凝聚神东力量，为神东高质量发展提供精神动力和文化滋养，神东编撰出版了"国能神东煤炭企业文化建设系列丛书"。这套集理论性、实践性于一体的企业文化建设系列丛书，不仅是对神东三十多年来文化建设取得成绩的全面梳理总结，更是讲好神东故事，展示神东形象、传递神东价值的重要载体。

"国能神东煤炭企业文化建设系列丛书"第一册《思想盛宴——理论篇》，集中收录了党的十八大以来公司各部门、各单位的文化思考践行者对于神东企业文化建设的理论探索、课题研究及实践经验总结，为神东企业文化建设工作者在实践工作中提供了理论依据和方法指导。第二册《行动印证——案例篇》总结编写了自2019年神东创领文化"双维度"践行模式发布以来，公司及各单位文化与管理深度融合最新、最具有价值的特色文化案例，在各单位文化践行与日常管理的深度结合方面，具有很强的指导和示范作用。第三册《绽放美好——品牌篇》从文化践行、文化惠民和文化传播三个角度，呈现了近年来神东在文化品牌建设方面的工作成果，为读者提供了一个深入了解神东文化的窗口，向社会传递了神东富有生命力的文化品牌。第四册《原创力量——文艺作品篇》用艺术的方式、优秀的作品唱响神东人爱党爱国、砥砺奋进、积极向上的良好形象，弘扬神东精神，传播神东声音。第五册《神东文韵——传统文化作品篇》用中华优秀传统文化作品表达对伟大祖国的热爱之情，彰显一代又一代神东人艰苦奋斗、开拓务实、争创一流的企业精神。

本套丛书从大纲拟定到编辑出版，经过多次反复斟酌、修改，部分文章更是几易其稿，同时邀请了经验丰富的外部专家进行指导，不仅注重丛书的可读性和实用性，更注重对神东企业文化的精准表达和传播。在策划和撰写过程中，得到了神东各级领导和广大员工的大力支持和积极参与。企业文化中心作为牵头编写单位，多次协调组织专题会议围绕章节分类、文稿撰写、作品选取等进行讨论、修改、完善，多次对全书样稿进行了逐字审核校对。各单位、各部门深度参与丛书的编写创作过程，奉献了丰富的一手资料和文字素材。神东矿区书画协会、摄影协会积极配合，认真筛选、提供文艺作品和传统文化作品。新闻中心相关人员积极参与了书稿的编辑润色和图片的筛选提供。煤炭技术研究院给予了很多技术服务支持。正是大家各尽所能、同心合力，无怨无悔地付出，使得丛书得以顺利出版。

可以说，本套丛书是全体参与者集体智慧和共同劳动的结晶。借此机会，对丛书编写过程中提供了大力支持、帮助的各方面领导、专家，相关部门和单位，以及参与编写的全体工作人员，一并致以深深的感谢！

本套丛书编辑历时一年多，规模达一百多万字。受编写水平所限，书中不当、不周之处在所难免。诚恳欢迎各位领导、专家学者和广大读者批评指正，以便我们更好地改进和提升，共同推动神东企业文化建设再结累累硕果。

编者